A Inibição Intelectual na Psicanálise

Campo Freudiano no Brasil

Coleção dirigida por Jacques-Alain e Judith Miller

Assessoria brasileira: Angelina Harari

Ana Lydia Santiago

A Inibição Intelectual na Psicanálise

ZAHAR

Para Jésus e nossas filhas,
Fernanda e Ana Beatriz

Jorge Zahar Editor Ltda.
rua Marquês de S. Vicente 99 – 1º | 22451-041 Rio de Janeiro, RJ
tel (21) 2529-4750 | fax (21) 2529-4787
editora@zahar.com.br | www.zahar.com.br

Composição: Textos & Formas

CIP-Brasil. Catalogação-na-fonte
Sindicato Nacional dos Editores de Livros, RJ.

Santiago, Ana Lydia
S226i A inibição intelectual na psicanálise / Ana Lydia Santiago. – Rio de Janeiro: Zahar, 2005.
(Campo freudiano no Brasil)

Inclui bibliografia
ISBN 978-85-7110-828-8

1. Psicanálise. 2. Psicologia da aprendizagem. 3. Capacidade de aprendizagem. 4. Distúrbios de aprendizagem. I. Título. II. Série.

CDD: 153.15
04-3313 CDU: 159.953.5

Sumário

"A inibição não é senão a introdução, numa função, ... de um outro desejo diferente daquele que essa função satisfaz naturalmente."

Jacques Lacan
A angústia, 26 de junho de 1963

"Trata-se, no saber, do que se pode chamar efeito de significante. ... O homem não está à vontade com isso; ele não sabe 'se virar' com o saber. É o que se designa sua debilidade mental, de que, devo dizer, não me isento."

Jacques Lacan
L'insu que sait de l'une-bévue s'aile à mourre,
11 de janeiro de 1977

Apresentação

Leandro de Lajonquière*

Tive a oportunidade de ler este livro há algum tempo. Na época, tratava-se de uma tão densa quanto bela e calibrada tese de Doutoramento na Universidade de São Paulo. Em suma, tratava-se de uma raridade acadêmica. Agora, caro leitor, você tem nas mãos um mais que oportuno lançamento editorial.

Duas espécies de convicção intelectual inauguraram a investigação de Ana Lydia Santiago em torno da clássica debilidade mental. Por um lado, a de que a singularidade da psicanálise consiste na sua instituição como ciência do particular e, por outro, a de que a aplicação das ciências *psi* à educação implica a produção da segregação escolar. E, assim como no xadrez, em que os primeiros movimentos criam as condições para o encerramento da partida, na presente obra, a conjugação de ambas as perspectivas permitiu à nossa colega revisitar a inibição intelectual na psicanálise, bem como ressituar as coordenadas da clínica com o sujeito débil no interior do estrito campo freudiano, ou seja, para além de toda e qualquer ideologia do déficit.

Esses feitos são suficientes para tornar a leitura deste livro um salutar exercício de disciplina profissional, uma vez que, no giro conceptual da debilidade à inibição para a ela retornar, o desdobramento do principal da história do movimento psicanalítico é colocado em foco para, então, dele se poder extrair a elucidação da função desejo.

No entanto meu entusiasmo pela publicação deste livro tem a ver, precisamente, com o que nele se revigora. Nestes tempos de renovado interesse de não poucos analistas na incursão no campo outro da edu-

---

* Psicanalista, professor na Universidade de São Paulo e autor, entre outras obras, de *Infância e ilusão (psico)pedagógica* (Vozes, 1999).

cação, a tese de Ana Lydia leva, necessariamente, o leitor a se haver com a seguinte questão: por que, apesar de a debilidade estar inscrita como possibilidade no interior da leveza de nosso ser — ou, se preferirmos, na relação estrutural do sujeito com o saber —, metade de nossa população infantil "fracassa" em "pegar no tranco" da demanda escolar?

Certa vez — antes da leitura deste trabalho —, interrogado em público sobre o famigerado fracasso escolar, para minha própria surpresa, respondi: "Ele existe, mas não acredito!"

Agora, pude renovar não só minhas convicções mas também minhas esperanças. Em particular, a de virmos a inventar um renovado destino para a empresa freudiana na sua conexão com a educação.

Nota da autora

O presente trabalho constitui minha tese de Doutorado, que foi realizada, em parte, no Departamento de Psicanálise da Universidade de Paris VIII, na França, e, em seguida, finalizada e defendida no Departamento de Psicologia Clínica da Universidade de São Paulo. O texto guarda o essencial de sua primeira versão, mas acrescentei-lhe algumas modificações, visando a atualizá-lo, adequando-o às discussões mais recentes sobre o tema.

O leitor reconhecerá, na elaboração sobre a inibição intelectual desenvolvida neste livro, a intenção de incluir a dimensão pulsional nas formas de inibição, tendo-se em vista pensar as diversas manifestações do sintoma de fracasso na atividade escolar e no trabalho intelectual. Essa via própria à psicanálise foi o que despontou diante da imputação de debilidade mental a diferentes sujeitos marcados por impasses na vida escolar. Desde o início de minha atividade profissional, o confronto com a demanda escolar de tratamento analítico para crianças com dificuldades de aprendizagem e de adaptação, o diagnóstico destas e as propostas de intervenção terapêutica vincularam meu interesse clínico ao campo da educação, destacando o problema do fracasso escolar como algo que necessitava ser não apenas diagnosticado mas também tratado, levando-se em conta a subjetividade do aluno. A orientação lacaniana serviu-me de guia para não deixar de considerar a criança como um sujeito, ou seja, um "analisante com plenos direitos".

Gostaria de deixar registrados alguns dos nomes daqueles que participaram, de forma decisiva, neste empreendimento: Jacques-Alain Miller, pelo incansável trabalho de elucidação da obra escrita e falada de Jacques Lacan e pela elaboração, preciosa, do ponto de vista clínico-conceitual, ministrada no Curso de Orientação Lacaniana; Judith Miller, pela determinação de incentivar a pesquisa sobre a prática analítica com crianças no âmbito dos Institutos do Campo Freudiano; Luiz Carlos Nogueira, pela orientação empreendida durante a elaboração deste estudo e pelas aulas no Departamento de Psicologia Clínica da Universidade de São Paulo; Pierre Bruno, pela supervisão na confecção do projeto de investigação, como orientador de teses no Departamento de Psicanálise da Universidade de Paris VIII; Jésus Santiago, cuja curiosidade implacável o leva a formular questões aparentemente simples, mas de uma agudeza sem igual, que fazem desmontar qualquer construção que não se sustente no rigor teórico; Angelina Harari, amiga em diversas caminhadas no Campo Freudiano; Marta Monteiro, pelo acolhimento inesquecível; Maria Lúcia Brandão Freire de Mello, pela revisão cuidadosa; Fernando Bezerra, pelo apoio "técnico" na formatação; Antônio Beneti, pela confiança depositada em meu trabalho na constituição e coordenação do Cirandas e do Núcleo de Pesquisa em Psicanálise com Crianças do Instituto de Psicanálise e Saúde Mental de Minas Gerais.

Por último, um agradecimento a cada criança que, na minha prática, me ensinou algo.

ANA LYDIA
março de 2004

Prólogo

Da debilidade à inibição e retorno

A idéia axial deste trabalho consiste em tomar as diversas manifestações da inibição intelectual sob a ótica da psicanálise como uma forma de circunscrever aquilo que lhe é mais singular, tanto no tocante à apreensão de sua estrutura como no que se refere às coordenadas essenciais de sua abordagem clínica. Assim, o primeiro desafio foi encarar a questão crucial que atinge o próprio alcance da investigação psicanalítica desse sintoma da contemporaneidade, expresso nos impasses do ser falante com a aprendizagem escolar. A pergunta era, portanto, se a concepção que a psicanálise promove a esse respeito permite preservar sua marca própria, que é instituir-se, efetivamente, como ciência do particular.

Para tal, foi necessário examinar, de modo aprofundado, os elementos que compõem o universo da problemática da inibição intelectual nos mais diversos planos. Optou-se por discutir, inicialmente, a atualidade das formas sintomáticas que decorrem da relação do sujeito com o saber, que as pesquisas sociológicas apontam como um dos aspectos das variadas formas de desordem que contaminam a condição infantil no mundo moderno. Diante da magnitude do problema, que assume contornos de um importante desconforto social, o risco é incorrer na prática da segregação, mesmo que o intuito seja, ao contrário, prestar assistência à infância, por meio das mais diversas estratégias discursivas de adaptação do escolar. É a análise das dificuldades escolares, sustentando-se no discurso científico, que vai situar os fracassados em uma mera posição de objeto do conhecimento, marcá-los por um ato diagnóstico que, embora se mostre oscilante entre uma "patologia" e uma "disfunção", não vacila em prescrever um déficit. Foi nesse ponto que se localizou o paradoxo de um diagnóstico que, isolando e retirando o indivíduo fracassado do grupo dos escolarizáveis, esvazia e inviabiliza o próprio objetivo de readaptação da criança. A questão que permanece é a de se saber se o discurso analítico pode gerar uma outra resposta discursiva, ao propor uma prática que vai na contracorrente do corolário evidente desse tipo de diagnóstico, que é o confinamento da subjetividade ao mais absoluto silêncio.

Em seguida, tratou-se, ainda, de situar a emergência do problema, relativo às limitações da atividade intelectual, no campo do saber psiquiátrico, salientando-se o que se edifica, nesse domínio, como um verdadeiro obstáculo para a abordagem das patologias da inteligência, a saber, a postulação de uma causalidade orgânica na origem das perturbações das funções cognitivas. O objetivo principal desse enfoque histórico-epistêmico do problema era traçar as grandes linhas conceituais que forjaram as próprias descrições semiológicas da debilidade, explicitando-se de que maneira, no início do século XX, essa noção, nascida no classicismo da nosologia psiquiátrica, passou para o domínio da pedagogia e da psicologia emergente no seio mesmo da instituição escolar.

É no âmbito da educação que a debilidade adquire, de forma peremptória, a qualificação de mental e impõe-se, rapidamente, como uma forma de diagnóstico do aluno que apresenta distúrbios de aprendizagem. A contrapartida disso é a interpretação dos fenômenos manifestados pelo estudante, no momento singular de seu ingresso no mundo da escrita, como sendo um índice capital da debilidade mental. Ressaltou-se, nessa investigação, a contribuição decisiva de toda uma vertente humanista da pedopsiquiatria, cujo interesse principal se centrava na tentativa de reabilitação de crianças alienadas, pela recorrência a uma educação especial. E a práxis desses ditos pedopsiquiatras, que ficaram conhecidos como "educadores de idiotas", que prepara o terreno para o surgimento da escala métrica da inteligência — o famoso teste de Q.I. —, por meio da qual, ainda hoje, se faz a identificação de crianças débeis. Encontram-se nas indicações de Alfred Binet, idealizador desse instrumento com que se pretende objetivar as faculdades mentais, alguns indicativos cruciais, que traduzem a forma atual de tratamento da problemática das dificuldades de aprendizagem das crianças.

A contribuição de Binet, que consiste, de uma certa maneira, na própria medida do déficit, corrobora e consolida, ainda mais, a causalidade orgânica das dificuldades na esfera da inteligência, o que se exprime nas diversas iniciativas subseqüentes de abordagem do tema da debilidade — de caráter cognitivo ou clínico —, pela redução da terapêutica do problema de seu desenvolvimento limitado a uma adequação do indivíduo ao desempenho desejável de suas funções cognitivas. O parâmetro da organização do desenvolvimento normal constitui um saber externo e ideal do sujeito, construído *a priori*, e é, por isso mesmo, incompatível com a perspectiva clínica que pretende contemplar os elementos da subjetividade na determinação dos fenômenos sintomáticos. Eis o obstáculo com que a psicanálise esbarra e que se pode verificar no fato de que o terreno árido do déficit prevaleceu, durante muito tempo, interditando ao débil o acesso à clínica psicanalítica.

A concepção lacaniana do desejo enquanto causa torna possível a construção de uma hipótese determinante para o destino de todo ponto de vista clínico a propósito da debilidade mental. Analisou-se, nessa perspectiva, a primeira elaboração que buscou incluir, resolutamente, a função do sujeito do desejo na questão. Trata-se da tese de Maud Mannoni, que, no início da década de 1960, explica a debilidade pela teoria da fusão de corpos entre mãe e filho. Retomou-se essa teoria para se explicitar em termos mais apropriados a função do sujeito na debilidade, segundo uma perturbação nas operações da alienação e da separação, por meio da qual a fusão de corpos é retraduzida pelo estatuto da holófrase do primeiro par de significantes da cadeia, cuja conseqüência se faz sentir na própria ordenação desta. A relação débil do sujeito com o saber aparece como o retorno do efeito holofrásico da bateria mínima de significantes — S1-S2 — na cadeia do ser falante.

É preciso destacar que a psicanálise apenas pôde tratar diretamente dos sintomas na esfera da atividade intelectual com Melanie Klein, no início dos anos 1930. Não pareceu possível, contudo, situar as elaborações teórico-clínicas dessa psicanalista, que se renomou como uma das pioneiras na prática clínica com crianças, a partir do emprego clínico dos chamados estágios pré-genitais do desenvolvimento da libido, sem contextualizá-las em relação às indicações, apontadas por Sigmund Freud, sobre a hipótese, fundante da teoria das pulsões, da sexualidade infantil. Isso levou à introdução de uma série de considerações sobre o que se esboçava como os antecedentes teóricos da clínica psicanalítica da inibição intelectual. Pôde-se concluir, a partir daí, que há uma degradação da referência ao sintoma no ambiente da prática clínica com crianças, ou seja, uma inflexão desse termo fundamental, que, como se sabe, condiciona a experiência psicanalítica. Segundo essa mesma orientação, um outro aspecto que se pôde pôr em destaque foi a introdução da "observação experimental"* na abordagem do infantil, recurso totalmente alheio ao dispositivo analítico, que, no entanto, se deduz, de forma errônea, da fidelidade incontestável de Freud ao cientificismo de sua época.

Por último, tratou-se de analisar as principais indicações de Freud e de Lacan sobre a noção de inibição, que destacam todo um esforço, da parte de cada um, em reintroduzir o circuito pulsional nas modalidades clínicas da inibição. Freud, por exemplo, vai conceber o trabalho intelectual como a forma sublimada de se obter satisfação, mediante um desvio do alvo pulsional, que contrasta com outras manifestações, como a inibição do pensamento, e considera um caso, em que a pulsão se satisfaz, sobretudo pela inclusão do sexual na atividade da cognição. Lacan, por sua vez, ao optar por encarar a questão pela via da constituição do sujeito do desejo, caracteriza a categoria da inibição como um efeito da estrutura do ser falante, inerente à própria organização dos objetos pulsionais. No desenvolvimento dessa perspectiva, renasce a categoria da debilidade mental, totalmente renovada em relação ao modo como esta se originou no saber psiquiátrico e se reforçou com o saber psicopedagógico. Essa trajetória retroativa — que se inicia com a debilidade, vai até a inibição e retorna, finalmente, à debilidade — aponta para um movimento em que a debilidade repercute na inibição e vice-versa. Apesar de suas diferenças fenomênicas, ambas igualam-se em um ponto preciso: o sujeito extrai um benefício pulsional ao recusar o que é da ordem do saber. Assim, muito mais que uma "obtusão nativa", ou uma mera evitação do saber, identificam-se, nesses casos, um modo de gozo específico, que Lacan conseguiu exprimir pela fórmula inédita de um sujeito que flutua entre dois discursos.

---

* Referência à seção "Observação direta e vocação científica da psicanálise", no capítulo III deste livro.

Capítulo I

Debilidade, sujeito e segregação: uma questão para a contemporaneidade do discurso educacional

Não há como desconhecer a aporia epistemológica presente na dificuldade de apreensão do normal e do patológico no âmbito da atividade intelectual. O elemento deficitário que recobre a categoria de debilidade atravessa as investigações psiquiátricas e mantém-se no domínio da psicologia diferencial emergente. A psicometria consolida a debilidade, dando-lhe a qualificação de mental. Desde então, a expressão "debilidade mental"[1] recebe uma base objetivável ou, ao menos, mensurável em termos de déficit, em relação a uma competência intelectual julgada estatisticamente normal. Sabe-se que, ainda nos dias de hoje, é por meio de escalas diferenciais que se faz o diagnóstico da debilidade: o estabelecimento do quociente intelectual (Q.I.), em termos de idade mental, é o que serve de operador para se detectarem os sujeitos débeis. Ora, ao se fundar o diagnóstico da debilidade sobre os instrumentos de medida da psicologia diferencial, perdem-se de vista os elementos teórico-clínicos que vinham norteando a estruturação da clínica pedopsiquiátrica, ainda baseada em um enfoque deficitário.[2]

Por outro lado, o poder classificatório dos testes de inteligência na abordagem da debilidade encontra sua expressão máxima e afirma-se contundentemente como instrumento de avaliação no domínio da educação. A hegemonia do enfoque adaptacionista da psicologia no seio da escola confunde-se, de alguma maneira, com a aliança entre a psiquiatria e a pedagogia.[3] A ótica de reabilitação da debilidade mental por parte da pedopsiquiatria, indo ao encontro da ideologia dos pedagogos, abre as portas da instituição escolar à metodologia diagnóstica da psicologia. Durante as primeiras três décadas do século XX, os testes psicológicos assumem um grande peso na decisão dos educadores a respeito do destino escolar de grandes contingentes de crianças que tinham acesso à escola. Nas décadas seguintes, quando as teses psicanalíticas são incorporadas como instrumento de análise dos resultados dos protocolos, os testes passam a indicar não apenas o diagnóstico de normalidade intelectual, mas também as possíveis interferências da dimensão afetiva e da vida familiar na determinação do comportamento e das dificuldades do aluno com a aprendizagem escolar. Este último aspecto é responsável pela mudança terminológica que se processa no âmbito da psicologia educacional: de "falsa debilidade", a criança com resultados contraditórios ao teste, ou que apresenta problemas de ajustamento ou de aprendizagem escolar, passa a ser designada como "criança problema"[4].

A partir de então, assiste-se, no âmbito da educação, à perda progressiva da dimensão do diagnóstico da doença mental, em detrimento da identificação de elementos capazes de explicar e tratar a "criança problema" e seus impasses manifestos na vida escolar. Por um lado, esse movimento torna-se responsável pelo aparecimento de diversas clínicas de atendimento médico-psicopedagógico, em atenção à higiene mental das crianças. Essas clínicas vão servir diretamente à rede escolar pública e privada, recebendo aquelas crianças que manifestam alguma dificuldade na aprendizagem escolar, submetendo-as ao processo de diagnóstico e oferecendo-lhes tratamento reeducativo e psicológico para sanar seus distúrbios.

Antes, no domínio pedagógico, os alunos que manifestavam dificuldades de adaptação à vida escolar eram identificados como "preguiçosos", "zonzos" ou, simplesmente, "maus alunos". Para esses casos, considerados efeitos de desordem no plano social, a educação moral e a disciplina escolar eram tidas como a solução do problema.[5] Tamanha era a confiança depositada na capacidade da escola de cumprir a função de normatização da infância, que, até 1887, a expressão "fracasso escolar" ainda não tinha emprego corrente.[6] Após a introdução do discurso da ciência no ambiente escolar, as crianças com dificuldades passam a ser nomeadas com novos significantes, que as identificam a portadores de dislexias, disortografias, discalculias ou dispraxias, entre outras patologias referidas, principalmente, ao desenvolvimento neuropsicomotor. A conseqüência mais nefasta desse tipo de nomeação, como se sabe, é a produção exacerbada da patologização e medicalização dos problemas escolares, que não deixa de ocasionar prejuízos muito grandes à trajetória escolar da criança.

Segregação e clínica do impossível do ato de educar

O cotidiano da clínica psicanalítica com crianças mostra em que medida as práticas educativas atuais, quase sempre orientadas por um certo modo de apreensão do discurso da ciência, contribuem para o agravamento significativo de um aspecto marcante do mundo contemporâneo: a segregação. Na verdade, a aliança dessas práticas com o saber científico acaba promovendo uma espécie de legitimação da exclusão, por meio daquilo que uma gama de especialistas — médicos, psicólogos e pedagogos — passou a diagnosticar como "fracasso escolar". Vêem-se, nesse particular, o alcance e a consistência da tese lacaniana de que há um componente estrutural inerente à segregação, visto que a própria linguagem segrega o real.[7] Pensar a clínica frente a esse revestimento contemporâneo dos impasses da civilização impõe um questionamento acerca da maneira como se tem abordado a demanda e o tratamento de crianças marcadas por significantes secretados por essas práticas, significantes que se tornaram intoleráveis no século da ciência. Diante disso, torna-se necessário ao psicanalista dar conta das imensas particularidades com que cada um desses sujeitos responde a mais esse sintoma, que subsiste como efeito da nomeação do fracasso, na forma de dislexia, disortografia, lentidão do pensamento, distúrbio de memória, debilidade na aquisição do saber, hiperatividade ou, ainda, *handcap* sociocultural.

O grande transtorno do fracasso escolar, que se reproduz de forma cada vez mais extensa e sistemática, além de constituir o indício do fator discriminatório repercutindo no próprio funcionamento do laço social, faz relembrar um outro diagnóstico: aquele que se enuncia, na obra de Freud, por meio da afirmação contundente sobre o impossível do ato de educar[8]. O ato de educar, segundo ele, é uma tarefa impossível. Por quê? Jean-Claude Milner responde a essa questão dizendo: "Por que é demandado ao educador substituir com a plenitude de seus conhecimentos o vazio da ignorância do aluno? Ora, dirá Freud, eduque como quiser, mas restará sempre algo que não se substituirá."[9] Com esse adjetivo — impossível —, a psicanálise qualifica apenas as modalidades de ato cujo efeito não se pode antecipar. E é exatamente isso que ocorre no âmbito da educação: o ato do educador é sua transmissão; ele transmite um determinado conhecimento para um grupo de alunos esperando que esse conhecimento seja assimilado por completo, mas o resultado dessa transmissão não é previsível nem passível de um cálculo coletivo. Da parte dos alunos, observa-se que uns aprendem, outros não — às vezes, o aprendizado é marcado por sérias distorções, por erros grosseiros resultantes de equivocação ou, simplesmente, por não-aprendizado. O professor, por sua vez, sobretudo a partir da análise das avaliações, nota que os alunos, muitas vezes, conferem uma ênfase ao conteúdo distinta ou oposta àquela que ele pretendeu ressaltar. Outras vezes, a atitude dos alunos de aceitação, desafio, provocação ou recusa da pessoa do professor é que determina as relações de aprendizagem. Sejam quais forem os métodos pedagógicos utilizados, se se admite a existência do inconsciente, não é possível fixar uma relação de causalidade entre os meios e os efeitos obtidos.

Esses fenômenos, entre tantos outros observados na esfera da missão de educar, ilustram o ato impossível, que, para a psicanálise, é delimitado por uma intenção, para além da consciência e cuja conseqüência é uma resposta que implica o inconsciente daquele a quem foi endereçado: "Quando o pedagogo imagina estar se dirigindo ao Eu da criança, o que está atingindo, sem sabê-lo, é o seu Inconsciente; e isso não ocorre pelo que crê comunicar-lhe, mas pelo que passa do seu próprio Inconsciente através de suas palavras."[10]

Assim, entre professor e aluno, independentemente da dimensão objetiva dos conteúdos escolares, interpõe-se, sempre, um verdadeiro intercâmbio de elementos inconscientes, fantasmáticos, que podem ser apreendidos apenas a partir da manifestação de uma desordem qualquer. Nesse sentido, o diagnóstico freudiano permite postular o fracasso como signo do que não cessa de não se escrever na vida desses sujeitos. A tarefa do discurso analítico, diante disso, consiste em tentar fazer desse impossível um sintoma, para além das determinações orgânicas ou cognitivas imputadas pelo discurso da ciência como fonte de um déficit do sujeito.

Diagnóstico do fracasso escolar e infância segregada

Os índices que ambicionam contabilizar esse signo do impossível são alarmantes: a cada ano, mais de 55% das crianças brasileiras que usufruem da educação básica são impedidas de dar prosseguimento ao percurso normal no exercício desse direito do cidadão contemporâneo. Ultrapassando a mera constatação empírica, as pesquisas demonstram que o critério do nível de instrução serve para escamotear outros critérios, igualmente discriminatórios, tais como as condições socioeconômicas, o gênero, a cor ou a raça dessas crianças. A condenação à reprovação e à exclusão escolar estrutura-se, na maior parte das vezes, sem o menor escrúpulo, em função do elitismo, da rigidez das regras de cada escola, de cada especialista ou mesmo de cada mestre.[11]

Por outro lado, o medo da violência dos meninos de rua e dos conflitos sociais, de maneira geral, suscita, no momento atual, uma certa sensibilidade pelas velhas realidades brasileiras: as desigualdades e os múltiplos processos de exclusão e marginalização. No plano da instrução, o sistema educacional, com suas políticas muitas vezes diversas, reitera o que se pode chamar de uma cultura da exclusão.[12] Já se constatou que essa cultura não é um atributo inerente às gestões autoritárias das instituições escolares durante o passado dos regimes ditatoriais no Brasil. O fenômeno da segregação sobrevive mesmo nas instituições que, no exercício de sua função, deveriam encarnar o direito universal à educação.

Ressalta-se, assim, que o elevado índice do fracasso escolar tem como contrapartida o elemento segregativo manifesto nas práticas educativas, que se tornaram, pouco a pouco, permeáveis ao discurso da ciência. Valendo-se de categorias oriundas do campo da medicina e da psicologia, tais práticas estimulam o diagnóstico dos distúrbios de aprendizagem em larga escala, o que se configura como um fator crescente da patologização e da cronificação desses mesmos distúrbios. No fundo, essa operação discursiva se institui segundo uma tendência a se universalizar as respostas que cada criança dá no momento singular de seu ingresso no mundo da linguagem escrita, bem como de acordo com a generalização das ofertas terapêuticas a essas respostas diagnosticadas como patologias do fracasso.

É esse aspecto da homogeneização das respostas que causa impacto na configuração atual das demandas endereçadas aos serviços de saúde mental. Naqueles que oferecem tratamento para crianças, o índice de demandas provenientes das instituições escolares nunca é inferior a 50%.[13] Contudo, se o fenômeno do fracasso escolar é passível de uma abordagem genérica, claramente manifesta na investigação psicossociológica atual, o mesmo não se pode dizer a respeito do modo como o sujeito, particularmente, experimenta as dificuldades que se interpõem ao curso de sua vida escolar. A clínica psicanalítica está relegada a ser, para sempre, ciência do particular.[14] E a única chance de o analista suportar seu ato é fazer com que cada sujeito possa se haver com o elemento singular de uma eventual dificuldade sintomática com o saber. Longe disso, o que, cotidianamente, é colocado à disposição dessas crianças tidas como fracassadas esboça-se como um conjunto de medidas e ofertas típicas. Tais são, gradativamente, incorporadas pela própria ação do Estado em seus programas de políticas públicas, exprimindo, em seu cerne, as exigências da ciência: tratamento medicamentoso, reeducação pedagógica e psicomotora, terapia psicológica e fonoaudiológica. O inesperado, entretanto, é que o propósito da "adaptação escolar" inscrito nessas ofertas encontra sempre seu efeito inverso — a saber, a própria perpetuação da lógica da exclusão. Em outros termos, a hipótese que se formula é a de que o ideal terapêutico da adaptação e do bem-estar na educação fracassa sempre, e sua conseqüência inevitável é a supressão das diferenças singulares dos ditos fracassos.

Essa hipótese não se justifica apenas na comprovação obtida pela pesquisa sociológica quanto à inoperância dessas estratégias de adaptação escolar. O que o sociólogo, o psicólogo e o pedagogo não conseguem ver é que a linguagem segrega o real e que o ideal terapêutico, ao tentar universalizar as diferenças, se mostra alheio à condição do desejo no ser falante. Para a psicanálise, não resta outra via senão a de incluir o fracasso como uma vicissitude inerente ao impossível de suportar. Para tal, é preciso desfazer-se do impasse da concepção foucaultiana, que, de forma peremptória, homogeneiza qualquer forma de discurso nas relações de poder.[15] Ao reduzir saber e poder — destituindo todo traço de especificidade entre um e outro —, Foucault, no final de sua obra, não poupa sequer a prática analítica, pois considera que esta também segrega o real. Segundo ele, a psicanálise segrega na medida em que, na sua estratégia de tratamento, empreende uma familiarização forçada do mundo, injetando novos significantes no sujeito, impondo-lhe uma moral que reproduz as relações de poder existentes. Diante disso, pensar a clínica frente à segregação é não só oportuno mas também essencial, se a psicanálise é concebida não como um "empreendimento de imposição" do desejo[16], mas como uma prática que, dentro do possível, visa a reconciliar o sujeito com o que se evidencia prestes a ser segregado pela ciência, ou seja, com o seu modo de gozo povoado pelos elementos os mais díspares e irreconciliáveis no ser falante.

O ideal da adaptação escolar segrega

Como assinalado anteriormente, é certo que nenhum programa de combate ao fracasso escolar se encontra em condições de contemplar a dimensão do sujeito. Nem poderia ser diferente, tendo-se em vista que as abordagens dos distúrbios de aprendizagem se sustentam em procedimentos científicos, que pretendem conferir um valor objetivável e transmissível à verdade de suas investigações. O modo como o sujeito é forcluído, no enfoque dito científico do fracasso escolar, consiste em elidir a particularidade emergente no caso a caso, em detrimento de um corpo de categorias isoladas precedentemente. Assim, embora se investiguem tais dificuldades a partir de uma metodologia que preconiza o estudo do caso, o diagnóstico do fracasso consuma-se, de forma inexorável, na segregação.

Alguns estudos que se propuseram a analisar a produção acadêmica e científica sobre essa temática acabaram evidenciando o reforço desse elemento segregativo. A abordagem organicista — a primeira teorização sobre as dificuldades de aprendizagem, surgida no final do século XIX — é sempre citada como a grande responsável pela medicalização generalizada do fracasso escolar. Buscando nas disfunções neurológicas ligadas ao desenvolvimento do sistema nervoso central a causa dos problemas de aprendizagem, essa abordagem classifica todos os casos sob a rubrica de "dislexia" e de "disfunção cerebral mínima". Essas duas patologias — que, como se sabe, mesmo nos dias de hoje são bastante imprecisas do ponto de vista de suas etiologias — tornam-se duas categorias que, ao serem aplicadas no campo da educação, promovem a segregação. Empregadas para justificar as dificuldades e, também, a interrupção da escolaridade normal, elas agem no sentido de atestar o déficit do lado do sujeito.

Por outro lado, a abordagem instrumental cognitivista, assumida de bom grado pela maioria dos educadores, busca uniformizar manifestações sintomáticas nessa área, transformando-as em uma disfunção relativa a um dos quatro processos psicológicos fundamentais: a percepção, a memória, a linguagem e o pensamento. Do mesmo modo, a fenomenologia dos distúrbios de tais funções, nesse contexto teórico específico, passa a fornecer os significantes com os quais a prática segregativa se exerce, como ocorre nos casos de transtornos perceptivos visuais, desorganização espaço-temporal, desenvolvimento inadequado da linguagem, déficit da atenção seletiva e outros. Um exemplo: uma criança que apresenta dificuldade de aprendizagem é submetida a uma bateria de testes, cujo resultado permite identificar e classificar seu problema como um sintoma resultante de déficit da memória. O procedimento terapêutico indicado no caso, considerando-se tal tipo de investigação, vai consistir na recuperação técnica dessa função cognitiva que se encontra aquém dos parâmetros do desenvolvimento normal. Na verdade, o que sustenta esse procedimento é todo o saber acerca dos processos cognitivos, do qual o sujeito é mero objeto. Ressalta-se, antes de tudo, a escala de normalidade da função da memória face à qual a criança é situada fora do conjunto daqueles que respondem ao ideal terapêutico da normalidade.

Por essa via diagnóstica, consuma-se a exclusão do aluno que manifesta algo particular no acesso, por exemplo, à escrita. Esse tipo de segregação pode ser tomado como um sintoma, pois, além de suprimir a emergência do particular, autoriza o saber a tratar o sujeito como objeto de estudo. Tal processo, ao mesmo tempo que é excludente para o sujeito, confere-lhe uma posição subjetiva particular, uma nova identificação, a saber, a de desmemoriado. Essa nova oferta, que nomeia a emergência do real com um significante produzido pela ciência, acaba, no fundo, obturando-lhe a possibilidade de inventar seu próprio sintoma. Enfim, trata-se de uma oferta de gozo que exibe a alienação do sujeito ao discurso do mestre, representado, no caso de fracasso escolar, pela psicologia instrumental dita científica. A terapêutica das disfunções cognitivas diagnosticadas procura adaptar o gozo do sujeito a um modo hegemônico do uso das funções intelectuais. Busca-se atingir, por meio dela, um nível de funcionamento ideal, que possa garantir o acesso do sujeito a um desempenho estipulado pelas exigências da norma.

Sabe-se o quanto essas estratégias acabam culminando na impotência, visto que elas se configuram como um verdadeiro estorvo à necessidade de inscrição do sintoma. Não é raro o tratamento terapêutico de uma dificuldade de aprendizagem durar toda a vida escolar de uma criança — e isso quando ela não interrompe sua trajetória escolar devido à persistência do fracasso. A via adotada pela psicologia clínica — a de localizar a causa do fracasso nos conflitos emocionais e problemas de afetividade na família — não é mais eficaz. Durante muito tempo, buscou-se o suporte teórico da psicanálise para a compreensão do conflito intrapsíquico que estaria na base de uma determinada manifestação. Os laudos psicológicos de casos de Dificuldade de Aprendizagem na Leitura e na Escrita (Dale) demonstram como esse conflito se explica, exclusivamente, a partir de elementos da dinâmica familiar, furtando-se ao sujeito a possibilidade de dizer algo sobre sua divisão. Os significantes que marcam o déficit e a exclusão do sujeito designam tipos de pais, de mães ou de configurações familiares considerados inadequados para o desenvolvimento edípico normal da criança.[17] O modelo padronizado da família dita nuclear serve de base para se isolarem todos aqueles que não estão em condições de se apoiar sobre uma identificação garantidora do acesso ao mundo simbólico. De uma certa maneira, essa abordagem que restringe os distúrbios da aprendizagem à clínica do Outro duplica o déficit, na medida em que a falta da criança resulta de uma carência simbólica da família.

Por último, pode-se, ainda, lembrar a abordagem sociogênica, que considera como prevalente, na deficiência da aprendizagem, o fato sociocultural, explicando-o por intermédio de um déficit lingüístico da criança. Em termos genéricos, afirma-se que, nessa classificação deficitária, a proporção de alunos provenientes das classes economicamente desfavorecidas é bastante considerável: trata-se sobretudo daqueles que utilizam, em seu vocabulário, dialetos regionais qualificados como pouco prestigiosos. A segregação aparece, nesse caso, como uma manifestação evidente da tentativa de imposição de um modo de gozo que torna todos os outros subdesenvolvidos.[18]

O que é notório, nos relatos de casos de cada uma dessas abordagens, é que a exclusão da dimensão do sujeito na análise das dificuldades escolares se faz por uma operação que situa os fracassados em uma mera posição de objeto de conhecimento. Apenas assim esses sujeitos interessam à ciência: marcados pelo ato de um diagnóstico que, embora se mostre oscilante entre uma "patologia" e uma "disfunção", não vacila em prescrever um déficit. Instaura-se, portanto, o paradoxo de uma avaliação que, isolando o indivíduo fracassado do grupo dos escolarizáveis, sabota e inviabiliza seu próprio objetivo de readaptação da criança. Assiste-se ao que Lacan preconizou como a dessuposição do sujeito pela ciência[19], cujo corolário mais evidente e assustador — que a psicanálise tenta reverter convidando a criança a falar — é o confinamento da subjetividade ao silêncio.

A clínica psicanalítica face à segregação do fracasso

Os educadores que encaminham escolares portadores de Dale para tratamento psicológico denunciam o fato de a terapia não surtir nenhum efeito sobre a dificuldade escolar específica da criança. Os psicólogos defendem-se disso alegando que sua formação é clínica e não pedagógica. Admitem, contudo, a necessidade de se investigarem essas manifestações, oriundas do ensino/aprendizagem, que se apresentam como demanda escolar.[20] Parece que, exatamente nessa hiância entre o pedagógico e o psicológico — em que tanto a eficácia dos métodos de aprendizagem quanto o saber médico-psicológico falham ao tentar anular a expressão da dificuldade enquanto efeito da linguagem —, exatamente nesse ponto, há uma chance para o discurso analítico poder operar. E essa operação consiste na transformação de tal dificuldade escolar em um sintoma, o que requer a produção de um enigma, que o sujeito pode endereçar ao analista com o intuito de obter uma decifração; mas, antes mesmo que uma dificuldade na esfera da aprendizagem se torne um enigma, é preciso que o analista saiba acolher e, mesmo, manejar a especificidade de uma demanda que carrega, em seu seio, um impasse recoberto pelo sentido da questão escolar. Seria bastante insuficiente compreender todas as manifestações de impasses no aprendizado da escrita como inibições ou sintomas propriamente ditos. Muitas vezes, faltam, realmente, ao escolar alguns fundamentos essenciais que lhe permitiriam ter acesso à estrutura do saber.

Diante dessa constatação, torna-se essencial a discussão interdisciplinar. A realização de um diagnóstico pedagógico detalhado, antecedendo a investigação analítica, cumpre o objetivo de permitir a identificação do processo particular do sujeito diante da apreensão daquilo que é da ordem da lei do significante e do arbitrário do sentido. Algumas manifestações curiosas ocorrem com freqüência e, mesmo não sendo descritas como transtornos específicos, testemunham tipos de respostas do sujeito à diversidade que se distribui entre o significante e o sentido, entre os fenômenos de código e os de mensagem. Pode-se citar, a esse respeito, o exemplo da criança que aprende a escrever, mas não consegue ler, ou, ainda, daquela que pode decodificar a escrita, ou seja, que consegue ler um texto com fluência sem, contudo, alcançar o sentido do que lê.

Estudos lingüísticos, nesse campo, têm elucidado uma série de fenômenos inerentes à aquisição da língua, minimizando, com isso, a incidência do erro. A partir dessas contribuições, vários erros que antes eram considerados faltas ou distúrbios passam a integrar o processo de aprendizado normal do aluno.

Do lado do sujeito, também se pode destacar, nesse momento crucial de ingresso no mundo da escrita, todo um esforço na busca de uma solução, que inclui a cifração do gozo por meio do falo. Lacan inicia seu texto "A significação do falo" lembrando que "o complexo de castração inconsciente tem uma função de nó", não só na estruturação dinâmica dos sintomas, como também na regulação do desenvolvimento que permite a instalação, no sujeito, de uma posição inconsciente, sem a qual ele não saberia identificar-se ao tipo ideal de seu sexo. Distingue-se, nesse sentido, o ser sexuado masculino como o que *tem o falo* e o feminino como aquele a quem *falta o falo*. A interferência dessa constituição sexuada ou, em outros termos, o privilégio da significação fálica, no homem, e a sexuação aberta ao Outro gozo, na mulher, levam os meninos a aprender primeiro os números e as meninas, as letras.

Um fragmento da fala de um menino de quatro anos ilustra bem essa constatação. Ivan, aguardando o final de uma conversa entre mim e seu pai, na porta do prédio onde moro, exclama subitamente: "Lydia, o número do seu prédio é 2,8,5." "Você já conhece os números?", pergunto-lhe. "Já", diz ele. E, em seguida, lê os números de três placas de carro estacionados por perto. "E as letras?", questiono. "Você também já as conhece?" Sua reação a essa pergunta é de perplexidade. Então, continuo: "Você sabe qual é a primeira letra de seu nome?" "Não sei. Ainda não; mas já sei contar."

Para o menino, portanto para quem o "ter o falo" é a resposta privilegiada ao fato fundamental da castração, a quantidade torna-se uma ferramenta preciosa para operar com as unidades, determinar conjuntos de coisas, considerá-las equivalentes e susceptíveis de aumento ou diminuição. A quantidade serve de instrumento, no plano psíquico, para calcular o valor de cada objeto na sua dimensão fálica. Em contrapartida, para a menina, que desde cedo se vê confrontada com a castração imaginária que seu corpo representa em comparação à anatomia do corpo masculino, a dimensão do "falta o falo" é assumida com o recurso do artifício, da invenção de algo que pode compensar a ausência.

Victória testemunha isso, também com seus quatro anos. Um dia, inquieta-se diante de uma folha branca, andando de um lado para outro, com um lápis na mão, sem saber o que fazer. Após alguns minutos, exclama: "Já sei!" Pensei que ela tivesse tido alguma idéia para um desenho; porém ela diz: "Onde não tem nada, pode colocar brinco, colar e... letras." A partir desse dia, aprendeu todas as letras e interessou-se por formar palavras.

Sobre esse fato, podem ocorrer variações em função das particularidades dos métodos de alfabetização utilizados. Na aplicação do método global, por exemplo, em que cada palavra é apresentada como uma unidade sólida, os meninos aprendem a ler com mais facilidade. Geralmente, no entanto, é a função numérica que se revela operativa frente à estratégia do obsessivo de encobrir o ponto de castração do Outro da linguagem. A falta de sentido das letras isoladas, por outro lado, parece colocar a menina diante da urgência de inventar, de promover um discurso em torno dessa falta enigmática, de fazer nascer, dessa ausência, o poder do sentido dos textos, dos livros, dos romances.

Diagnóstico clínico-pedagógico

Pedro e Alice estão cursando a terceira série do ensino fundamental, quando são encaminhados para um trabalho individualizado, extraclasse, devido a dificuldades apresentadas na aprendizagem escolar. As queixas, em relação a Pedro, são duas: sua escrita é precária, caracterizada por recorrentes trocas e omissões de letras, e sua produção textual é insuficiente, marcada pela introdução de fatos disparatados, que tornam o texto incompreensível ao leitor. De Alice, suspeita-se de problemas de raciocínio e memória: ao contrário da maioria dos colegas, ela ainda não domina os fatos fundamentais da matemática e não consegue resolver problemas que envolvem a decomposição de números inteiros, necessitando, quase sempre, do auxílio de material concreto para realizar exercícios de cálculo matemático.[21]

Os casos de Pedro e Alice exemplificam, em primeiro lugar, o que são queixas de cunho estritamente pedagógico — a saber, aquelas que se referem a dificuldades específicas das crianças com a aprendizagem escolar. Além disso, em ambos os casos, pode-se notar a forma peremptória de incorporação do saber psicopedagógico na própria identificação da dificuldade escolar. Nomear de "dificuldade de memorização" os tropeços de um aluno com o cálculo matemático, por exemplo, é realizar, na sala de aula, um diagnóstico que incorpora todo um conhecimento específico produzido pela psicologia aplicada ao campo dos transtornos de aprendizagem. Muitas vezes o diagnóstico inicial realizado pelo professor já aponta, ainda que de maneira superficial, a presença de uma limitação das funções cognitivas, que pode vir a adquirir o estatuto de um distúrbio, com o aval das avaliações médico-psicológicas.

Para evitar esse processo, que culmina na patologização dos problemas de aprendizagem, o tratamento da queixa pedagógica impõe, como ponto de partida, a realização de um diagnóstico clínico das dificuldades da criança, que visa à investigação circunscrita de seus impasses com a aprendizagem escolar. O procedimento diagnóstico adequado a esse particular pretende cumprir o objetivo de identificar o estatuto da dificuldade em duas esferas distintas: uma conceitual-pedagógico e outra relativa à economia subjetiva do aluno.

A avaliação conceitual baseia-se na investigação do conhecimento da criança, no plano estrito do seu domínio dos fundamentos teóricos absolutamente indispensáveis para a superação de erros de conteúdo. O método, por outro lado, é inspirado na clínica psicanalítica, na medida em que a criança é interrogada sobre sua dificuldade, tal como se interroga alguém a respeito de seu sintoma. Nessa perspectiva, busca-se esclarecer a trajetória intelectual que a criança desenvolve na solução de uma tarefa, até o ponto preciso de seu impasse. Deve-se notar que essa atitude de investigação apenas é possível para aquele que se coloca na posição de não-saber diante do outro, despojando-se do lugar tentador de mestre, que o adulto normalmente tende a adotar frente a uma criança.

O recurso de escutar o que a própria criança tem a dizer sobre a sua dificuldade, ou seja, de levar em consideração o que o sujeito sabe a respeito do que lhe acontece, é o que possibilita não apenas a elucidação de elementos de subjetividade ou de sentido inconsciente, acrescendo o mínimo de significação que o conteúdo escolar deve ter, como também a extração de um método de intervenção reeducativo particularizado, como se verá, a seguir, no caso de Pedro. Diferentemente da intervenção, que preconiza os recursos avaliativos sustentados no discurso científico, a escuta do sujeito possui o alcance de integrar ao diagnóstico da dificuldade de aprendizagem a dimensão subjetiva, que, para a psicanálise, se configura como a única via possível para a transformação da queixa escolar em uma demanda de tratamento propriamente analítico.

Caso Pedro: "incoerência no texto" do discurso amoroso

Tendo-se em vista o diagnóstico clínico das dificuldades, cada uma das queixas contra Pedro — "trocas de letras", "omissões de letras" e "incoerência textual" — deve ser analisada criteriosamente.

Em relação à "trocas de letras", o processo de investigação revela que se trata, de fato, de uma hipótese intelectual formulada pela própria criança, segundo a qual a escrita reproduz os fonemas da língua falada. Apesar de estar cursando a terceira série do ensino fundamental, Pedro conservara a hipótese de equivalência entre grafema e fonema, bastante comum na fase inicial do aprendizado da escrita. Portanto o que se identificou, a princípio, como "trocas de letras" era, antes, a reprodução escrita fiel da pronúncia de algumas palavras, como mostram os exemplos seguintes:

FEJÃO (feijão)
MININO (menino)
DISODORANTI (desodorante)
IMPREGADO (empregado)
PIRIQUITO (periquito)
PEXE (peixe)

Para levar Pedro a constatar sua dificuldade e avançar rumo à aquisição do arbitrário da língua escrita, a primeira intervenção consistiu em tornar seus erros observáveis, por meio da comparação da pronúncia de determinadas palavras com a representação escrita delas em revistas, jornais e livros.[22] Essa estratégia provocou o abandono da hipótese inicial. Contudo a criança continuou cometendo erros ortográficos; desta vez, porque a descoberta de que não se escreve uma palavra da mesma maneira como esta é pronunciada vai ser aplicada à escrita como regra geral. Assim, Pedro passa a errar por hipercorreção, introduzindo a diferença conceitual entre fonema e grafema, que ele acabara de descobrir, na grafia de todas as palavras:

VÁLVOLA (válvula)
TROUCO (troco)
ABACAIXI (abacaxi)
TEGELA (tigela)

Com o avançar do procedimento de comparação entre a fala e a escrita, Pedro vai admitindo, pouco a pouco, o aspecto da diversidade do signo, até atingir uma atitude bastante adequada em relação à ortografia da língua portuguesa.

Em seguida, a análise das ocorrências de "omissões de letras" na escrita de Pedro revela um outro tipo de dificuldade conceitual:

BRINCA (brincar)
JOGO (jogou)
AS CASA (as casas)

Poder-se-ía pensar que se trata, também nesses exemplos, do privilégio da reprodução do fonema em detrimento do grafema. Entretanto a ausência do registro das letras *r*, *u* e *s* no final das palavras é conseqüência de uma lacuna no conhecimento da gramática, pois esses erros apenas puderam ser corrigidos a partir do aprendizado dos conceitos de infinitivo, passado e plural.

Em relação a essas duas dificuldades de Pedro, o diagnóstico clínico-pedagógico permite anular a nomeação inicial atribuída às dificuldades — nomeação imprecisa, na verdade, pois não se tratava simplesmente de trocas e omissões de letras — e o tratamento da dificuldade pela via conceitual.

Em relação à queixa de "insuficiência de sua produção textual pela introdução de elementos incoerentes", verifica-se, novamente, a nomeação incorreta da dificuldade. Como no tratamento das queixas anteriores, também foi necessário à criança adquirir conhecimentos formais sobre os elementos que integram a estruturação de um texto. A novidade, entretanto, como se verá a seguir, é a possibilidade de o elemento subjetivo introduzido por Pedro em sua redação ser eleito como o método de intervenção para a superação de sua dificuldade.

A corrida

Era uma vez um coelho que ia desafiar a tartaruga numa corrida e a coruja ia dar a largada.

E os dois foram a largada e a coruja deu a largada e o coelho saiu na frente. Quando o coelho parou na árvore ele ficou preso na corda, quando a tartaruga chegou a onde ele estava a tartaruga cortou a corda e o coelho se livro e o coelho agradeceu.

Quando chegou a chegada eles gritaram só viva a tataruga.

E o coelho e a tartaruga ficaram amigo para sempre e a tartaruga recebeu o trofel.

Pedro elege o tema da disputa para desenvolver seu primeiro texto. Ao dar a tarefa por concluída, desenvolve-se, então, o seguinte questionamento, que busca enfatizar o ponto central da queixa de falta de coerência textual:

Pesquisador: Quem, afinal, ganhou a corrida?
Pedro: O coelho; ele é mais rápido que a tartaruga.
Pq: E por que a tartaruga ganhou o troféu?
P: Por que ela ajudou o coelho a soltar da corda e ganhou um prêmio.
Pq: Então foi por isso também que todos gritaram "viva" para a tartaruga?
P: É, porque ela foi boa com o coelho ao invés de deixar ele preso na corda e ganhar a corrida.
Pq: Eu não entendi por que o coelho parou na árvore. Ele não estava no meio de uma corrida?
P: É. Ele não parou: ele caiu numa armadilha que um caçador tinha colocado lá.
Pq: Mas isso não está na estória, só você sabia.
(Pedro sorri apenas.)
Pq: Se você não estivesse aqui comigo, eu não poderia saber dessa armadilha e ia ficar pensando que o coelho parou para dormir debaixo da árvore. Mas, mesmo assim, eu não ia entender como ele ficou preso numa corda. Você não explicou nada disso no texto. Como poderia fazer para que qualquer pessoa, ao ler o seu texto, saiba o que realmente aconteceu ao coelho?
(Pedro apaga de seu texto o trecho "quando o coelho parou na árvore ele ficou preso na corda" e coloca, em seu lugar, a seguinte frase: "Quando ele estava correndo, ele caiu numa armadilha que o caçador fez".)

A primeira evidência revelada nessa conversa é o fato de Pedro omitir um elemento fundamental para a compreensão da trama da estória, e não, tal como suposto inicialmente, errar pela introdução de elementos incoerentes no texto. O que o menino omite é uma cena em que a relação entre dois personagens se define por causa de uma armadilha. Em "A corrida", um caçador é o autor de uma armadilha que interfere no jogo provocador do coelho contra a tartaruga. Em outros textos de Pedro, como "A briga", por exemplo, que se discutirá a seguir, verifica-se o mesmo recurso: a omissão de uma cena em que um dos personagens recorre a um logro astucioso ao lidar com o outro.

A briga

Um dia na floresta ia ave uma briga entre o coelho e a galinha e quando chegou a hora da luta foi o pato, o marreco, a tartaruga, etc.

E a coruja ia ser o juis e quando passou uma hora ela deu a largada e o coelho da um pontapé no galo a luta terminou e o galo ganho e sai todo alegre com o trofel.

Pesquisador: Quem ia lutar? O galo ou a galinha?
Pedro: O galo.
Pq: Mas você começou dizendo ser a galinha e terminou contando uma briga entre o coelho e o galo.
P: Mas é o galo.
Pq: Quem ganhou essa luta?
P: O galo.
Pq: Leia novamente, para mim, a parte da estória em que diz quem venceu a luta.
P: O coelho da um pontapé no galo, a luta terminou e o galo ganho e sai todo alegre com o trofel.
Pq: Mas o coelho deu um pontapé no galo, acabou a luta e o galo venceu?
P: (Sorrindo.) Mas o galo deu um soco no coelho depois e ele desmaiou. Aí o juiz terminou a luta e o galo venceu.

O galo atinge o coelho furtivamente e muda o rumo das coisas. Esse estratagema corresponde ao que, na vida real, Pedro utiliza contra o pai. Durante os encontros com a pesquisadora — nos quais se vão evidenciando os temas das disputas, das armadilhas e da relação entre os personagens —, o menino comenta as armadilhas que marcam sua relação com seu pai. A brincadeira cotidiana preferida entre eles é a de pregar peças um no outro, para verificar quem perde em termos de esperteza: a criança ou o adulto? Assim, ele questiona as perdas e ganhos de um homem, quando este está no lugar de pai. A astúcia do galo, em "A briga", pode ser comparada à astúcia que Pedro deseja mostrar nos jogos com seu pai: não revelar o jogo e, no último momento, surpreender o outro com uma vitória inesperada. Porque teme revelar essas questões de fundo subjetivo e os desejos que acompanham esses seus jogos lúdicos de disputa com o pai, Pedro retira de seu enunciado o ponto central da armação, sem imaginar que justamente esse ponto pertence, logicamente, ao plano da enunciação, em que faz falta.

É preciso notar que o trabalho pedagógico realizado com Pedro se revela eficaz apenas após o uso do artifício da armadilha como método para levá-lo a perceber a ausência de elementos importantes para a coerência da estória. Antes disso, ele não consegue antecipar e superar o problema — que já lhe tinha sido corretamente interpretado — sem o recurso da conversa interveniente do pesquisador. O método reeducativo efetivo para o menino, portanto, extrai-se de sua própria fala, ou, mais precisamente, encontra-se na falha de seu enunciado, que aponta diretamente o fato de o sentido de sua dificuldade referir-se a um elemento subjetivo privilegiado.

O aniversário

No seu aniversário, Marcos ganhou um cachorro de seu pai e foi ligando para o seu colega de sala.

— Luiz, você sabe o que ganhei?

— Não!

— Um cachorro chamado Totó. É marrom pequeno e bonito. Você pode vim aqui vê-lo agora?

— Não posso vou ir ao parque com meu pai agora. Thau.

"O aniversário" é o último texto produzido por Pedro durante o trabalho extraclasse com o pesquisador e o primeiro da série em que se observa um sentido coerente e a ausência do grande número de erros ortográficos que ele cometia. A professora avalia-o como um texto bom, embora ainda bastante simples para um aluno que está cursando a terceira série. No que concerne a questão subjetiva de Pedro, deve-se ressaltar a menção que ele faz ao pai: a temática da relação entre os protagonistas da estória, em suas primeiras redações — armadilhas utilizadas para a vitória do mais esperto —, cede lugar a um outro tipo de relação, em que o pai aparece como aquele que tem algo para ofertar ao filho.

O caso de Pedro dá provas de que nem toda dificuldade escolar é sintoma, no sentido analítico do termo, ou seja, uma desordem que incomoda o sujeito, expressa um conflito psíquico relativo ao sexual do inconsciente e pede interpretação. Por outro lado, tem-se o exemplo da presença da subjetividade na relação do aluno com a aprendizagem escolar. O ponto no qual se encontra Pedro em seu debate sobre a rivalidade com o pai e a dimensão desse tema atinge, para ele, a esfera de seu desempenho escolar. Entretanto a via escolhida pelo próprio sujeito para o tratamento dessa questão é o recurso das disputas entre as espécies animais e toda a retórica em torno desse tema, presente na civilização desde os mais antigos tempos. Ele a aborda por meio de personagens em disputa e, assim, pode expressar seu temor de que alguns de seus pensamentos possam interferir nas suas relações de amor ao outro paterno, caso não sejam suprimidas. No final, Pedro resolve esse seu impasse sem formular uma demanda de análise.

Caso Alice: sexualização da "memória dos fatos fundamentais"

Alice é uma menina de oito anos de idade, viva e inteligente, que demonstra grande entusiasmo e curiosidade pela aprendizagem escolar. Essas características absolutamente positivas para a vida na escola não impedem, contudo, que ela esbarre em um verdadeiro obstáculo: aprender os fatos fundamentais da matemática. Sua professora levanta a hipótese de tratar-se de um problema de memória, observando, também, a limitação da aluna para compreender o valor posicional dos algarismos e o uso do algoritmo. Avalia esses dois últimos aspectos como conseqüências do fato de Alice ainda não ter atingido o estágio cognitivo que lhe permitiria realizar operações no nível abstrato do pensamento. Baseando-se no referencial cognitivista oriundo da teoria de Jean Piaget, ela sustenta que a menina, ao contrário da maioria dos outros alunos da mesma série, seus colegas, encontra-se no estágio em que a inteligência se caracteriza pelo pensamento concreto e, por isso, necessita, ainda, de fazer uso de material concreto para resolver os problemas matemáticos.

Em seu primeiro contato com a pesquisadora — responsável pelo trabalho extraclasse de análise de seus erros —, Alice assegura, de saída, que a intervenção pedagógica, em seu caso, seria pouco eficaz: "Se você for professora particular," diz ela, "não vai adiantar. Já tive duas e não resolvi meu problema com os fatos." O "problema" de Alice, ela própria relaciona-o com um tipo de interdição que incide sobre o saber: "Não sei por que todo mundo pode saber os fatos e eu não." Contudo, em outra ocasião, também afirma que seu problema é "falta de memória". A bem dizer, essa segunda avaliação comprova o assentimento de Alice ao diagnóstico de sua falta elaborado pelo discurso pedagógico. Ao assumir essa nomeação da causa de seus erros como verdade, a idéia da menina de que é exceção em relação àqueles que podem saber — idéia que, como se evidenciará mais adiante, encerra o essencial do sentido de sua dificuldade — subsume em detrimento da possibilidade de um distúrbio da função cognitiva da memória.

Deve-se ressaltar que o reforço escolar com um professor particular, que já acontecia há algum tempo, vinha garantindo o nível mínimo de rendimento de Alice diante das exigências da escola. No entanto não se notava nenhum efeito reeducativo sobre as dificuldades, propriamente ditas, de conteúdo. Em relação à memória, Alice é submetida a um trabalho terapêutico de treinamento e estimulação, visando-se corrigir o déficit da função, que, porém, se revela vão. Por outro lado, evidencia-se, no curso do trabalho com a pesquisadora, o fato de a menina lembrar-se das datas dos encontros e dos horários, de não se esquecer jamais do material solicitado e de ser capaz, por iniciativa própria, de sintetizar, com precisão, o conteúdo da sessão anterior. Essas lembranças espontâneas de Alice, por si mesmas, contradizem o diagnóstico de falta de memória. Diante disso, a orientação dada à pesquisadora foi a de retificar esse ponto, esclarecendo à menina que seu problema não era de memória, uma vez que ela podia se lembrar de muitas coisas. O objetivo dessa retificação era, nesse momento, tentar abalar um pouco a convicção de Alice acerca de sua falha. Nesse sentido, tal retificação relativiza a nomeação que, para ela, adquirira um valor de verdade e, ao mesmo tempo, abre espaço para que a verdade do sujeito possa ser interrogada. De fato, a menina é capaz de lembrar-se de muitas coisas, menos de uma: os fatos. O diagnóstico clínico-pedagógico vai investigar se esses fatos se prendem, realmente, a um conceito matemático. Caso contrário, restará ao sujeito Alice tentar dizer de que outro sentido lhes está associado.

A investigação de cada uma das duas queixas contra Alice foi desenvolvida como se explica a seguir.

Decomposição numérica

Coloquei dezesseis bloquinhos de madeira na mesa e mostrei uma folha com o número 16, pedindo a Alice que conferisse a quantidade de bloquinhos para verificar se era, realmente, aquela que estava escrita no papel. Após a sua confirmação, destaquei o algarismo 6 e pedi que demonstrasse, com os bloquinhos, quanto valia.

$$\mathbf{1\ \underline{6}}$$

Alice separou seis bloquinhos e disse que valia seis unidades. Destaquei, então, o algarismo 1 e repeti a instrução.

$$\mathbf{\underline{1}\ 6}$$

A isso Alice respondeu "uma dezena", separando dez bloquinhos, demonstrando compreensão do valor posicional e da decomposição numérica.

O uso do algoritmo

Após ter verificado o pensamento de Alice acerca do valor posicional e acreditando que ela dominava a idéia de dezena e unidade, ofereci-lhe algumas operações matemáticas, envolvendo adição e subtração, para que as resolvesse, a fim de verificar a sua competência no uso do algoritmo. ... Ela deveria dizer-me o que fazer, assim eu poderia acompanhar seu ... raciocínio para chegar ao resultado. ...

$$\begin{array}{r} \mathbf{18} \\ \underline{\mathbf{+13}} \end{array}$$

A: Oito mais três dá onze. Então, coloca o 1 aqui (aponta abaixo do 3) e o outro 1 (mostra acima do 1, na ordem das dezenas).

$$\begin{array}{r} 1 \\ \mathbf{18} \\ \underline{\mathbf{+13}} \\ \mathbf{1} \end{array}$$

A: Quando tem dois números, um fica e o outro vai para cima. Agora, um mais um mais um é igual a três. Coloca o 3, aqui (apontando abaixo do 1, na ordem das dezenas).

$$\begin{array}{r} 1 \\ \mathbf{18} \\ \underline{\mathbf{+13}} \\ \mathbf{31} \end{array}$$

Destaquei o 1 colocado acima da ordem das dezenas e perguntei a Alice quanto ele valia.

A: Vale um, mas também vale dez

Pq: Como pode ser um e dez ao mesmo tempo?

A: Dez é uma dezena e escreve 1. Nesse lugar, não precisa escrever 10.

Apresentei-lhe nova operação e perguntei-lhe se já havia aprendido a resolver subtrações parecidas com aquela. Após sua confirmação, procedemos como na atividade anterior ...

$$\begin{array}{r} \mathbf{56} \\ \underline{\mathbf{-38}} \end{array}$$

A: Seis menos oito...Ih! ... Não dá!

Pq: Não tem jeito de resolver?

A: Seis é menor que oito. Então como eu vou tirar oito de seis?

Pq: E cinqüenta e seis é menor ou maior que trinta e oito?

A: É maior.

Pq: E o que está pedindo nessa operação?

A: Cinqüenta e seis menos trinta e oito.

Pq: E isso tem jeito de fazer?

A: (Após pensar um pouco.) Tem que riscar o 5 e colocar 4 em cima dele e colocar 10 em cima do 6...

410
56
-38

A: Agora que ficou dezesseis. Então, dezesseis menos oito dá... (Conta nos dedos, reconta e, finalmente, pede para usar os cubinhos de madeira.)

Eu sou *down* mesmo. Claro que é oito! Agora, põe 1 aqui porque quatro menos três é um.

Divisão exata com resto

Na resolução de operações matemáticas usando algoritmo, notei, em Alice, uma inversão na construção dos conceitos de divisão exata e inexata. Ela resolve a operação 12 ÷ 3, como mostro abaixo, deixando sempre um resto, e parece ficar contente com isso, quando diz: "Pronto, deu certinho, sobrou resto."...

12	**3**		**-1+2**	**3**		**12**	**3**
-1	**9**		**1 2**	**4**		**-1**	
02			**0 4**			**02**	

Percebendo o impasse em que a menina se encontrava e a sua falta de recursos para reavaliar seu pensamento, peço-lhe que resolva a operação usando os blocos de madeira e ela o faz. ... Chamo-lhe a atenção para a inexistência de resto nessa divisão, ao que Alice se mostra surpresa. ... Ofereço-lhe a informação sobre o que seria uma divisão exata e uma divisão inexata. Isso provoca o riso de Alice, mas parece não ter efeito sobre o seu pensamento. ... Ela explica o seu procedimento, dizendo-me que: "Doze dividido por três é igual a quatro; quatro menos três é igual a um. Um menos um, dá zero. Sobra o dois porque não dá para dividir por três."

12	**3**
-1	**4**
0	

Vê-se que, mesmo após as precisões de ordem conceitual, persiste a necessidade da criança de manter um resto nas divisões. Não há dúvida de que Alice compreende perfeitamente os conceitos matemáticos. Porém parece-lhe indispensável, tanto em relação ao conceito de "divisão", como ao de "resto", que estes possam veicular um outro sentido, para além daquele atribuído pelas ciências exatas. Se esse novo sentido propaga o inconsciente, apenas Alice encontra-se à altura de poder explicitar sua significação. Assim, é-lhe demandado um esclarecimento, não mais sobre o seu raciocínio, mas sobre a razão de, para ela, uma divisão ter sempre um resto.

A primeira reação de Alice a essa pergunta é de um profundo incômodo e ela não consegue responder. Contudo, no encontro seguinte, chega comentando sobre sua vida familiar, especialmente sobre as novas divisões do espaço físico e do tempo de uso de alguns equipamentos que foram estabelecidas, recentemente, em sua vida, em função de os seus pais terem oferecido moradia a uma prima do interior. A bem dizer, a divisão é apenas uma conseqüência da instalação da prima na sua residência, aliás não muito complicada no que se refere ao espaço físico, tendo-se em vista as condições financeiras de sua família. O que adquire uma importância significativa, por outro lado, é o próprio ato de seus pais de introduzirem, em casa, mais uma criança, com os mesmos direitos de uma filha. Com isso, Alice é levada a se perguntar o que ela representa para eles, no plano do amor. Abre-se, assim, para a menina, uma verdadeira hiância no saber, sobretudo em relação ao amor onipotente que ela acreditava ter de seus pais. Essa brecha vai conduzi-la a uma série de outras questões, que também encontram ressonância no equívoco de sentido que Alice produz sobre os conceitos matemáticos. Assim, a respeito dos fatos, por exemplo, ela esclarece que só não pode saber os do oito e os do nove e explica: "Há nove anos, eu não sabia de coisas que agora eu sei." O saber que se apresenta para a menina como irrepresentável e, por isso mesmo, traumático, consiste no conhecimento que adquiriu de uma colega acerca da participação de um pai e de uma mãe na concepção de um bebê. A esse respeito, o tratamento analítico, que ela começa a fazer, permite esclarecer que aquilo que lhe causa forte impacto é saber da relação dos pais enquanto homem e mulher, relação que a confronta precocemente — pois, segundo sua avaliação, saber disso com a idade de nove anos é demasiado cedo — com a questão de saber o que é ser mulher.

O diagnóstico clínico-pedagógico, nesse caso, possibilita que a questão da criança seja desvelada pela palavra, e não apenas falada por meio de uma dificuldade de aprendizagem. O impasse de Alice com a matemática possui, de fato, o estatuto de um sintoma, que, porém, pode ser posto de lado, na medida em que a questão do sujeito se explicita e encontra expressão em um tratamento analítico. A maior prova disso é o efeito surpreendente da análise sobre as dificuldades escolares da menina. Um comentário do pai de Alice a respeito do rendimento da filha em matemática, após o início da análise, não poderia ser melhor exemplo. Ele diz, então, à filha: "Você poderia começar tirando nota cinco; depois, seis; em seguida, sete, oito e assim por diante. Mas tirar dez em matemática de um dia para o outro, como vamos explicar?" A partir do momento em que Alice pode desenvolver sua questão em um espaço reservado para ela falar do que a aflige, a matemática fica esvaziada do sentido subjetivo. O diagnóstico configura-se, nesse contexto, como a possibilidade de interpretação da dificuldade escolar, uma verdadeira oferta de palavra ao sintoma, a chance, não do silêncio, que aliena o sintoma e o transforma em pura determinação, mas a da própria expressão do sexual do inconsciente.

Para concluir, pode-se dizer então que, com efeito, a dificuldade de Alice tem a ver com os fatos fundamentais, mas não com os da matemática e, sim, com os fatos fundamentais da vida, o que configura uma inibição intelectual por erotização do pensamento. A demanda de análise dessa criança será formulada a partir desse seu impasse subjetivo, o que não deixa de ter efeitos desinibidores sobre as dificuldades de aprendizagem.

Caso Laura: "dificuldade de compreensão" da diferença sexual

Laura, uma menina de oito anos, tem uma crise incontrolada de choro durante a realização de uma prova escrita. Isso ocorre porque ela não consegue compreender o enunciado de uma das questões propostas, mesmo após a explicação minuciosa da professora. Desse episódio, deduz-se sua "dificuldade de interpretação de textos" e, então, ela é encaminhada para uma reeducação pedagógica. Duvidando da questionada limitação intelectual de sua filha, a mãe de Laura opta por submetê-la a uma avaliação psicológica. É assim que a menina se encontra com um psicanalista, que, no curso da primeira entrevista, lhe solicita rememorar os termos da questão diante da qual o impasse se manifestou. Então, ela diz: "Era alguma coisa sobre um homem que não sabia falar uma língua e, por isso, tinha que se comunicar por meio de mímicas e gestos."

Laura conhece o sentido das palavras "mímicas" e "gestos". Compreende a situação em que o homem se encontrava, esclarecendo que se tratrava de um país estrangeiro, cuja língua ele desconhecia. Comenta, a propósito, que nunca estivera entre os alunos que tiram sempre nota máxima nas avaliações, mas que, também, nunca experimentara tal sofrimento durante uma prova. Interpelada, nesse ponto, sobre alguma possível dificuldade na comunicação com os homens de seu convívio próximo, começa a relatar sua estranheza diante do comportamento de dois meninos, colegas de sala de aula: um deles, porque se assenta perto da porta de saída e mexe com todos que passam pelo corredor, do lado de fora; o outro, porque faz gracinha e implica com todas as meninas. "Por que será que fazem isso?", interroga-se perplexa. A respeito das meninas, não se lembra de nada que tivesse chamado sua atenção.

Em seguida, lembra de um comportamento incompreensível de seu próprio pai, que reside no mesmo prédio onde ela mora com sua mãe, porém em um outro apartamento. Quando Laura lhe telefona pedindo para ir até sua casa, geralmente ele manifesta sua disponibilidade para receber a filha. Certa feita, porém, no momento em que ela tocou a campainha, ele não lhe abriu a porta. Essa reação bizarra do pai já tinha ocorrido antes. Porém, desta vez, o que deixou a menina atônita diante da porta fechada foram os barulhos vindos do interior do apartamento, que certificavam a presença de uma mulher com seu pai. O efeito dessa cena, da qual se encontrou excluída, é o de passar horas tentando adivinhar o que o pai pretendia dizer-lhe com esse tipo de gesto. A lembrança desse episódio leva Laura a colocar seu enigma, não mais sobre o sentido do texto escolar, mas em forma de uma questão precisa com a qual vai interrogar o desejo do pai: "Que querem os homens?"

Esse instante da clínica não deixa de evidenciar o papel desempenhado pelo sintoma propriamente analítico, concebido como necessário à deflagração do modo como o sujeito efetua o trabalho de cifração do real do gozo. Resgatar as diferenças que cada sujeito apresenta como efeito desse trabalho não acabaria, certamente, com a segregação do escolar, mas possibilitaria, para alguns, a construção do particular do sintoma como um enigma que permite lidar com a pergunta que todo sujeito endereça ao ser, na forma do sentido sexual. Se, por um lado, para tratar dos transtornos de aprendizagem, a psicanálise busca a construção de um sintoma que os situe para além da segregação dos fracassados intelectuais, por outro, ela sabe que esse mesmo sintoma responde ao que se apresenta como a realidade segregada do ser, a saber, a diferença entre os sexos.

Capítulo II

Debilidade e déficit: origens da questão no saber psiquiátrico

A menor alusão ao termo "debilidade" sugere, de imediato, para qualquer leitor, a idéia de um indivíduo marcado pela falta de vigor física ou psíquica, fraqueza e atraso intelectual. Essa imagem que o discurso corrente passou a ter da debilidade corresponde exatamente ao sentido que o termo adquiriu no âmbito das primeiras tentativas de teorização do tema. No plano da evolução conceitual e das investigações tanto do saber psiquiátrico quanto das diversas escolas da psicologia, constata-se essa mesma associação da debilidade à fraqueza, à insuficiência, ao déficit das faculdades mentais, especialmente aquelas que concernem às atividades intelectuais do sujeito.

Com efeito, desvencilhar-se do que se expressa como o inexorável conteúdo deficitário da debilidade mental é uma tarefa vã, se se considera exclusivamente o terreno teórico sobre o qual essa categoria clínica foi, pouco a pouco, sendo constituída. Na realidade, entre a noção clínica de debilidade e o seu núcleo deficitário, existe um tal recobrimento, que se poderia, mesmo, imputar o registro de uma redundância conceitual. Portanto é preciso reconhecer que, ao se procurar identificar as especificidades clínicas próprias à noção de debilidade mental, esbarra-se, sempre, com um elemento deficitário. Na verdade, não há nenhuma categoria clínica advinda da nosologia psiquiátrica que, a exemplo da debilidade mental, encarne tão bem essa aporia epistêmica do déficit.

Mas em que consistiria, propriamente dizendo, esse elemento deficitário inerente às primeiras elaborações conceituais da debilidade mental? Comparando-a com a psicose, por exemplo, pode-se encontrar, na construção do conceito desta última, a postulação de um déficit na relação dissociada que o louco mantém com a realidade, cujo efeito correlato é o aspecto positivo da produção de elementos que se reportam aos fenômenos do delírio e da alucinação. Certamente, o mesmo não acontece com a constituição da categoria clínica da debilidade mental. Nesse caso, as investigações psiquiátricas ultrapassam o campo das observações das funções da consciência — percepção, julgamento e sentido de realidade —, quase sempre associadas às descrições de uma patologia funcional, e abrem-se para o fator propriamente etiológico do déficit intelectual orgânico.

Em suma, o distúrbio da inteligência estará referido, desde cedo, não ao que as classificações psiquiátricas designam como uma "patologia funcional"[1], mas a um comprometimento orgânico que adquire uma importância decisiva para suas descrições futuras. É surpreendente notar como a componente deficitária que atinge a inteligência se torna, de maneira evidente, um elemento compacto, maciço, que compromete todo o conjunto das funções psíquicas, fazendo com que cada uma delas seja a própria expressão do déficit. Assim, verificar-se-á não apenas uma ênfase sobre qualquer produção fenomênica — por exemplo alterações no campo da consciência, da linguagem, do pensamento e do juízo, e ainda no da afetividade, da memória e da percepção, tal como se observa na semiologia psicopatológica das psicoses —, mas também a prevalência de uma deformação ou insuficiência generalizada das atividades cognitivas que compromete o desempenho intelectual desses sujeitos.

Ainda em relação às psicoses, constata-se que foi necessário um longo percurso no campo da psiquiatria para se operar a disjunção entre demência e psicose, ou seja, para se chegar a uma definição mais rigorosa e sistemática das manifestações sintomáticas dos quadros psicóticos.[2] Pode-se assinalar, como ponto culminante dessa disjunção, a definição proposta por Eugène Bleuler para a esquizofrenia, que acaba por se impor, no campo das psicoses, como um marco decisivo dessa diferenciação entre psicose e demência, tornando-se, então, um fator capital para a emergência da psiquiatria moderna. Cabe frisar que aquilo que se constitui o elemento basal dessa nova conceitualização do grupo das psicoses é o fenômeno da dissociação psíquica, caracterizado pelo déficit na capacidade da associação das idéias.[3] Portanto, Bleuler rebatiza, com o termo "esquizofrenia", a "demência precoce" de Kraepelin, particularmente mal nomeada, segundo ele, porque não se trata, de fato, de uma demência verdadeira, pois nem sempre é hebefrênica, ou seja, de eclosão juvenil, e seu processo de deteriorização é freqüentemente tardio. No fundo, a nova nomeação baseia-se sobre a aplicação, à maior parte dos sintomas esquizofrênicos, da "psicologia dos complexos", de Sigmund Freud, que, à maneira das primeiras análises freudianas, lhes restitui um *sentido* na vida afetiva e na história do sujeito. Contudo constata-se que a causação da sintomalogia esquizofrênica, por contraste, escapa a toda tentativa de apreensão do *sentido*, revelando, assim, a intervenção de um transtorno fundamental e global, que Bleuler denomina "dissociação" e que, na verdade, preside a escolha do neologismo "esquizofrenia", isto é, "espírito cindido".

Com relação à debilidade, ver-se-á que a trajetória desse processo de disjunção é muito mais sinuoso e complexo. A corrente dos psiquiatras que vão conferir um tratamento especial ao fenômeno clínico da debilidade mental — denominada, na época da psiquiatria clássica, de humanista — enfoca tal categoria tentando deslocar o fator deficitário das patologias demenciais, caracterizando-a, assim, como doença congênita reversível e recuperável. Esses psiquiatras identificam uma série de elementos positivos nos sujeitos afetados pelo déficit intelectual e postulam a possibilidade de reversão do aspecto degenerativo da afecção por meio de um trabalho terapêutico próprio. O que especifica a abordagem da debilidade e do déficit intelectual, nessa tendência humanista, não é simplesmente o privilégio pelo corpo de referenciais da anatomia e da fisiologia, a partir da qual o órgão adquire um papel predominante em detrimento do distúrbio da função. Essa orientação, apesar de acompanhar, em alguns aspectos, a tendência das investigações clínicas da psiquiatria da época, traz um elemento novo para a abordagem da debilidade mental. Tal elemento manifesta-se na postulação da possibilidade de reversão do aspecto degenerativo, referido antes, recaindo na perspectiva de tratamento dos débeis, segundo uma ótica puramente ortopédica da falta de inteligência e de tratamento moral da inópia desses sujeitos, pela via de uma reeducação pedagógica. A inadaptação intelectual e o critério da educabilidade do débil passam a ser uma outra contribuição semiológica e clínica que o campo médico da psiquiatria empresta à educação.

A debilidade dita mental: primórdios do conceito

A presença da componente do déficit na origem da categoria nosológica da debilidade mental é mais que uma evidência e não é nada complexo verificá-la e demonstrá-la em seu processo progressivo de constituição na nosologia psiquiátrica. Ao se procurar discutir, neste trabalho, alguns dos impasses epistêmicos e clínicos suficientemente explícitos nas abordagens da deficiência mental, não se pretende repertoriá-los e descrevê-los de forma exaustiva, em cada época.[4] O objetivo principal é mostrar, sobretudo, de que maneira, no início do século XX, a noção de debilidade passa do campo da semiologia psiquiátrica para o domínio da pedagogia e da psicologia emergente, no seio mesmo da instituição escolar. No âmbito da educação, a debilidade adquire, de forma definitiva, a qualificação de mental. Assim adjetivada, essa noção — "debilidade mental" — impõe-se, rapidamente, como uma forma de diagnóstico do aluno que apresenta distúrbios de aprendizagem e vai não somente designar o que é da esfera específica do mental, mas também, em última instância, apontar os entraves do desempenho escolar do aluno. Em conseqüência, os impasses do escolar na sua relação com o aprendizado da leitura e da escrita começam a adquirir valor de índice sintomático de debilidade mental. Por esse processo, as classificações das patologias da inteligência permanecem associadas, em grande parte, ao fator essencialmente fenomênico da capacidade de adaptação do escolar aos padrões vigentes de escolarização.

É mais do que evidente que este último modo de apreensão da debilidade acaba por estimular e, finalmente, consumar o encontro da pedagogia com a psiquiatria. E é nesse sentido que se torna possível identificar as principais contribuições de toda uma vertente humanista da psiquiatria, cujo interesse principal está centrado na tentativa de recuperação dos sujeitos alienados pela via de uma educação especial. Essa práxis da pedagogia psiquiátrica, junto aos sujeitos diagnosticados como "idiotas", destaca-se por seu cunho decididamente terapêutico e ortopédico. Ela fornece, ainda, uma série de indicativos sobre o plano deficitário da atividade cognitiva, que não deixará de ser incorporada ao conceito, propriamente dito, de debilidade mental.

Por último, para captar os primórdios da emergência do conceito de debilidade mental, é preciso, ainda, considerar o elemento norteador das principais descrições e definições dos estados inferiores de inteligência, cujo sustentáculo é a idéia de "fraqueza do pensamento". Essa expressão aponta diretamente para o sentido de debilidade mental — notadamente nas línguas alemã (*Denkshäche*) e inglesa (*the intellectual weakeness*) —, pois significa, literalmente, pensamento débil ou debilidade intelectual. Além disso, tal expressão faz-se presente, como referência axial, nas abordagens psiquiátricas das patologias mentais, notadamente em Émil Kraepelin. Nem mesmo a psicanálise permanecerá isenta do emprego dessa expressão: ela será utilizada em algumas formulações psicanalíticas dedicadas à reflexão sobre a inibição neurótica, as quais serão discutidas mais adiante.

De Pinel a Esquirol: do *idiotismo* à *idiotia*

A debilidade toma força como categoria clínica autônoma no domínio da psiquiatria infantil apenas no século XX. Entretanto é possível situar as primeiras linhas de força que animam o surgimento desse conceito no século precedente, com a depuração de todo um campo de noções constituídas a partir das descrições do "idiotismo", concebido como uma forma de "alienação mental" por Phillipe Pinel, médico alienista francês, e sistematizado, em seguida, por Étienne Esquirol, seu aluno.

Inicialmente, cabe assinalar que, para Pinel, a "alienação mental" é uma doença que reflete especialmente o "distúrbio das funções intelectuais", ou seja, das funções superiores do sistema nervoso central, e, enquanto tal, classifica-se entre as formas de "neuroses cerebrais".[5] Nesse grupo de neuroses, distinguem-se dois tipos etiológicos: um resulta da *abolição da função* e o outro, da *perturbação da função*. Este segundo tipo, reconhecido no texto de Pinel como "vesanias", compreende a "alienação mental", a "loucura" propriamente dita e outras "doenças mentais" sem relação direta com a alienação, tais como a hipocondria, o sonambulismo e a hidrofobia. O "idiotismo" situa-se nesse grupo de afecções cuja causa é a perturbação de uma função: entre as quatro manifestações mórbidas da "alienação mental", que constituem a classe das "vesanias", ele constitui o quadro mais comprometido.

Em seu *Tratado médico-filosófico sobre a alienação mental*,[6] Pinel apresenta uma classificação nosográfica estabelecida no plano do comportamento, ou seja, tem como parâmetro o conjunto das manifestações sintomáticas e observa a gravidade da perturbação psíquica. Na seqüência das descrições dos tipos de "alienação mental" pode-se perceber, por comparação, a gravidade do prejuízo das funções mentais no quadro do "idiotismo":

- O primeiro tipo é a "melancolia", ou "delírio parcial dirigido sobre um único objeto",[7] em que as funções intelectuais permanecem intactas, independentemente do núcleo delirante, assim como o comportamento se mantém intacto e compreensível.

• Em seguida, descreve-se a "mania", ou delírio generalizado, com sua forma particular de "mania furiosa sem delírio", em que várias das "funções da compreensão" — percepção, memória, julgamento, afetividade, imaginação etc. — mostram-se lesadas e acompanhadas de uma viva excitação.

• Na "demência", ou fraqueza intelectual generalizada, não "há nenhum julgamento nem verdadeiro nem falso; as idéias parecem isoladas e se apresentam verdadeiramente uma após a outra; mas não estão de forma alguma associadas".[8] A demência é a incoerência na manifestação das faculdades mentais, a desordem, a existência automática, ou seja, a destruição da função de síntese.[9]

• E o "idiotismo", último grau da alienação mental, caracteriza-se como "abolição total das funções da compreensão" ou, em outros termos, supressão quase completa da atividade mental. Postula-se, assim, o "idiotismo" como uma patologia inata ou adquirida. É essa quarta categoria nosológica que, posteriormente, vai se tornar a "demência aguda", de Esquirol, a "estupidez", de Georget, e a "confunsão mental primitiva", de Chaslin.

Essa descrição do "idiotismo" adquire um valor central nas discussões sobre os estados de deficiência mental desenvolvidas ao longo do século XIX. Deve-se considerar que essas quatro categorias de Pinel são classes de conduta, como se assinalou acima, e, portanto, não podem ser confundidas com as entidades mórbidas atuais. O interesse em isolar a definição do "idiotismo" presente nessa nosologia psiquiátrica justifica-se no fato de ela constituir, a meu ver, o ponto de partida da construção da noção de debilidade, na medida em que incorpora a idéia de fraqueza psíquica.

Assim, o "idiotismo" é definido por Pinel como "um estado particular em que as faculdades intelectuais jamais se desenvolveram",[10] pois corresponde ao quadro em que se observa a supressão quase completa da atividade intelectual, deixando ao sujeito apenas uma existência vegetativa, com manifestações esporádicas de atividade psíquica. As causas do "idiotismo" e de outros tipos de loucura não são específicas. Pinel não recorre às teorias do dano material do cérebro para explicar a etiologia da alienação mental, a não ser no caso do "idiotismo congênito", em que uma má-formação cerebral seria comum.[11] Em função desse ponto de vista etiológico, a forma congênita do "idiotismo" é concebida como irreversível e incurável. Para o "idiotismo adquirido" desde a mais tenra idade, ou seja, aquele que se manifesta na infância, Pinel admite a transitoriedade e a curabilidade, assinalando que esta última seria rara, mas não impossível: embora, nesse quadro, a compreensão se apresente totalmente dissociada, deixando o sujeito inacessível às influências exteriores, a cura pode ocorrer mediante a utilização de tratamento físico estimulante.[12]

A contribuição nosológica introduzida por Étienne Esquirol, na seqüência da obra de Pinel, marca um avanço no que concerne a categoria de "idiotismo". Inicialmente, assiste-se o abandono do termo de "idiotismo", forjado por Pinel, e sua substituição pelo termo de "idiotia". Esquirol considera duas formas distintas de "idiotia": de um lado, a forma adquirida em decorrência da demência, ou seja, a idiotia que se observa nos quadros que serão, mais tarde, designados como psicóticos; de outro, a forma congênita ou adquirida desde a mais tenra idade, concebida como um estado irreversível e incurável. Essa segunda forma recobre todos os quadros de debilidade intelectual, cuja etiologia se justifica na má-formação cerebral ou em doença orgânica. Para a primeira forma, aquela que se refere aos estados demenciais observados nas fases terminais das psicoses, Esquirol descreve três gradações de comprometimento da atividade psíquica, segundo a evolução da enfermidade, designadas da mais leve à mais profunda, respectivamente, imbecilidade, idiotia propriamente dita e cretinismo.[13]

Ressalta-se, como o aspecto mais relevante do trabalho de Esquirol sobre esse assunto, a separação que ele estabelece entre o que é da ordem da *fraqueza psíquica* — a demência — e o que é da ordem da *insuficiência do desenvolvimento mental*. Nessa bipartição, a fraqueza psíquica fica referida a um fenômeno da loucura e a debilidade mental associada a um defeito físico, de origem congênita.

Pode-se notar que Esquirol segue a mesma orientação de Pinel: apóia-se na diferenciação estabelecida entre os distúrbios mentais de origem funcional e aqueles ocasionados por distúrbios orgânicos, decorrentes de "um defeito de conformação cerebral". A idiotia não se confunde com a loucura. Esquirol não a considera uma doença ou um quadro nosológico propriamente dito, e, sim, "um *estado* no qual as faculdades intelectuais jamais se manifestaram ou não puderam se desenvolver o suficiente".[14] É na especificação dessa categoria de "idiotia congênita" que a debilidade mental recebe uma descrição e uma conceitualização precisas. Portanto, na origem do conceito de debilidade o elemento deficitário já se encontra instalado de maneira irremovível, no cerne mesmo da determinação da deficiência intelectual. Fica evidente que nem mesmo a educação dos idiotas — que alguns psiquiatras, algum tempo mais tarde, vão propor como terapêutica — Esquirol julgará possível, tendo em vista o determinismo e o comprometimento definitivo do déficit orgânico para essa categoria.

De Magnan a Kraepelin: estados de *fraqueza psíquica*

Na seqüência das formulações de Esquirol, processa-se uma evolução importante nas diferenciações nosológicas, que culminam em novas propostas de classificação das loucuras. No final do século XIX, assiste-se, ainda, a toda uma reorientação na abordagem psiquiátrica clínica das doenças mentais, cujos aspectos principais atingem o próprio valor semântico da categoria de "idiotia".

Dessa época, destacam-se os trabalhos do psiquiatra Valentin Magnan — cujas concepções representam uma síntese das idéias que atravessam a psiquiatria francesa nos anos de 1880 —, sobretudo a constituição da classe das "loucuras dos hereditários degenerados". Como se sabe, a concepção clínica desse psiquiatra é fortemente marcada pelas hipóteses etiopatogênicas baseadas nos temas da hereditariedade e da degenerescência.[15] A classe das "loucuras degenerativas", proposta por Magnan, foi isolada a partir da aproximação que ele fez entre as formas de retardo mental e os distúrbios de caráter e da personalidade.[16] Tal aproximação resulta, sobre o plano clínico, na síntese em apenas um conjunto, em apenas uma "forma natural", de inúmeras síndromes que vinham sendo classificadas como entidades autônomas. Desde então — e esse é um outro aspecto relevante de seu enfoque clínico —, todas essas entidades ficam referidas à presença de um substrato mental deficitário.

Magnan, portanto, divide a categoria das "loucuras propriamente ditas" em dois grandes grupos: o das "psicoses" e o das "loucuras dos hereditários degenerados". Este último grupo engloba quatro classes, entre as quais se encontra a dos "débeis mentais" que começa, então, a receber uma caracterização:

1. idiotia, imbecilidade e debilidade mental;
2. anomalias cerebrais;
3. síndromes episódicas;
4. delírios propriamente ditos.

A "debilidade mental" vê-se, então, descrita como um exemplo nosológico típico da loucura degenerativa. O estado mental dos sujeitos degenerados é caracterizado por Magnan, essencialmente, pelo "desequilíbrio mental", noção que qualifica a perda de sinergia entre os centros nervosos e se traduz pelo desaparecimento da harmonia entre as diferentes funções. O débil recebe o estigma de um ser desprovido de atributos morais — retardo intelectual, retardo afetivo e inadaptação social —, ou físicos — atrofias, hipertrofias ou distrofias. Além disso, está predisposto a apresentar síndromes episódicas, ou seja, situações mentais contingentes, tal como a mania, a melancolia, o delírio crônico e as loucuras intermitentes, entre outras afecções mais graves, se a predisposição à degenerescência for máxima.[17]

Uma outra tendência descritiva importante da debilidade instaura-se com a orientação nosológica propriamente sistemática de Émil Kraepelin, no final do século XIX. Deve-se lembrar que a classificação proposta por esse psiquiatra vai sofrendo um processo gradativo de precisão ao longo das oito edições de seu clássico *Tratado de psiquiatria*. É apenas na sexta edição — publicada em 1899 e considerada a edição clássica de sua obra — que Kraepelin apresenta o quadro nosográfico das "psicoses crônicas", dividido em dois grandes grupos: de um lado, as "psicoses maníaco-depressivas" e, de outro, a "demência precoce", marcada pela *fraqueza psíquica* progressiva, que evolui para a deteriorização intelectual nos sujeitos bem jovens.[18]

Inicialmente, na primeira edição do *Tratado*, o termo "debilidade mental" aparece, no interior da grande classe dos "estados de fraqueza psíquica", caracterizando as formas de manifestação das "anomalias evolutivas", que atingem, progressivamente, os diversos graus de deteriorização da atividade mental. Ao lado da "debilidade", os outros tipos de anomalias evolutivas são: a "idiotia", a "imbecilidade" e a "inversão sexual". Já na sexta edição, em que se evidencia a oposição entre as doenças mentais adquiridas — que possuem causalidades exógenas — e as congênitas — de causas endógenas —, a debilidade é incluída no grupo das psicoses degenerativas e concebida, ainda, como uma classe denominada "parada do desenvolvimento psíquico".

Nas edições posteriores do *Tratado* de Kraepelin — a série encerra-se na oitava edição —, constata-se que as grandes inovações que esse psiquiatra alemão introduz em sua nosologia, visando incorporar as contribuições da psiquiatria de sua época, não alteram o lugar reservado à debilidade mental de ser uma anomalia congênita, que determina a interrupção das atividades mentais e intelectuais.

Evidencia-se, portanto, que a contribuição introduzida por Magnan e Kraepelin, apesar de manifestar uma evolução classificatória que se processa a partir da organização descritiva das síndromes e das hipóteses etiológicas das entidades mórbidas, conserva, ainda, a categoria de debilidade referida à sua forma congênita, irreversível, que provoca um tipo de retardo no plano do desenvolvimento mental do sujeito. Vê-se, de um lado, que essa orientação reflete o alcance da bipartição estabelecida por Esquirol entre *fraqueza psíquica* e *insuficiência no desenvolvimento mental.* A "debilidade do pensamento" torna-se, de uma maneira cada vez mais evidente, uma característica que marca a evolução dos quadros psicóticos e a "debilidade mental" será, assim, recolocada entre as categorias congênitas notavelmente deficitárias, atravessadas pelo empobrecimento da vida psíquica.

A essa concepção claramente deficitária da "debilidade mental" virá contrastar-se, na mesma época, uma apreensão absolutamente positiva dos quadros de retardo mental, cuja orientação difere, em parte, daquela proposta por Esquirol. O ponto preciso e surpreendente dessa diferenciação, que se estabelece do ponto de vista clínico, é a postulação de possíveis graus de reversibilidade para o quadro de "idiotia congênita". A "debilidade", cuja etiopatogenia se definira como endógena, determinada por um déficit orgânico irrecuperável, passa, então, a ser concebida como um estado reversível e curável, por meio de terapêutica especializada.

É possível afirmar que essa apreensão das formas deficitárias de desenvolvimento mental representa um tipo de retorno a Pinel, precisamente no ponto em que esse psiquiatra, insurgindo-se contra o dogma, vigente em sua época, da incurabilidade da loucura, promove a idéia de um tratamento possível para o "idiotismo adquirido" na tenra infância. Como descrito anteriormente, ele não deixa de assinalar a dificuldade da cura da idiotia em algumas crianças, mas ressalta que a estimulação física precoce poderia constituir um meio de tratamento para esses casos.

Os artesãos da abordagem positiva da "idiotia adquirida" — abordagem que entrevê a possibilidade de cura para o quadro da "debilidade mental" — são psiquiatras especialistas da psiquiatria infantil, notadamente Édouard Seguin e Félix Voisin. Deve-se destacar que, na concepção que elaboram, eles não deixam de conceber a "idiotia" como uma deformidade congênita, porém vão defender a possibilidade de reversão do quadro, sob condição de a criança idiota ser submetida, desde cedo, a procedimentos educativos especiais de estimulação. E é a partir dessa concepção que a "debilidade mental" vai surgir como categoria autônoma. Em suma, o solo conceitual sobre o qual se define o conceito de "debilidade", a princípio pouco diferenciado da "idiotia" e da "imbecilidade", fica marcado, de um lado, pela prevalência do déficit constitutivo e, de outro, por todo um enfoque terapêutico adicional, que se originará das práticas e dos discursos da pedagogia adaptativa.

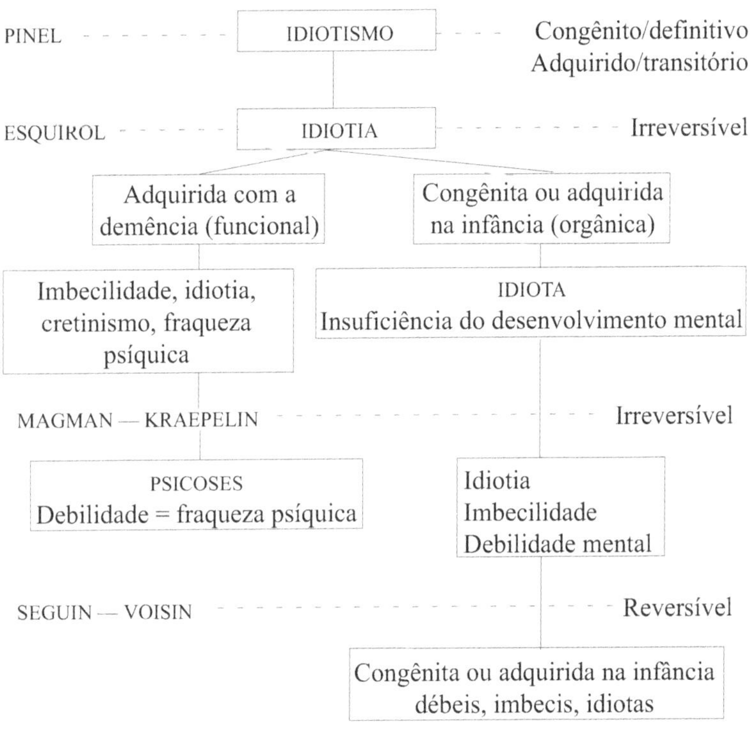

Seguin e Voisin: os educadores de *idiotas*

Uma análise epistemológica mais concisa dos fundamentos e métodos utilizados pelo saber psiquátrico no enfoque da doença mental permite dizer que apenas é possível falar de uma clínica psiquiátrica específica da criança, com conceitos próprios, a partir de 1930.[19] Entretanto, o início do processo de estruturação dessa clínica situa-se muito antes, no começo do século XIX, e comporta três etapas distintas de evolução:

- A primeira ocupa todo o transcorrer das oito primeiras décadas do século XIX e caracteriza-se pelo debate exaustivo sobre os estados de retardo mental.
- A segunda caracteriza-se pela constituição de uma clínica psiquiátrica da criança calcada na clínica e na nosologia elaboradas para o adulto, durante o período correspondente.
- A terceira marca o nascimento da pedopsiquiatria propriamente dita, de uma certa forma bastante influenciada pela emergência das teses psicanalíticas do funcionamento psíquico.[20]

A noção central em torno da qual giram as discussões ocorridas no curso da primeira etapa é a de "idiotia" elaborada por Esquirol. Deve-se enfatizar que o campo de observação da clínica infantil já existia nessa época. Contudo é na noção de "idiotia" — que marca um momento capital da formação da psiquiatria do adulto —, e não numa idéia oriunda da observação de crianças, que a clínica psiquiátrica infantil encontra suas bases e, como se verá, de uma maneira bastante peculiar.

Na origem dessas discussões sobre os estados de retardo mental, deve-se ressaltar, sobretudo, a corrente humanista da psiquiatria,[21] decididamente preocupada com a educação das crianças retardadas, segundo a ótica da reabilitação. Junto à "idiotia", a atitude que caracteriza essa perspectiva da psiquiatria humanista clássica é, então, a de substituir o potencial ao déficit, dar lugar à possibilidade em detrimento do inelutável, insistir na iniciativa relegando o fatalismo a um segundo plano. Na verdade, essa tendência reflete o espírito de uma época marcada pelo ideal filantrópico da fé otimista na perfeição humana. Em decorrência desse horizonte teórico-clínico, emerge uma diversidade de práticas educativas, que se orientam para a valoração da dimensão humana do deficiente. No âmbito da psiquiatria humanista, essas práticas adquirem objetivos claramente terapêuticos segundo a perspectiva da ortopedia mental.[22] Na verdade, os psiquiatras representantes dessa corrente transformam essas práticas educativas em pedagogia especial para reverter a insuficiência mental e, assim, ficam conhecidos como verdadeiros *educadores de idiotas*.[23]

O que se pretende ressaltar, contudo, é a forte aliança que se estabelece, desde então, entre a psiquiatria infantil e a pedagogia, preparando o terreno para a emergência do conceito atual de "debilidade mental", centrado sobre o potencial de inteligência. Como assinalado anteriormente, o aparecimento da corrente pedopsiquiátrica pressupõe o questionamento das elaborações que concebem a debilidade como um estado estritamente irreversível. É exatamente sobre esse ponto que as idéias humanistas adquirem importância, pois vão considerar, apenas secundariamente, a dimensão patológica, o diagnóstico do déficit, em detrimento do tratamento do projeto humano. Além disso, os resultados da prática educativa dos filantropos servem de base para se negar o caráter definitivo e irreversível da deficiência, tal como estabelecido por Esquirol com sua noção de "idiotia".

Esquirol tinha definido a forma congênita da idiotia como "um *estado* particular no qual as faculdades intelectuais jamais se desenvolveram". Os idiotas, assinala, permanecem nesse estado durante todo o curso de suas vidas, uma vez que "tudo revela, neles, uma organização imperfeita ou estacionada em seu desenvolvimento".[24] O idiota de Esquirol é uma descrição objetiva; sua hipótese é a de que a debilidade mental se origina na má-formação física da cabeça e do cérebro, opondo-se a qualquer hipótese etiopatogênica estabelecida em relação ao conceito de psicose. Inclusive, nesse período, os autores ainda não crêem em psicose na infância.[25] No texto de Esquirol, essa forma de "idiotia" já se encontra referida ao processo de aquisição de conhecimentos: o idiota é tido como aquele que não pode adquirir os conhecimentos que são obtidos, normalmente, pela educação. A miséria do idiota sobre o plano intelectual é claramente oposta àquilo que ocorre no caso da demência, a saber, a perda da capacidade de discurso e de raciocínio deve-se à debilitação do pensamento provocada pelo agravamento da loucura.

Vê-se que, para Esquirol, o déficit de inteligência observado na idiotia congênita é global e definitivo e o prognóstico do retardo absolutamente negativo. Seguin e Voisin, em contrapartida, vão sustentar decididamente uma posição otimista quanto à possibilidade de reverter e curar a "idiotia", pois, para eles, o déficit é parcial, insidindo apenas sobre as funções cognitivas: falta de atenção, de concentração e de vontade, em particular. Ainda segundo o ponto de vista desses psiquiatras, o defeito parcial que acomete o *idiota* é o que pode vir a comprometer todo o seu desenvolvimento global, caso o sujeito seja beneficiado, exclusivamente, pelas modalidades tradicionais de educação. Ao contrário, porém, se ele for entregue a métodos pedagógicos especiais, não apenas sua saúde mental estará garantida, como também poderá superar sua limitação, suplantar seu déficit cognitivo e, até mesmo, atingir o patamar do desenvolvimento normal.

Manifestando-se contrário a Esquirol, Seguin afirma que a "idiotia" não é uma doença e não concorda em restringi-la a um estado definitivo das faculdades intelectuais. Seu estudo de crianças com retardo mental serve-lhe de base para redefinir o "idiota" como aquele que "goza do exercício de todas as suas faculdades intelectuais". Na sua concepção positiva, o idiota é um sujeito "normal" no plano da inteligência, mas alguém que "sofre de uma enfermidade do sistema nervoso, que tem, como efeito radical, a subtração total ou parcial dos órgãos e de suas faculdades à ação regular da vontade".[26]

Admite-se, consensualmente, que o mérito de Seguin e de Voisin consiste em terem definido o idiota de uma maneira positiva: ele é normal, inteligente e educável. Entretanto não se pode deixar de assinalar que essa concepção positiva da "idiotia" admite a presença de um déficit orgânico, na origem da patologia, cujo alcance seria o de poder atingir e comprometer qualquer uma das funções de cognição. Seguin, em definitivo, ocupa-se do retardo mental ocasionado por esse elemento deficitário, que ele toma como "um grau de desenvolvimento a menos". Diante disso, seu procedimento é, então, o de notificar todas as anomalias apresentadas pelo idiota em razão de sua "parte faltante", ou deficitária, e recuperá-las com o auxílio de métodos educativos próprios. Os parâmetros de normalidade são levados em conta na avaliação das funções cognitivas e do comportamento social dos idiotas.[27] Esse trabalho permitiu uma nova elaboração dos quadros de retardo intelectual, assim como a abertura de uma via terapêutica para os sujeitos idiotas, por meio de uma educação especializada.

Na verdade, Seguin dá continuidade ao eixo de reflexão inaugurado por Jean-Marc-Gaspard Itard, seu professor e pioneiro da pedopsiquiatria.[28] Desde 1800, Itard empenhava-se em elaborar e aplicar procedimentos extremamente originais para desenvolver as capacidades cognitivas de Victor, um menino que foi encontrado, em idade pré-adolescente, vivendo sozinho em uma floresta e que se tornou celebremente conhecido como "o selvagem de Aveyron". Ele não falava, não se comunicava por outro meio e parecia ignorar qualquer forma de contato com o mundo civilizado. Capturado, foi levado para

Paris e avaliado por Pinel, de quem recebeu o diagnóstico de "idiota" incurável. Seu próximo destino, após esse diagnóstico, foi o Instituto Nacional de Surdos-Mudos francês, onde foi confiado à responsabilidade de Itard, que já vinha tentando ensinar a linguagem a crianças deficientes.[29] Acreditando que Victor era uma criança normal, que fora, porém, privada de qualquer comunicação verbal, de linguagem em geral e de conhecimentos sociais, esse professor tentou reabilitá-lo, educando-o com métodos que visavam promover o desenvolvimento das funções cognitivas. Os resultados foram surpreendentes, mas não chegaram a fazer com que Victor deixasse de ser considerado um alienado mental.

Com efeito, é o empreendimento de Itard que abre a via da reeducação de crianças alienadas numa perspectiva pedagógica e de tratamento moral. Esse não é um fato sem importância, pois, pela primeira vez, uma educação é erigida ao nível de função terapêutica.[30]

Seguin dá prosseguimento a essa vertente de tratamento, ampliando e inovando os métodos educativos. A conseqüência de seu trabalho é a consolidação da prática da pedagogia especial como abordagem terapêutica fecunda para os casos de alienação mental manifestada na infância. Em decorrência da psiquiatria pedagógica, as crianças idiotas são deslocadas dos asilos para as instituições de educação especializada e, mais tarde — devido ao alto custo dessas instituições —, transferidas para as escolas regulares, no interior das quais serão reagrupadas em salas denominadas de ensino especial. Essa situação prepara o terreno para a pedagogia experimental que surgirá, então, no seio da escola, no início do século XX.

Binet e Simon: *débeis, imbecis e idiotas*

Seguin encontrou dificuldades para estabelecer uma classificação precisa das deficiências intelectuais no campo das formas de "idiotia". Seguindo seu modelo positivista — que consistia em partir de uma anomalia da função para definir sua localização anátomo-fisiológica —, o critério de afecção orgânica permanecia como uma hipótese metodológica aberta às contradições próprias às experiências médicas e fisiológicas. A introdução de uma variação contínua no interior dos processos orgânicos deixa sem solução a delimitação do normal e a definição de uma estratégia positiva em relação à patologia. Em suma, Seguin não define o patamar com base em que se traçaria, concretamente, a linha divisória entre o normal e o patológico.[31] Durante o século XIX, o problema dos idiotas vai tomando corpo no campo da educação, de maneira que a educabilidade relativa do deficiente passa a ser o aspecto semiológico que melhor assinala as diversas patologias da inteligência.

É preciso levar-se em conta esses dois elementos — indefinição entre normal e patológico e educabilidade com critério de inteligência — para se localizar a perspectiva que tomam as pesquisas, no século seguinte, em direção à definição médico-pedagógica da debilidade. A psiquiatria pedagógica especial experimental promovida pela corrente humanista culmina, em 1909, na obra de Alfred Binet e Théodore Simon, no plano de uma abordagem psicométrica das crianças anormais. Esse empreendimento inscreve-se, também, no momento-chave de extensão do sistema escolar francês, sob a égide da Terceira República.

Deve-se assinalar que, no final do século XIX, as leis de obrigação escolar — apoiadas na idéia de que a escola poderia normalizar a natureza infantil, agitada e heteromorfa da criança — fazem aparecer uma série de casos de alunos de difícil escolarização. Como a ineducabilidade se tornara equivalente à falta de inteligência, essas crianças passam a ser identificadas, de imediato, com o retardo mental. Para esses casos, porém, não é mais o asilo que se apresenta como opção de encaminhamento do problema e, sim, a própria instituição escolar, com suas classes de aperfeiçoamento conduzidas pelos psiquiatras e seus métodos pedagógicos especiais. A necessidade de uma seleção impõe-se, então, para que nenhum aluno atrasado por suspeita de retardo mental seja colocado erroneamente em uma classe destinada a idiotas. O poder público, interessado em dispensar à criança a educação que lhe seja adequada, legisla sobre esse assunto, promulgando uma lei, em 1904, que torna obrigatória a submissão de toda criança encaminhada para as classes especiais a um exame médico e a um exame pedagógico. O Ministério da Instrução Pública encarrega, então, os médicos Alfred Binet[32] e Théodore Simon dessa tarefa de seleção e estes proclamam "a necessidade de se estabelecer um diagnóstico científico dos estados inferiores de inteligência".[33]

Inicialmente, Binet observa a imprecisão dos diagnósticos estabelecidos até então, pois não era raro que uma mesma criança fosse caracterizada como "débil" em uma primeira avaliação, como "idiota" em uma segunda e como "imbecil", ou "degenerada" em um terceiro protocolo. Diante disso, propõe o emprego de um método abrangente, englobando três tipos de avaliação: a médica, para apreciar os sinais anatômicos, fisiológicos e patológicos da inferioridade intelectual; a pedagógica, cujo objetivo era o de julgar a inteligência com base na somatória dos conhecimentos adquiridos; e a psicológica, que deveria fazer observações diretas e mensuraria o grau de inteligência.[34] Assim, a avaliação médica faria um diagnóstico do estado mental a partir da análise do aspecto físico do sujeito; o critério de inteligência do diagnóstico pedagógico seria o somatório das aquisições escolares; e caberia à avaliação psicológica, por sua vez, analisar o estado intelectual, por meio de exigências feitas ao sujeito para que ele raciocine, julgue, compreenda e invente:[35]

> A idéia fundamental desse método [*psicológico*] é o estabelecimento do que chamamos uma *escala métrica de inteligência*; essa escala é composta de uma série de provas, de dificuldade crescente, partindo, de um lado, do nível intelectual mais baixo que se pode observar e atingindo, de outro lado, o nível de inteligência médio e normal, sendo que a cada prova corresponde um nível mental diferente.[36]

A bem dizer, o método diagnóstico de Binet e Simon constitui um esquema empirista diferencial. Com base na comparação dos resultados obtidos em diversas provas, compõe-se a escala métrica da inteligência, que permitiria, como eles mesmos notificam, "não a medida da inteligência propriamente dita ..., mas uma classificação, uma hierarquia entre inteligências diversas ... e por necessidade da prática, essa classificação equivale a uma medida". Assim, o problema da classificação dos anormais fica resolvido por meio de um teste de verificação da inteligência. No que concerne ao essencial da nomenclatura, Binet conserva as terminologias clássicas utilizadas pelos psiquiatras educadores de idiotas e situa o exame da debilidade sobre o terreno psicopedagógico. Os "débeis", "imbecis" e "idiotas" deixam o campo de investigação da clínica psiquiátrica e fazem seu ingresso no domínio da psicologia psicométrica e da pedagogia.[37] Ingresso definitivo, pois além de a noção de debilidade mental aparecer, pela primeira vez, como uma forma conceitual, distinta dos dois outros graus de retardo profundo que são a imbecilidade e a idiotia, ela restará solidária da capacidade para aquisição de conhecimentos escolares.

> São chamadas débeis todas as crianças que chegam a se comunicar verbalmente e por escrito com seus semelhantes, mas que apresentam um retardo de dois anos, se têm menos de nove anos; e de três anos se elas têm mais de nove anos. A idade mental desses sujeitos situa-se entre sete e nove anos. Logo que chegam à idade adulta, seu Q.I. situa-se entre 50 e 70.[38]

O dispositivo de Binet e Simon substitui a questão da estagnação no desenvolvimento psíquico[39] à da lentidão e à do atraso determinado por um afrouxamento no ritmo do desenvolvimento considerado normal. Postula-se que a atividade intelectual, no débil, se desenvolve normalmente, porém de um modo bem mais lento, com um atraso de pelo menos dois anos em relação ao esperado. Em definitivo, os débeis jamais apresentam um nível mental correspondente àquele de sua idade cronológica real.

A obra comum de Binet e Simon marca um deslocamento na história dos estudos sobre a debilidade. Entre a classificação de Esquirol e a definição positiva da patologia mental em função dos níveis anátomo-fisiológicos e a posição da debilidade em relação ao desempenho escolar foi preciso mudar de método, de modelo e, mesmo, de sistema de inteligibilidade. A terminologia clássica é mantida, mas a pesquisa etiopatogênica perde campo para a inteligência considerada a partir das condutas adaptativas. A "capacidade mental" ao teste diagnóstico de Binet equivale ao resultado da relação do "trabalho realizado" e do "tempo necessário" para realizá-lo. Assim, a dimensão deficitária da debilidade fica referida a um puro déficit das faculdades intelectuais para realizar tarefas.[40] A criança anormal define-se em relação à média das aquisições próprias a cada idade. O desempenho escolar torna-se, então, um dos aspectos fundamentais de classificação da debilidade. A nova perspectiva de *ortopedia mental*,[41] enquanto terapêutica do problema, responde à exigência de orientação do futuro escolar e profissional da criança.

Em *Les enfants anormaux*, Binet e Simon estabelecem uma indicação de tratamento para cada um dos estados inferiores de inteligência, indicação capital para esclarecer o forte interesse que tomam os "débeis" nas investigações teóricas subseqüentes, contrariamente ao que acontece com os "idiotas" e os "imbecis": "Certamente, o idiota é para o hospício. Certamente o débil é para a escola. Resta o imbecil...

A partir do momento que não pode aprender nem a ler nem a escrever, seu lugar só pode ser no ateliê."[42]

Hospício para aquele que "não consegue se comunicar nem pela palavra, nem pela escrita". Ateliê para aquele que "não consegue se comunicar pela escrita", mas que possui, em contrapartida, uma boa habilidade motora, que lhe permite executar trabalhos manuais. E escola para aquele que "pode se comunicar com seus semelhantes pela palavra e pela escrita, mas cujo déficit de inteligência retarda o curso dos estudos".[43] É surpreendente constatar como essa indicação de Binet é atual, pois, ainda nos dias de hoje, as ofertas de atenção às crianças marcadas por algum comprometimento mental expressam, exatamente, essa perspectiva de encaminhamento. No que concerne especificamente à debilidade, deve-se ressaltar que, do ponto de vista pedagógico, o débil é o único que pode compensar seu retardo ao ser beneficiado pelos métodos especiais de educação. E, do ponto de vista clínico, a debilidade torna-se a única acepção curável no âmbito da forma congênita da "idiotia", deixando, assim, definitivamente a nosografia das formas de retardo irreversível.

O débil ao teste psicológico

O teste de Binet e Simon torna-se o ponto de partida central em torno do qual se elabora uma série de outros testes psicológicos mais específicos destinados a discernir e mensurar, separadamente, cada uma das atividades cognitivas — de percepção, de compreensão, de memória e de abstração. Os débeis ao teste Binet-Simon, quando submetidos aos novos protocolos, às novas baterias de testes, obtêm um resultado final que os mantêm na classificação de débeis, porém o resultado das provas parciais nem sempre obedecem à coerência esperada. Observa-se, por exemplo, em uma criança que demonstra bom nível de abstração, um número baixo de respostas corretas na prova de resolução de problemas matemáticos, para os quais se exige, justamente, uma boa capacidade de abstração. Esse tipo de ocorrência vai fazer com que se diferencie, na análise qualitativa dos testes, dois tipos de resultados: os "homogêneos" — que obedecem à lógica de relação entre os subtestes da bateria global — e os "heterogêneos", contraditórios — em que a execução de uma prova não corresponde à aptidão que o sujeito demonstra possuir.

Durante muito tempo, tentou-se apreender as causas dessa contradição dos resultados, confrontando-se os débeis com crianças normais e disléxicas.[44] Apenas por volta de 1940, uma distinção é feita entre verdadeiros e falsos débeis. Os verdadeiros passam a ser identificados como aqueles que apresentam resultados homogêneos nos subtestes, enquanto os resultados das provas dos débeis falsos apresentam contradições entre si, oferecendo resultados considerados heterogêneos. Assim, as duas modalidades de debilidade mental — equivalentes no plano nosológico — diferenciam-se do ponto de vista etiológico: a debilidade verdadeira permanece associada ao déficit orgânico, enquanto a falsa debilidade passa a ser encarada como conseqüência de um conflito psíquico, ocasionado, provavelmente, por desordens de origem afetiva.

Essa via de resolução leva a marca da psiquiatria infantil dos anos 1930-40, que busca, nas teses psicanalíticas do funcionamento psíquico, sustentação para sua abordagem clínica. A descoberta de que toda manifestação psicopatológica é o resultado de um conflito psíquico e de que esse conflito, na sua expressão atual no adulto, repete a história infantil do sujeito, influencia, de uma maneira bastante particular, o campo da investigação da clínica com crianças. A psicologia do desenvolvimento passa a considerar que as anomalias sem causalidade orgânica são desencadeadas por conflitos psíquicos. No que se refere à debilidade mental, essa hipótese etiopatogênica da presença de um conflito psíquico no cerne das perturbações servirá para explicar a falsa debilidade. Assim, o atraso intelectual do sujeito, que foi avaliado como débil a partir de provas de inteligência contraditórias, não seria propriamente real, mas conseqüência de perturbações psíquicas de ordem afetiva. Em suma, o débil, cujo teste apresenta resultados heterogêneos, estaria afetado, apenas, por uma pseudo-debilidade, curável por meio de psicoterapia. Dessa maneira, abre-se, ao menos para esses casos de falsa debilidade, uma via de acesso à clínica psicanalítica. Para os débeis verdadeiros ao diagnóstico psicológico, apresenta-se, mais uma vez, a oferta da educação especial, com todas as novas ações que passam a integrar a rede de ajuda às crianças com dificuldades mentais.[45]

Capítulo III

Antecedentes da clínica da inibição intelectual: o surgimento da questão na psicanálise

Não há, na obra de Sigmund Freud, uma teorização específica sobre os fenômenos clínicos da "inibição intelectual". Mais precisamente, constata-se a inexistência de uma elaboração conceitual para a abordagem clínica desses fenômenos — como é o caso da histeria, da obsessão, da fobia e, mesmo, das psicoses. Talvez isso se justifique pelo fato de que a inibição intelectual não preenche as exigências necessárias para o reconhecimento do que se designa como uma estrutura clínica fundamental.[1] Ao contrário, considera-se que as manifestações da inibição podem estar presentes em todas as estruturas clínicas, embora se expressem, em cada uma delas, com características diversas e singulares.

Essa constatação, contudo, não permite desconhecer-se a presença, no texto de Freud, de elementos teórico-clínicos essenciais para a problematização da questão da inibição, principalmente a partir daquilo que ele ressalta como o terreno do "interesse intelectual" (*intellektuellen interesses*).[2] Tais elementos conceituais encontram-se dispostos, de maneira esparsa, em dois campos distintos de referência. O primeiro deles pode ser extraído do extenso percurso de Freud sobre a investigação clínica do mecanismo da *inibição* (*Hemmung*), que se inicia nos primórdios de sua correspondência com Fliess.[3] Na primeira ocorrência do termo, que se encontra no "Manuscrito A", a inibição aparece como modo de defesa intrínseco ao funcionamento do aparelho psíquico. As referências seguintes, que também se remetem a essa função de defesa essencial para o sujeito livrar-se dos excessos de sexualidade que geram desprazer, estendem-se até o remanejamento teórico da segunda tópica, na decada de 1920. Nesse momento de uma reviravolta na obra de Freud, encontra-se, no texto "Inibição, sintoma e angústia",[4] o ponto culminante da elaboração conceitual da inibição, cuja característica é estar acompanhada de uma nova concepção do sintoma.

O segundo campo de abordagem da inibição, em que se encontra um rico e fecundo material para esta investigação, diz respeito às hipóteses de Freud em torno da chamada "pulsão de saber" (*Wissentrieb*) ou, ainda, "pulsão de investigação" (*Forschertriebes*). Trata-se de uma modalidade de força pulsional que, trabalhando a serviço dos interesses sexuais, aciona a atividade intelectual, por despertar no sujeito uma "ânsia de saber" (*Wissbegierde*).[5] Este segundo campo surge precocemente, em 1905, com o texto "Três ensaios sobre a sexualidade",[6] e recebe todo um desenvolvimento ulterior, com o avançar da reflexão de Freud sobre os avatares da relação do sujeito com o saber inconsciente. No estudo sobre Leonardo da Vinci, por exemplo, de 1909, Freud preocupa-se com os destinos da pulsão de investigação na neurose, destinos que vão determinar diferentes formas do pensar no homem. No interior dessa investigação — que, no seu início, interroga a origem da pulsão de saber, e culmina na formulação do conceito de sublimação —, encontra-se uma série de considerações substanciais sobre a função da educação na vida do sujeito. É surpreendente notar que Freud, nesse contexto, atribui ao ato de educar uma relativa ação profilática, muitas vezes, capaz de remediar a "inibição do pensamento" (*Denkhemmung*) e garantir o "desenvolvimento intelectual" [*die intellektuelle Entwicklung*) de maneira geral.[7] Essas referências assumem uma relevância especial, principalmente para aqueles analistas de crianças que vão incorporar, pouco a pouco, à sua prática clínica, uma perspectiva de cunho pedagógico. Em definitivo, tanto a teoria da *inibição* quanto as hipóteses sobre a *pulsão de saber* constituem, a meu ver, o solo conceitual no qual emerge a abordagem da problemática dos fenômenos clínicos próprios à *inibição intelectual*.[8]

Da fobia à inibição intelectual

O que mais chama a atenção, no entanto, é o fato de os fenômenos inibitórios sobre os processos da inteligência só adquirirem uma grande preponderância no momento em que surgem as primeiras formulações objetivando a adaptação da clínica psicanalítica aos distúrbios infantis. Isso acontece no início dos anos 1920. Na década precedente, já se encontram artigos sobre a psicanálise com crianças, publicados a partir de 1911, na *Zentralblatt für Psychoanalyse*. Pouco tempo depois, a revista *Imago* passa a ser o órgão oficial do movimento freudiano e reserva-se, nesse espaço editorial, uma rubrica especial para a clínica infantil. Na verdade, todas as publicações que abordam temas psicanalíticos da vida infantil são posteriores ao texto de "Análise da fobia em um menino de cinco anos",[9] de Freud, escrito em 1909, e considerado, consensualmente, o marco do nascimento da clínica com crianças. Esse texto apresenta, pela primeira vez, um estudo da neurose de angústia manifestando-se na tenra infância, sob os moldes da fobia.

A neurose de angústia fora isolada e diferenciada clinicamente em 1895.[10] Freud já tinha descrito outras formas de neurose — a neurastenia e a histeria —, provocadas pela conjunção de dois fatores econômicos, a saber, a acumulação de excitação sexual e a insuficiência do psiquismo para processar tal excesso, o que acabava por promover a formação de processos somáticos anormais. Sobre esse aspecto, a neurose de angústia não se diferencia em nada das duas primeiras. Sua especificidade encontra-se no mecanismo peculiar de deslocamento da excitação em excesso, mecanismo que, em última instância, define, nessa época, a eclosão de uma neurose. Assim, em vez de desviar a excitação sexual produzindo uma *elaboração psíquica* — como é o caso na histeria pela introdução do conflito —, na neurose de angústia, processa-se, exclusivamente, uma *derivação da excitação no somático.*[11] Tomando, portanto, a fobia como ponto de partida, Freud estuda suas manifestações clínicas em um menino de cinco anos — também designado, em seu relato, pelo nome de *pequeno Hans* —, encontrando, nesse caso, elementos que lhe permitem uma nova diferenciação na sua psicopatologia clínica. A partir da neurose de angústia — em que a excitação sexual é puramente empregada em manifestações corporais —, ele isola, progressivamente, a neurose fóbica, caracterizada, por sua vez, pela emergência de uma angústia que se fixa num objeto substitutivo.

A importância das precisões teóricas alcançadas com a análise da fobia de Hans é inegável. Em 1925, no texto "Inibições, sintomas e ansiedade",[12] o estudo desse caso oferece elementos para o aprimoramento do conceito de recalque, além de servir de guia, para Freud, na busca de uma concepção mais precisa do sintoma e da relação deste com a angústia. É importante observar que a fobia constitui uma peça clínica essencial nesse momento, em que Freud tenta esclarecer as intrincações da pulsão sexual com o recalque, cuja conseqüência é a eclosão da angústia fóbica.[13] Um outro interesse desse caso de fobia na vida infantil, que não pode ser negligenciado como elemento precursor da clínica infantil, é o fato de o pequeno Hans ter sido, efetivamente, a primeira criança da psicanálise. O relato de seu caso clínico constitui o primeiro testemunho de que o real da angústia da criança pode ser tratado no interior do dispositivo analítico. Enfim, o caso Hans marca o momento em que se anuncia, para a criança, a possibilidade de tratamento do real pelo simbólico, o que, no fundo, constitui a definição mesma da práxis analítica.[14] O correlato essencial desse ato de Freud, inaugurando a série de tratamentos na infância, é a promoção da fobia como o grande paradigma das patologias mentais da infância. Desde então, a fobia torna-se a categoria clínica fundamental da apreensão psicanalítica da neurose na infância.

Entretanto, quando, em 1920, a psicanálise com crianças se afirma efetivamente no movimento psicanalítico, as formulações sobre o *infans* inscrevem-se para além desse paradigma da fobia. Procura-se, daí em diante, as especificidades dessa modalidade clínica emergente, tentando-se estabelecer contornos próprios e, mesmo, redefinir certos conceitos formulados a partir do tratamento com adultos. O resultado dessa efervescência teórico-conceitual é o surgimento de verdadeiras escolas de pensamento, com orientações diversas, ainda que, muitas vezes, discordantes sobre os princípios da doutrina freudiana. O que surpreende, contudo, nesse impulso inicial de trabalhos visando à psicanálise com crianças, é a presença constante da problemática da inibição e de elementos que apontam a preocupação, nesse ambiente analítico, com o destino dos processos intelectuais na vida da criança.

Um exame detalhado desses trabalhos do início da década de 1920,[15] permite afirmar que as indicações de Freud sobre a neurose infantil e os fenômenos clínicos da fobia não deixam de constituir, para os autores que passam a se dedicar à clínica com crianças, uma referência de base. Porém o que se pode destacar, nessas primeiras produções teórico-clínicas, é a presença marcante dos fenômenos inibitórios no desenvolvimento psíquico da infância e, principalmente, da vida intelectual. Essa inflexão que se opera na temática da fobia para a inibição tem como pano de fundo todo um questionamento acerca da própria eficácia e dos limites do tratamento analítico para as crianças. Aos analistas dessa geração interessa, sobretudo, saber qual seria a prática mais apropriada para se evitar que a criança se tornasse, no futuro, um neurótico ou, mesmo, um inibido, incapaz, por conseguinte, de utilizar suas plenas capacidades intelectuais em relação às ofertas sublimatórias da civilização. É no âmbito desse contexto que surgem as primeiras indagações sobre a orientação clínica mais apropriada para garantir o desenvolvimento sem entraves do sujeito infantil, que se traduz na seguinte questão: Trata-se de cura psicanalítica propriamente dita ou de método educativo fundamentado na psicanálise?

Sob essa nova ótica, as particularidades e dificuldades experimentadas no curso de atendimentos a crianças são cuidadosamente catalogadas e vão servir de base para se questionarem não só os procedimentos ditos técnicos da psicanálise, mas também o estatuto de um tal paciente, ainda dependente dos pais e considerado "imaturo" do ponto de vista de seu desenvolvimento orgânico, psíquico e intelectual. Nesse clima de busca de referenciais e de paradigmas clínicos, até mesmo a ação do analista de crianças é colocada em questão, chegando-se a postular uma finalidade explicitamente pedagógica e terapêutica.

Tal é a perspectiva encontrada, por exemplo, na "Contribuição à técnica da análise de crianças", de Hermine von Hug-Hellmuth, a quem é dada a palavra, no VI Congresso Internacional de Psicanálise, para um pronunciamento a respeito da prática clínica com crianças.[16] Nesse evento, que reúne a comunidade psicanalítica, pela primeira vez após a Primeira Guerra Mundial, também estão presentes, na qualidade de ouvintes, duas outras analistas — Anna Freud e Melanie Klein —, que logo adquirem notoriedade nesse domínio de reflexão sobre as particularidades do tratamento analítico com crianças.

No início do percurso dessas pioneiras — Hermine von Hug-Hellmuth, Anna Freud e Melanie Klein —, sobressai, portanto, a preocupação em verificar a eficácia do tratamento analítico com crianças, o que, a meu ver, constitui um outro antecedente crucial para a clínica da inibição. Ver-se-á, mais adiante, até que ponto a busca do melhor meio para favorecer o desenvolvimento dos pequenos pacientes instaura, entre elas, uma querela sobre o método clínico mais adequado para se atingir tal objetivo: tratamento psicanalítico propriamente dito ou uma orientação que leve em conta a reeducação? Eis a questão que se torna central e coloca em cena a inibição intelectual. No contexto dessas controvérsias acerca da direção do tratamento analítico com crianças, a inibição intelectual torna-se ponto fundamental para as pioneiras dessa prática, por ser concebida como um obstáculo passível de observação direta e, ainda, por representar o índice efetivo da presença de dificuldades e impasses no curso do desenvolvimento libidinal da criança.[17]

Por mais que essa articulação entre vida pulsional e capacidade intelectual se extraia dos ensaios de Freud sobre a teoria da sexualidade, uma questão persiste: que razões se poderia atribuir a essa ênfase dada aos fenômenos inibitórios, uma vez que dela decorre uma verdadeira inflexão do paradigma da fobia? A fobia, como se viu, é a manifestação que recebe a atenção de Freud nas suas primeiras elaborações psicanalíticas sobre a problemática infantil. É a fobia que se define, desde então, como a forma sintomática da angústia se manifestando, por excelência, na primeira infância. O que o pequeno Hans mostra, por seu temor de cavalos, não é nada mais nada menos que sua angústia em sintoma, uma angústia deslocada de seu lugar de origem para um objeto mais distante.

Por outro lado, quando a inibição intelectual é privilegiada como manifestação nesse campo de investigação teórico-clínico, que se abre a partir de 1920, a ênfase da abordagem recai não tanto sobre a dimensão do sintoma e da angústia, mas, em especial, sobre a perspectiva do desenvolvimento e de seus distúrbios. Pode-se, mesmo, afirmar que, nesse momento, tal inflexão operada sobre a fobia assinala o início daquilo que, mais tarde, se verifica como uma verdadeira degradação do sintoma na clínica com crianças. Tal desvio, no curso do corpo conceitual do saber analítico, não deixará de ter conseqüências para a apreensão dos fenômenos inibitórios. E, por isso, parece-me necessário deter-me sobre o que, a meu ver, constitui o achado decisivo que descortinou toda a fecundidade da investigação freudiana sobre a infância, a saber, a sexualidade infantil.

Minha hipótese é a de que o pano de fundo dessa inflexão clínica da fobia à inibição é a própria ênfase atribuída ao papel da sexualidade infantil na etiologia das neuroses. Considero que houve, sem dúvida, um tempo de gestação das contribuições teórico-clínicas de Freud a esse respeito, para que as pioneiras da prática com crianças pudessem lançar seu novo rebento no mundo da psicanálise. Esse tempo inicia-se com o encontro de Sigmund Freud com a sexualidade infantil e estende-se por todo o período de descoberta das conseqüências que esta última acarreta sobre as diversas manifestações do adoecer psíquico no humano. A partir do momento em que pressupõe a existência de um elemento infantil no núcleo das neuroses, Freud não deixará mais de lançar, para os analistas, uma diretiva, que poderia ser traduzida numa simples frase: *observem as crianças!* É no prolongamento desse interesse particular da psicanálise pela vida infantil, interesse que se sustenta na observação direta da criança e visa à investigação da causa das neuroses, que vai se desenvolver, mais tarde, a prática clínica com jovens pacientes.

Ruptura com a visão evolutivo-naturalista da sexualidade

Inicialmente, deve-se considerar que a postulação da sexualidade infantil é deduzida, exclusivamente, da clínica analítica, ou, mais precisamente, da experiência que Freud vai acumulando com o tratamento de neuróticos adultos. Esse dado leva a reconhecer que a sexualidade infantil não se reduz à constatação da presença de uma atividade sexual espontânea na criança, como a do tipo masturbatório, por exemplo. Em outros termos, a observação direta da criança não se configura, para Freud, como uma condição epistêmica, ou seja, como um pressuposto necessário para sua definição do campo da sexualidade, que, desde o início de sua obra, se distingue da concepção naturalista adotada, até então.

O enfoque evolutivo-naturalista da sexualidade, que se torna dominante, inclusive no ambiente científico da época, estabelece uma equivalência entre o fator sexual no homem e o chamado "instinto sexual". Segundo esse ponto de vista evolutivo, a sexualidade humana confunde-se com uma força vital, que desperta na puberdade, com a maturação dos órgãos genitais, e tem como finalidade preponderante a reprodução da espécie. Pode-se afirmar que esse horizonte da sexualidade se assenta sobre uma tendência genética do próprio curso de seu desenvolvimento. Assim, a conduta sexual do indivíduo se encontra determinada pelo instinto sexual, ou seja, invariavelmente, na idade adulta, ele busca como objeto um parceiro do sexo oposto para a realização do ato sexual, com fins na reprodução da espécie. Nessa concepção biológica do instinto, o circuito da satisfação mostra-se regulado por um objeto considerado típico, que já estaria, *a priori*, fixado. Qualquer desvio de conduta que contraria esse padrão pré-definido configura-se como um fator de aberração.[18]

A emergência da psicanálise, sem dúvida alguma, subverterá essa forma corrente de apreensão da sexualidade em dois pontos precisos. Em primeiro lugar, após a publicação do primeiro ensaio de Freud sobre a teoria da sexualidade — intitulado "As aberrações sexuais" —, não será mais possível abordar o fator sexual desconhecendo as diversas "aberrações" ou, mesmo, "perversões", visto que o discurso psicanalítico as integra à sexualidade normal, como tendências inerentes à constituição de qualquer pessoa.[19] O campo da sexualidade, tal como concebido por Freud, ultrapassa, portanto, a dimensão da genitalidade, ou seja, inscreve-se para além do registro da pura atividade, apreendida como união dos órgãos sexuais com fins na procriação. O que passa a definir esse campo, para a psicanálise, são as diversas formas da incidência da satisfação sexual no plano da realidade psíquica, numa esfera que extrapola a região genital e contraria a ação real do ato sexual em si.[20] É por isso que Freud pôde postular a sexualidade na infância, antes mesmo que o aparelho genital tivesse adquirido sua maturação final, ou seja, independentemente de uma determinação puramente biológica.

Sob essa ótica, Freud vai enfatizar o elemento da labilidade presente na relação que une um sujeito a seus objetos sexuais, assinalando que esses objetos podem ser trocados com freqüência e que a finalidade buscada pode ser outra, distinta daquela do coito normal. Não é por acaso que ele inicia seus "Três Ensaios..." não pela descrição do que constitui a relação sexual normal, mas por suas formas mais aberrantes. A indagação sobre as perversões serve-lhe de base para a constituição de um campo próprio de conceitos. A labilidade é o que caracteriza a pulsão (*Trieb*) freudiana, por exemplo, conceito introduzido para inscrever o sexual no ser falante. Não há uma relação de determinação da pulsão sobre seu objeto, ou seja, a pulsão não tem um objeto estabelecido, *a priori*, por um dado natural, como ocorre no tocante ao instinto animal. Para o sujeito, a pulsão não determina seu objeto nem lhe oferece um saber sobre este. Trata-se de uma inscrição que se faz na realidade psíquica, indo de encontro à sua estrutura significante, sob uma modalidade radicalmente distinta do domínio padronizado das respostas determinadas pelo instinto sexual.

O segundo ponto, que decorre do primeiro, consiste em não situar o início dessa atividade sexual no momento da puberdade e, sim, nos primeiros anos de vida. Enquanto, de acordo com a concepção corrente, a determinação da sexualidade se processa no período puberal — marcado pela maturação dos órgãos genitais —, para a teoria freudiana a estrutura sexual já se encontra definida aos cinco anos de idade. O que irrompe durante a puberdade não se distingue dessa estrutura constituída na infância. Essa relação de determinação também é lábil, uma vez que depende das relações do sujeito com seus objetos. Como já se afirmou, a finalidade da satisfação do sexual, para a psicanálise, não coincide, forçosamente, com a finalidade de reprodução. O que prevalece como elemento específico da elaboração sobre o infantil é que a satisfação pulsional se organiza em torno de pulsões parciais, não-genitais, que se caracterizam por sua independência em relação às funções biológicas e por poderem contrariar o exercício dessas funções, que garantiriam a sobrevivência do indivíduo. Nesse ponto, a sexualidade mostra-se novamente irredutível à concepção clássica de instinto sexual, entendido como função vital.

A incidência da satisfação sexual na realidade psíquica aparece sob a égide da hipótese de uma disposição "polimorficamente perversa",[21] presente em toda criança. Não se deve negligenciar o fato de que essa disposição perversa acontece, essencialmente, no plano da atividade fantasmática do sujeito. São essas tendências que compõem o fundamental do dispositivo fantasmático, mediante o qual se pode organizar a vida sexual no humano. Para a psicanálise, é esse mesmo dispositivo que organiza e sustenta todo o campo da realidade psíquica. A maneira como as pulsões parciais perversas seguem seu curso, durante o período que antecede a sexualidade genital propriamente dita — período que passou a ser designado como relações de objeto pré-genitais —, constituirá o patamar sobre o qual se edificam a histeria, a fobia, a obsessão e a perversão. Em última análise, desde os "Três ensaios..." (1905), quando Freud pode colocar a sexualidade como essencialmente polimorfa, aberrante, o charme de uma pretendida inocência infantil também é radicalmente rompido.[22]

Entretanto, no momento mesmo dessa formulação inédita de sexualidade no terreno do saber, toma-se contato com o paradoxo de uma verdadeira convocatória lançada por Freud aos analistas, para que praticassem a observação direta da vida sexual das crianças. Localiza-se a primeira indicação nesse sentido no último ponto abordado pelo ensaio "As aberrações sexuais", que recebe o título "Nota sobre o infantilismo da sexualidade":[23]

> Acrescentamos, no entanto, que a constituição presumida, que contém os germes de todas as perversões, *só pode ser evidenciada na criança*, mesmo se, nesta, todas as pulsões só podem se manifestar com uma fraca intensidade. Uma vez que a fórmula segundo a qual os neuróticos permaneceram no estado infantil de seus desenvolvi-

> mentos, ou retornaram a esse estado, começa a se desenhar no nosso espírito, *nosso interesse se voltará para a vida sexual das crianças* e teremos em mente seguir o jogo de influências que governa o processo evolutivo da sexualidade infantil, até seu resultado sob a forma de perversão, de neurose ou de vida sexual normal.[24]

É quando estabelece que o neurótico se encontra fixado em sua sexualidade infantil, ou que a esta teria retornado, que Freud começa a insistir sobre a fecundidade da observação direta da criança para o esclarecimento dos sintomas neuróticos. A prevalência de componentes sexuais infantis na vida adulta é o que se designa com a expressão *infantilismo da sexualidade*. Trata-se, mais precisamente, da predominância de tendências perversas infantis, ou pulsões parciais não-genitais, assumindo um papel preponderante na formação dos sintomas neuróticos.[25] Normalmente, todas essas pulsões parciais estão destinadas a sofrer a ação do recalque. No entanto, também pode ocorrer que elas se desenvolvam de forma exagerada, sejam só parcialmente recalcadas ou, ainda, desviadas, configurando diferentes modalidades sintomáticas.

Freud avalia que seria mais fácil observar essas variações das tendências perversas durante a infância, visto que, nesse período, as defesas psíquicas ainda não se processaram totalmente. Assim, a perversidade polimorfa da criança, mesmo só conseguindo "se manifestar com uma fraca intensidade", poderia ser apreendida em toda sua amplitude, por encontrar-se livre das defesas psíquicas. Nessa situação, a observação, como método de investigação, permitiria a descrição de elementos ainda pouco conhecidos, ou mal estabelecidos, a partir do adulto, devido, justamente, às dissimulações e distorções operadas pelas defesas.[26]

No entanto o método da observação direta, por si só, contrasta com o procedimento que suporta a clínica e a teoria psicanalíticas. Como já foi assinalado anteriormente, a constituição infantil da sexualidade humana é deduzida a partir do trabalho do analista e do analisante, no curso do tratamento analítico. Essa relação oferece suporte para o trabalho de associação livre do paciente, por meio do qual, gradativamente, vão se revelando os traços perversos pelos quais se fixou, para cada sujeito, sua forma particular de satisfação. Portanto, são os ditos dos analisantes, e não os fatos observáveis de sua vida sexual, que constituem a via régia para a apreensão das variações da sexualidade infantil. Apesar da legitimidade desse modo de investigação para a psicanálise, Freud, paradoxalmente, faz um apelo insistente à prática da observação direta.

Observação direta e vocação científica da psicanálise

Com efeito, a observação da vida sexual da criança apresenta-se à psicanálise como um recurso complementar, que poderia contribuir para a explicitação dos principais elementos causadores da neurose do adulto.[27] Seu alcance estende-se, ainda mais, diante da suposição de Freud de que o conjunto das variações da pulsão sexual "*só poderiam ser evidenciadas na criança*".[28] No entanto o objetivo que se sobrepõe a esse intuito de revelação das formas perversas, para esclarecimento das formações sintomáticas nas neuroses, é o de demonstração. Freud entrevê a possibilidade de que a observação direta do mundo pulsional na infância se possa constituir como um instrumento para a comprovação da hipótese fundamental da sexualidade infantil:

> Com essa finalidade (... *de responder ao desejo de uma demonstração mais direta, obtida por caminhos mais curtos, dessas proposições fundamentais*), incito meus alunos e amigos a recolherem *observações sobre a vida sexual das crianças*, sobre a qual se fecham, normalmente com astúcia, os olhos ou que se nega de caso pensado. ... Por que não observar diretamente na criança, em todo o seu frescor de vida, esses impulsos sexuais e essas formações edificadas pelo desejo, que desenterramos nos adultos, com tanta dificuldade, de dentro de seus próprios escombros, e sobre os quais pensamos, ainda, que são o patrimônio comum de todos os homens, só se manifestando nos neuróticos, exagerados ou distorcidos.[29]

Freud já tinha tentado buscar subsídios para esclarecer a sexualidade infantil na literatura psicológica existente sobre o desenvolvimento da criança, como ele próprio diz, logo no início de seu segundo ensaio sobre a teoria sexual, dedicado especialmente à sexualidade infantil. Citando algumas obras, afirma categoricamente que nenhum dos observadores da vida infantil tinha chegado a reconhecer a regularidade da pulsão sexual na infância. Essa mesma negligência é constatada, ainda, por ele nas novas obras lançadas durante seis anos que se seguem à publicação de seus "Três ensaios..." (1905). Na maior parte de toda essa ampla bibliografia revisada, ele pôde, inclusive, observar a omissão de um capítulo sobre "desenvolvimento sexual".[30] O primeiro trabalho em que detecta uma menção à vida erótica das crianças foi publicado em 1913. Trata-se de um artigo de Hermine von Hug-Hellmuth[31] — que, na verdade, desde 1908, já vinha se inteirando das teses freudianas. Portanto, seguindo as indicações do próprio Freud no sentido de observar diretamente as crianças, essa autora recolhe de seu convívio com uma criança — seu único sobrinho, órfão, chamado Rudolf, que, como se sabe, termina assassinando tragicamente Hermine — exemplos de lapsos e fragmentos de sonhos, por meio dos quais procura evidenciar os elementos relativos à sexualidade infantil.[32] Além disso, recupera elementos de sua própria infância, e utiliza-se de relatos de observações de criança publicados por outros autores, procurando identificar o componente sexual relacionado a cada episódio. É em função desse empreendimento que Freud confere a Hug-Hellmuth o título de primeira especialista na análise de crianças.[33]

Pode-se justificar essa dificuldade dos autores especialistas no estudo da vida infantil e dos teóricos da psicologia do desenvolvimento, em perceber a sexualidade na infância, com base na própria concepção de criança que sustenta suas práticas de investigação. Em vez de ser vista como um perverso polimorfo, a criança é apreendida, essencialmente, pelo viés da maturação biológica. Esta última perspectiva exige a interação ativa da criança com o mundo e, então, o olhar do observador centrado, preferencialmente, em tudo o que é da ordem da ação, das trocas e da adaptação desse ser ao meio circundante. Cabe, ainda, lembrar que, no registro dessas trocas, o componente sexual só se insere a partir da puberdade.

A observação do psicanalista, ao contrário — se este leva às últimas conseqüências a subversão conceitual operada pela psicanálise sobre a noção de sexualidade —, se pautará, de preferência, na enunciação do sujeito do inconsciente, muitas vezes, em franca tensão com seus enunciados. Nesse sentido, não se busca observar uma atividade sexual durante a infância — o que, de fato, seria inadequado — , mas, sim, a expressão da sexualidade mediante os ditos da criança. Trata-se, portanto, de observar a sexualidade na criança pela mesma via em que ela é apreendida no adulto, ou seja, por intermédio das formações do inconsciente e de seus sintomas. Sob esse ângulo, ressalta-se a preponderância do sintoma na clínica como uma das portas de acesso essencial ao inconsciente do sujeito, que manifesta, na materialidade da cadeia significante, uma verdade que se repete, insiste, e revela as relações desse sujeito com a incidência do sexo sobre ele. Não é por acaso que Freud lança sua convocatória de observação da vida sexual da criança à comunidade dos analistas, ou seja, àqueles que já tinham conhecimento do fato de que o sexual, no campo do psíquico, se revela nos desfiladeiros dos significantes.

Dessa maneira, considero a proposta da observação direta da sexualidade infantil como o grão que, semeado circunstancialmente por Freud na comunidade analítica, germinará, mais tarde, a prática clínica com crianças. Rapidamente, Freud recebe vários relatos testemunhando a presença da sexualidade na infância. Entre esses, as notas sobre a vida erótica do pequeno Hans adquirem um lugar de destaque.[34] Provavelmente, seus pais foram, de fato, os primeiros observadores da vida sexual das crianças, na psicanálise. Freud tinha-os entre os adeptos de suas idéias.[35] Além de participarem da comunidade de trabalho dos analistas, a mãe de Hans analisava-se com o próprio Freud.

Sendo conhecedores das teses sobre o inconsciente freudiano, os pais de Hans dispuseram-se, desde o nascimento do primeiro filho, a criar um ambiente familiar pouco intimidador e propício à comunicação das idéias.[36] Tudo leva a crer que esse ambiente tenha realmente facilitado a livre expressão do filho, visto que, com efeito, Hans comunica aos pais, desde os três anos de idade e sem nenhuma inibição, suas angústias e seus questionamentos, que decorrem da experiência de intumescência de seu órgão genital. Diante dessa experiência real de gozo, a criança passa a interessar-se vivamente por essa parte do corpo. Esse interesse, contudo, não é somente relativo à satisfação auto-erótica proveniente de eventuais manipulações do genital. Freud assinala o desencadeamento, nesse momento, da atividade intelectual propriamente dita, ou seja, de um interesse puramente teórico a respeito desse órgão que começa a fazer-se presente, a despeito da vontade da criança. A curiosidade intelectual de Hans evidencia-se nos diversos propósitos e questões endereçadas aos adultos e que revelam, ao mesmo tempo, seu despertar para as coisas do mundo. Do relato de seu caso, pode-se citar, como exemplo, o comentário que o menino faz ao ver ordenhar uma vaca: "Olhe, do 'faz-pipi' dela sai leite". Ou, ainda, a pergunta dirigida à mãe, com o intuito de investigar se ela também teria um daquilo que ele decidiu nomear "faz-pipi".[37]

É precisamente a partir desse interesse por seu órgão sexual que Hans começa a ordenar certos aspectos de sua realidade. Provocado intelectualmente pelas sensações involuntárias oriundas de seu pênis, ele toma esse elemento como referencial para investigar o mundo, chegando a estabelecer uma fronteira entre os seres inanimados e os animados, segundo o critério do ter, ou não um "fazedor-de-xixi". Freud observa, desde então, que "a sede de conhecimento parece inseparável da curiosidade sexual".[38] Segundo ele, o início da atividade intelectual, que coincide como o início de construção do campo da realidade, é promovida pelo encontro do sujeito com o real do gozo. Esse encontro exige de cada sujeito uma resposta frente à verdade fundamental da castração.[39]

No relato do caso clínico de Hans, são inúmeras as indagações dessa criança a respeito da castração, ou seja, a respeito da diferença entre os sexos. Suas questões argutas, dirigidas normalmente aos familiares, demonstram que não é somente pela interação da criança com pessoas e objetos que a realidade se constrói. Existe uma assimetria fundamental nessas relações que é introduzida pelo elemento discordante do real do sexo. No caso de Hans, esse elemento aparece, precisamente, em decorrência do fator intrusivo do nascimento de sua irmã. Essa ausência de simetria é, também, o que caracteriza as relações do par homem/mulher, e que Jacques Lacan, após um longo percurso de formalização dos conceitos analíticos, deduziu na proposição lógica relativa à "inexistência da relação sexual". O próprio encontro entre os sexos presentifica essa ausência de simetria estrutural, pois o que se tem é um sujeito confrontado com o objeto de seu gozo, com seu modo particular de satisfação pulsional.

A proposição de Lacan é uma maneira de dizer o que Freud enunciou com a afirmação de que, para todo ser dotado de linguagem, inexiste uma representação no inconsciente capaz de determinar o que é ser um homem ou uma mulher. A cada sujeito cabe a tarefa de construir uma resposta ao real do sexo, e é essa construção, ficcional, fantasmática por excelência, que baliza sua posição no mundo, que define sua própria realidade.[40]

De posse das anotações detalhadas dos dizeres de Hans, e também de tudo aquilo que seus pais observaram, de seus impasses frente à castração, Freud decide conduzir a análise dessa criança, de forma indireta, por intermédio do próprio pai do menino. Essa decisão em tratar Hans pelo discurso analítico evidencia a ênfase dada ao que a sexualidade infantil pode originar, mesmo na primeira idade, a saber, um sintoma visto, no caso, como formação do inconsciente. Mais do que isso, a análise de Hans, para Freud, é um testemunho a favor da suposta relação de causalidade existente entre os componentes da vida sexual infantil e os sintomas neuróticos. O que, até então, não passava de uma "hipótese construída" a partir dos relatos de tratamentos de adultos torna-se, com os depoimentos de Hans, um fato observável e, mesmo, analisável durante o período da infância.

A insistência de Freud em demonstrar a sexualidade infantil parece impor-se em função da grande resistência que suas teses vão enfrentar por parte da comunidade científica da época. Com efeito, toda a teorização sobre a constituição das zonas erógenas e da vida pulsional esbarra com essa dificuldade de aceitação. Freud justifica tal dificuldade buscando fundamento no fenômeno da "amnésia infantil", que ele postula como um corolário estrutural. Mais precisamente, trata-se de uma particularidade da memória, que, sobre a incidência estrutural do recalque, transforma as principais impressões registradas no psiquismo, durante a primeira infância, em reminiscências. O esquecido inscreve-se numa camada do psiquismo como traços mnésicos, que determinam todo o desenvolvimento posterior. Postula-se, portanto, que a amnésia não se configura como um desaparecimento do real da experiência vivida. Ela apenas dissimula, para a maioria das pessoas, os seis ou oito primeiros anos da infância e, por conseguinte, os primórdios da atividade pulsional. Freud imputa a esse processo a responsabilidade por se atribuir tão pouca importância ao período infantil do desenvolvimento da vida sexual.[41]

O processo analítico, que favorece a rememoração, abre acesso para o continente da sexualidade perversa polimorfa, subsumido da memória de todos os indivíduos. Por meio da livre associação de idéias, regra fundamental da prática analítica, Freud pôde, com efeito, franquear a barreira do recalque configurada no fenômeno da "amnésia infantil". Por outro lado, ele não foi capaz, como desejava, de levar todos os seus colegas médicos a acompanhá-lo nessa aventura. A reação destes, diante da comunicação das teses freudianas, foi de uma recusa ou — por que não dizer? — de um horror extremado em saber sobre a sexualidade infantil. Parece que, poucas vezes, na história da humanidade, uma teoria causou tanta polêmica e foi tão fortemente combatida.

Talvez essa recusa se deva menos ao fato da existência da sexualidade em si do que à audácia de Freud em querer suspender as barreiras do recalque e colocá-lo, assim, a céu aberto, por intermédio do tratamento analítico. Sabe-se que nem mesmo a popularização da psicanálise, com o passar dos anos, é capaz de contemporizar a incidência estrutural do recalque. É por isso que, mesmo nos dias de hoje, para um adulto, ainda que avisado, qualquer evidência da sexualidade infantil, contrariando a "amnésia" já processada, causa espanto. É o que revela o embaraço de pais e educadores no momento em que são interpelados pelas crianças sobre a origem dos bebês, ou confrontados, diretamente, com uma manifestação explícita da sexualidade, a exemplo da prática masturbatória.[42]

Diante desse corolário da "amnésia infantil" — tributário da resistência às teses psicanalíticas —, Freud define a infância de cada um de nós como "um tipo de passado *pré-histórico*, ... uma lacuna que foi assim *criada* em nosso saber".[43] A infância, enquanto passado pré-histórico, designa tudo aquilo que pertence ao universo das perversões, ou seja, todo o domínio da satisfação das pulsões parciais que o sujeito sacrifica em prol daquela representada pelo significante fálico. Em última instância, o que o recalque do "infantil" promove é a tradução do mundo pulsional em uma rede de representação solidária do registro simbólico.[44] Esse processo de produção de uma lacuna no saber equivale, assim, à própria postulação do inconsciente e à sua inscrição em termos de um real não simbolizável.

Entretanto, mesmo levando em consideração essa elaboração que introduz, no cerne do funcionamento do psiquismo, a amnésia infantil provocada pelo mecanismo fundamental do recalque, Freud ainda insiste na idéia de buscar as evidências do mundo pulsional por meio da observação direta. Qual o seu intuito com esse apelo à verificação? Em relação ao destino da clínica com crianças, seria imprescindível adotar o método da observação direta — utilizado por seus diversos colaboradores — para a verificação das especificidades da sexualidade infantil? Com quais instrumentos conceituais se buscou o preenchimento dessa lacuna criada pelo próprio inconsciente? Seria o caso de se pretender preenchê-la com um saber objetivável, fornecido pela observação direta das primeiras experiências da vida infantil?

Esse apelo de Freud à verificação pode ser concebido como uma de suas inúmeras tentativas de elevar a psicanálise à dignidade de uma ciência. A questão que se impõe, então, é a de saber até que ponto se podem considerar esse dados empíricos como suficientes para uma reconstrução, de cunho científico, da realidade da infância. Enfim, quais as conseqüências do emprego desse método da observação para a reconstituição da verdade do "infantil", lembrando que o recalque deve ser considerado como imanente ao próprio funcionamento do inconsciente?

Segundo Jacques Lacan, o ideal de cientificidade de Freud para a psicanálise não deve ser avaliado de maneira simplista, a partir da adequação do sujeito a uma suposta "realidade" objetiva. Quem não se recorda, por exemplo, a propósito do Homem dos ratos, do laborioso esforço de Freud na busca da verificação dos fatos. Nesse caso, seu trabalho de pesquisa das datas exatas dos acontecimentos não pretendia alcançar a verdade, tomada na perspectiva de uma mera relação de correspondência com os fatos objetivos da história do sujeito. O desejo freudiano era, antes de tudo, poder atingir sua verdade subjetiva,[45] ou seja, a certeza do que se sedimenta, pouco a pouco, a respeito de um determinado dado da experiência.

No caso da verificação da sexualidade infantil, se a observação da criança visar ao esclarecimento dos processos psíquicos do neurótico adulto, ela vai se inscrever no campo da psicologia genética. Ora, a teoria psicanalítica define-se como um conjunto complexo de conceitos articulados, obtidos por meio de um trabalho teórico que só se realiza no próprio processo da experiência analítica. Se, como se viu anteriormente, a noção de sexualidade infantil se constrói nesse dispositivo particular, que trata as formações do inconsciente como algo que não se pode compreender por observação, por experimentação ou por intuição, que estatuto conferir a essa demonstração?

O dispositivo analítico, enquanto campo privilegiado em que podem aparecer os suportes materiais das formações do inconsciente e seus sintomas, onde estes podem ser neutralizados e, ainda, onde o instrumental teórico que pretende explicar esse processo pode ser posto à prova, constitui-se, de certa maneira, em ruptura com a exigência de exatidão e verdade introduzida pelo discurso da ciência. Lacan, em "A ciência e a verdade",[46] evidencia essa particularidade da psicanálise em relação à ciência, mostrando, ao mesmo tempo, de que maneira o discurso da ciência, inaugurado no século XVII, possibilitou a emergência da psicanálise. O processo de redução ao qual se propõe a epistemologia para a fundação de uma ciência, de uma teoria, foi necessário para o estabelecimento do objeto da psicanálise, para o estabelecimento de uma estrutura que permitisse a apreensão do sujeito onde ele se manifesta, a saber, na sua divisão subjetiva.

Entretanto, não basta que essa divisão seja um fato empírico, diz Lacan. Os lapsos, atos falhos e as outras formações do inconsciente podem se manifestar cotidianamente, mas essa experiência não os define por si só. Se o cientista é capaz de fazer sua teoria excluindo da relação que determina o que é um fato e o que se conhece do mesmo, o psicanalista, por sua vez, inclui sua posição de sujeito em cada redescoberta do inconsciente. É o que faz o próprio Freud, ao conjugar os ditos das histéricas com seus sonhos e esquecimentos, deixando manifestar-se, assim, o sujeito do inconsciente.

Nota-se, entre psicanálise e ciência, uma dupla polaridade. De um lado, o que possibilita o surgimento da ciência — ou seja, esse processo de redução pelo qual o cientista é esvaziado de todas as suas particularidades subjetivas em detrimento da fundação de uma certeza — constitui a condição da descoberta do inconsciente. Por outro, o método freudiano reintroduz a posição do sujeito na práxis do psicanalista — o que implica a renúncia a admitir que, a cada verdade, corresponde um saber. Assim, rompe, decisivamente, com o cientificismo da época.

Lacan atribui *o ideal de cientificidade*[47] de Freud à marca que a psicanálise carrega de só poder se ter constituído a partir da ciência. Em uma espécie de tributo a essa possibilidade, Freud, apesar de ter introduzido uma modalidade distinta de trabalho científico, permanecerá fiel ao ideal de cientificidade, fiel às exigências que, depois do nascimento da física, caracterizam o pensamento científico. É o que testemunha sua submissão à lógica da demonstração e à administração da prova, tanto no momento inaugural da descoberta do inconsciente, quanto em cada um dos retornos críticos que escandem seus avanços teóricos. Essa fidelidade ao discurso científico o conduziu, inclusive, a alguns desvios. Lacan lembra, a título de exemplo, a via escolhida do ideal da fisiologia de seu tempo — decidida a tornar o corpo uma máquina energética —, que marca para sempre a abordagem do inconsciente freudiano, inclusive a apreensão das funções do pensamento, nos termos matemáticos determinados pela termodinâmica.[48]

Em relação à hipótese da sexualidade infantil, o chamado de Freud à observação direta da criança, visando à demonstração de seus teoremas fundamentais sobre o psiquismo, levará alguns analistas a optar pelo atalho da psicologia do desenvolvimento. Para darem conta das lacunas da memória sobre o infantil, recorrem, então, a esse domínio de investigação distinto da psicanálise, que toma como base preponderante o desenvolvimento psíquico da criança. Por essa via, só é possível conceber a existência da sexualidade na infância ao preço de integrar o corolário da amnésia infantil na ordem dos elementos empíricos e observáveis da vida psíquica. É assim que se justificam os procedimentos biográficos, os questionamentos familiares, as extensas anamneses ou, ainda, outros métodos de verificação experimental.

Curiosamente, Freud não deixou de advertir sobre esse obstáculo, ao afirmar que "seria um erro aceitar como um fato natural o fenômeno da amnésia infantil ... . Dever-se-ía, de preferência, ver nesse fato um enigma singular".[49] É possível, portanto, afirmar que o infantil não corresponde à relação objetivável da criança com a realidade externa, e, sim, à verdade da incidência do real do sexo no inconsciente. Segundo esse ponto de vista, o psicanalista considera, em primeiro plano, a matriz particular das primeiras relações objetais, porém a partir da fantasia fundamental, pela qual se organiza a realidade para cada sujeito.

A preeminência da concepção empírico-dedutiva, na abordagem do infantil, terá como correlato uma assimilação entre o psíquismo e o corpo biológico, resvalando para uma perspectiva em que prevalece a hipótese do desenvolvimento progressivo da vida psíquica. Com base nesse referencial, o método de observação direta presta-se a consolidar as descrições dos estágios de desenvolvimento pulsional e a homogenizar o tempo — definido como cronológico — de aparição dos fenômenos. O conhecimento produzido serve de suporte para a compreensão do eu e a interpretação dos distúrbios relativos às suas funções. Estabelecem-se parâmetros e critérios bem delineados de normalidade para todos os casos, em que não há espaço para se considerar a complexidade estrutural do sujeito e todo o tortuoso processo de transformação do corpo vivo em sujeito da linguagem.

Dentre as formulações que levaram às últimas conseqüências o recurso à observação experimental, destaca-se a contribuição do embriologista e psicanalista René Spitz, que, estudando crianças hospitalizadas, reiterou essa tendência desenvolvimentista para a infância. Em seu livro *O primeiro ano de vida*, o uso da observação direta de bebês constitui o sustentáculo metodológico de seu enfoque sobre o desenvolvimento normal e anormal das relações objetais.[50] Spitz parte da constatação de que, "nas ocasiões em que [Freud] fala do objeto sexual, ele o faz, principalmente do ponto de vista do sujeito. Fala de investimento libidinal, de escolha de objeto, de descoberta do objeto e apenas, excepcionalmente, de relações de objeto".[51] Para ele, esse desconhecimento das relações objetais primordiais entre a criança e a mãe justifica a necessidade do uso de técnicas de administração da prova experimental,[52] totalmente distintas do método propriamente clínico. Sua ambição é, portanto, poder suturar essa lacuna do funcionamento psíquico infantil, mais-além da contribuição clínica do próprio Freud e de seus alunos.

Segundo uma perspectiva de investigação, em muitos aspectos, alheia ao dispositivo analítico, Spitz busca apreender o momento preciso em que surge a relação entre o sujeito e o objeto, a fronteira entre o mundo interno e externo, que, segundo ele, indica o ponto de partida do recobrimento do biológico primitivo pelo psíquico. Para esse autor, o desenvolvimento equivale, então, às aquisições educativas progressivas, pelas quais a criança se afasta de um estado arcaico original e alcança, na medida de suas adaptações, o estágio mais organizado do psiquismo, considerado como o padrão de comportamento relevante para as capacidades intelectuais e a aquisição da linguagem.[53]

Ao privilegiar, na observação de crianças, o registro das interações mãe/bebê, acreditando que a exatidão do vivido nessas relações de reciprocidade equivale à verdade, Spitz desconhece e "mascara a verdade do que se passa, durante a infância, de original".[54] Ora, o que o enigma singular da amnésia infantil introduz é, propriamente, uma antinomia entre saber e verdade. A opção de Spitz é resolver essa antinomia pela via de um saber sobre o desenvolvimento, previsto de antemão como um programa a ser percorrido, que se configura, pois, como uma gênese ideal. Não há como uma clínica que se constrói assentada sobre essa perspectiva do genetismo, sobre esse referencial do percurso somático e psíquico ideal para compensar as carências do ser vivo, deixar de ser, necessariamente, uma clínica adaptativa.

Capítulo IV

Melanie Klein e Freud

1. Inibição intelectual e relação de objeto

Pressupostos kleinianos da inibição intelectual

Em *Uma contribuição à teoria da inibição intelectual*, do início da década de 1930,[1] Melanie Klein propõe o essencial de sua contribuição ao problema da inibição intelectual. É visível que os mecanismos da inibição são isolados, nesse texto, segundo um enfoque explicitamente clínico, pois a maior parte dele compreende um relato detalhado da análise de um menino de sete anos. A queixa inicial desse tratamento é marcada por uma variada gama de manifestações, dentre as quais se destacam dificuldades na esfera da aprendizagem escolar. É exatamente isso que a autora sublinha logo no primeiro parágrafo: "A neurose do menino consistia, por uma parte, de sintomas neuróticos, por outra parte, de distúbios de caráter e, também, de *inibições intelectuais bastante graves*."[2]

A propósito do que interessa nessa investigação — esse terceiro tipo de manifestação clínica que são as inibições intelectuais —, Melanie Klein observa que as dificuldades da criança com relação aos estudos começam a se desfazer com o andamento do tratamento. Isso não quer dizer, contudo, que haja uma melhora efetiva do sujeito, o que implicaria a suspensão definitiva dos fatores causais determinantes das dificuldades na esfera da atividade intelectual. Em outros termos, com o progresso da análise, o menino em questão — que iniciara sua análise quando tinha cinco anos — tornava-se gradualmente menos inibido, mas alguns de seus principais embaraços ainda persistiam.[3]

Segundo Klein, a cura definitiva das inibições intelectuais só ocorre, efetivamente, após um trabalho de deciframento específico, que se realiza sobre os conteúdos psíquicos geradores dessas inibições. O que importa a essa autora — pela via do deciframento — é tentar fazer surgir um sentido fantasmático para além do sentido manifesto que pode resultar em dificuldade no estudo.[4] Sua proposta coincide com um dos modos de ação decisivo da análise freudiana, que é a interpretação das formações do inconsciente. Como se constatará mais adiante, as intervenções clínicas de Melanie Klein realizam-se segundo os princípios conceituais da clínica freudiana, em que se privilegiam não só as associações do paciente mas também certos recursos do simbolismo da língua.

Entretanto sua compreensão da sexualidade da criança em função dos primeiros estágios da libido e, por conseguinte, sua apreensão da fantasia inconsciente — cada vez mais centrada nas fantasias do corpo espedaçado e em lesões imaginárias do corpo da mãe —, a colocam numa via desviante com relação à obra de Sigmund Freud.[5] Em definitivo, o deciframento realizado por Klein afasta-se do deciframento simbólico do inconsciente freudiano em detrimento de determinados mecanismos — como a projeção e a introjeção —, mais de acordo com a postulação de Sandor Ferenczi sobre a relação dos estágios da libido com o sentido da realidade.[6] Portanto, a chave do deciframento do sentido manifesto da inibição revela as representações psíquicas mais arcaicas ligadas à libido pré-genital, tornando-as conscientes e, ao mesmo tempo, suprimindo as dificuldades na esfera intelectual.

A leitura do caso desse menino, chamado John, revela certas especificidades do procedimento kleiniano na análise das inibições. A analista toma como ponto de partida a própria temática ligada às dificuldades escolares, ou seja, os termos ou expressões em que a criança tropeça ou, mesmo, aqueles que traduzem e nomeiam seus erros e lapsos recorrentes. Propõe, então, à criança um intenso trabalho de associação livre de idéias. Para ela, o fruto das associações constitui a essência do material inconsciente ligado à inibição, que, por sua vez, constitui o alvo do trabalho interpretativo da analista.[7]

Cabe ressaltar que esse processo, visando diretamente às dificuldades escolares, só se introduz na cura mediante uma demanda explícita da criança. No caso estudado, por exemplo, John fala de suas dificuldades escolares por iniciativa própria e, ainda na mesma sessão, queixa-se de se sentir profundamente perturbado por elas. Quando isso ocorre, ele já se encontrava em tratamento havia mais de dois anos. Só nessa ocasião lhe é proposta, então, a livre associação de idéias, o que implica levar em conta os termos sobre os quais sua inibição se expressara. Isso permite constatar que, nesse caso, o material clínico da análise não é propriamente a inibição intelectual. Pode-se, então, afirmar que, para ela, o fundamento da cura não se confunde com o exercício de uma ação reeducativa e mesmo terapêutica, incidindo em especial sobre as dificuldades relativas aos estudos.[8]

Existe, sem dúvida, a visada de uma terapêutica eficaz das inibições intelectuais, mas, em decorrência da análise, sob transferência, das fantasias pré-genitais, sobredeterminadas pelas tendências sádicas. Essa perspectiva clínica, que se traduz basicamente em três pontos — transferência autêntica na criança em análise, ênfase sobre os estágios pré-genitais e dominação da pulsão de morte sobre a libido —, constitui o essencial da revolução, operada por Melanie Klein, acerca dos principais conceitos da doutrina analítica.[9]

Esse substrato da teoria kleiniana comprova toda sua força e amplitude no tratamento da inibição intelectual. A partir do momento em que a criança introduz a temática das dificuldades escolares no contexto da sessão de análise, esta será abordada como material psíquico que expressa o drama inconsciente vivido pelo pequeno paciente. Verifica-se, assim, que uma de suas principais hipóteses sobre a inibição intelectual é a de considerá-la como resultante de um conflito intrapsíquico decorrente de fantasias pré-genitais preponderantemente sádicas. Como já se afirmou, para ter acesso a tais fantasias inconscientes, o analista deve zelar pela associação livre de seu paciente. É somente num segundo tempo que poderá interpretá-las, visando à sua elaboração simbólica.

Cabe enfatizar, nesse estudo, a particularidade do trabalho de associação livre na análise de crianças. Melanie Klein considera tudo que o paciente diz, faz e sente na sessão como equivalente às suas produções inconscientes.[10] Isso constitui a própria essência da técnica do jogo forjada pela autora, uma invenção calcada na hipótese segundo a qual uma criança não produz associações verbais suficientes, tal como o fazem os pacientes adultos.[11] Sendo assim, o analista deve lançar mão de outros meios complementares para induzir sua fantasia, meios esses considerados por Klein como externos à regra analítica — o desenho, as histórias inventadas, o brinquedo, a água, ou o recorte, entre outros —, mas que possuem, a seu ver, o mesmo valor de discurso e a mesma capacidade para revelar as fantasias.

Portanto, no que concerne especificamente ao tratamento de crianças, as manifestações de atitudes e sentimentos durante a realização dessas atividades complementares possuem significações fantasmáticas inconscientes, sendo, portanto, plausíveis de interpretação.[12] Melanie Klein pressupõe que o analista, observando atentamente uma criança no momento do jogo, pode apreender a angústia impregnada no simbolismo inconsciente decorrente desse trabalho:

> Supondo que uma criança dê expressão ao mesmo material psíquico em várias repetições — muitas vezes de forma concreta por vários meios ... — e supondo ainda que eu possa observar que essas atividades particulares são predominantemente acompanhadas, no momento, por um sentimento de culpa, manifestando-se ou como ansiedade, ou como representações que implicam em supercompensação e que são a expressão de formações reativas — supondo, portanto, que eu chegue à intuição de certas conexões —, *neste caso interpreto esses fenômenos, ligando-os com o inconsciente e com a situação analítica.*[13]

Tal modificação radical no nível da técnica parece, sem dúvida, advir da concepção kleiniana de que a relação transferencial se estabelece na criança de forma imediata, em função de seu universo fantasmático. A potência atribuída às fantasias da criança tem como contrapartida a neutralização do papel dos pais na vida infantil, a ponto de tornar-se impensável, nesse sentido, qualquer empecilho no tocante ao estabelecimento da transferência na pessoa do analista. Esse raciocínio sustenta a recusa de Melanie Klein em conceber para o analista de crianças o papel de educador e, para a análise, a mera função de ortopedia pedagógica. Essa mesma potência das fantasias, que reforça o rigor do superego e antecipa sua origem, faz, também, com que ela recuse a atitude de maternagem compensatória, prática que, mais tarde, torna-se comum entre alguns analistas de crianças. Entretanto, a maior dedução dessa inovação na técnica, como se comprovará no caso de John, recai sobre sua apreensão da dimensão do conceito analítico da interpretação para a clínica com crianças. A interpretação adquire um alto grau de confiabilidade com a certeza de Melanie Klein de que o seu processo de deciframento das fantasias, ao tornar consciente o material inconsciente, ou seja, ao promover a elaboração simbólica dos conteúdos fantasmáticos, tem por conseqüência a eliminação radical e definitiva das inibições intelectuais e, mesmo, de qualquer outra manifestação sintomática.

A interpretação das relações objetais na clínica da inibição intelectual

No caso de John, o essencial do material analítico relacionado às suas inibições intelectuais é definido em apenas duas sessões de análise consecutivas. Na primeira, predominam associações, desenhos e atitudes. Na sessão seguinte, prevalecem as associações decorrentes do relato de um sonho tido na noite anterior e da relação dessas associações com o material do dia precedente. São esses os elementos que servem de base para a análise de Melanie Klein dos mecanismos em jogo na formação das inibições intelectuais, que, como se disse antes, recebem todo o fundamento no enfoque das relações de objeto, principalmente nas chamadas relações de objetos pré-genitais. Descreve-se, a seguir, como se sucederam tais sessões.

Primeira Sessão

Na escola, John não se saía bem nas aulas de francês. Suas notas baixas justificavam-se, sobretudo, em função de sua dificuldade em assimilar e correlacionar um significante ao seu devido significado. Ele confundia algumas palavras, não conseguia, de forma alguma, distingui-las e já se encontrava desesperado com a insistência desse erro. Os professores pareciam crer que a relação entre significante e significado constituía o ponto inicial do aprendizado de uma língua. Por isso, afixavam, nas paredes da sala de aula, vários quadros representando diversas imagens com seus respectivos signos escritos, que eram confeccionados, justamente, para ajudar as crianças na assimilação correta dos termos.[14] Mesmo assim, John continuava cometendo seus erros. Confundia, de forma reiterada, três palavras da língua francesa — *poulet, poisson* e *glasse*, que, como se sabe, equivalem, em português, respectivamente, a "frango", "peixe" e "gelo". Sempre que argüido sobre o sentido de uma dessas palavras, respondia, invariavelmente, substituindo seu significado pelo de uma das outras duas palavras. Desse modo, quando o interrogavam sobre o que queria dizer *poisson* (peixe), respondia "gelo"; se a pergunta era sobre o significado de *poulet* (frango), respondia "peixe" e assim por diante. Durante essa primeira sessão de análise, queixou-se, pois, dessa confusão atroz que o estava incomodando profundamente.

Melanie Klein aborda essa sua dificuldade, interrogando-o sobre o sentido de cada uma dessas palavras. Pergunta-lhe, inicialmente, em que *poulet* (frango) o fazia pensar e, em seguida, faz o mesmo com as outras duas palavras. Visando-se explicitar o cerne do método clínico empregado, esquematizei, em quadros, as produções do sujeito e intervenções mais marcantes da analista. Esses quadros são apresentados e discutidos em seqüência.

QUADRO I*

	TERMO	ASSOCIAÇÃO VERBAL	DESENHO	ATITUDE
1º	Frango *(Poulet)*	**I1**: "Em que essa palavra faz você pensar?" **A1**: "Uma raposa entrando num galinheiro." **I2**: "A que horas?" **A2**: "Às quatro horas da tarde. A raposa entra e mata um pintinho."	Uma casa	Balança as pernas e dá pontapés. Recorta, no desenho, o teto da casa. **I3**: "O que você desenhou ?" **A3**: "Não sei."

* Neste quadro, utilizo **I1** para a primeira intervenção do analista e **A1** para a respectiva associação da criança. Nos próximos quadros, adotei a mesma referência, fazendo corresponder a numeração cardinal com a ordem seqüencial das intervenções.

Deve-se, em primeiro lugar, destacar a associação decorrente da palavra frango, expressa mediante as seguintes frases: "Uma raposa entrando num galinheiro." "Às quatro horas da tarde." "A raposa entra e mata um pintinho." Para Klein, a raposa simboliza o próprio menino que entra em sua casa, às quatro horas da tarde — aproveitando um horário em que sua mãe não se encontra presente — e, então, sacrifica seu irmãozinho mais novo. Pode-se perguntar, de saída, o que permite à analista formular tal hipótese interpretativa. A resposta, que encontra no texto, justifica a apreensão desse sentido no fato de o paciente já ter apresentado, em sessões precedentes, fantasias iguais a essa, de cunho fortemente agressivo e endereçadas ao irmão de quatro anos: tudo indica que, em outra ocasião, John teria revelado o seu desejo de ficar a sós com o irmão, por um breve instante, para pôr em prática tais fantasias.

De uma maneira geral, segundo esclarece Klein, a inibição pode decorrer de fantasias de ataque desse gênero, em função da grande culpabilidade que provoca na criança. Na sua concepção, a instância do superego forma-se, para todo sujeito, logo nos primeiros anos de vida e, assim, encontrando-se em plena atividade desde cedo, age com toda severidade, gerando uma intensa culpa diante de tais desejos inconscientes. Essa ação do superego frente às fantasias agressivas é comumente a responsável pela produção das inibições intelectuais. Nesse caso, a causa motivadora dessas fantasias encontra sua explicação parcial no intenso ciúme que a criança sente de um bebezinho, que desfruta, com deleite, o seio da mãe.[15] Ressalta-se, nessa hipótese da autora, a relação de causalidade estabelecida entre o seio, objeto oral por excelência, e a inibição intelectual. De fato, como se comprovará mais adiante, os elementos explicativos dos distúrbios da aprendizagem escolar vão encontrar seu fundamento na potência das fantasias provenientes da frustração vivida pelo sujeito com seus objetos primordiais.

Voltando ao material da primeira sessão — sintetizado no Quadro I —, é no momento de sua primeira associação que John esboça uma casa. No momento da última, recorta, nesse seu desenho, o teto da casa, afirmando, em seguida, não saber o que desenhara ali. Essa atitude de cortar o teto da casa indica, para a analista, que o conteúdo fantasmático inconsciente se tornou consciente para o paciente. Se John tenta dissimular seu desenho, é porque este lhe revela, com todos os detalhes, a relação existente entre o sentido da palavra "frango" e seu antigo desejo de entrar em casa escondido e atacar o irmão. Essa conscientização é pretendida pelo tratamento, pois faz parte do chamado processo de simbolização, que é possibilitado pela interpretação e promove o desenlaçar da angústia. Apesar de tal simbolização ter ocorrido, o paciente, ainda durante a primeira sessão descrita, dá mostras da presença de uma forte carga de angústia, que emerge em função desses conteúdos ligados à sua dificuldade escolar. Essa informação é o que a analista recolhe do material fornecido pela criança por meio do balanceio de suas pernas e dos pontapés na beirada da mesa. Trata-se de "detalhes da conduta geral do paciente"[16] que apontam para a existência de outras significações inconscientes mais arcaicas, ainda pouco simbolizadas pela criança. Como se demonstra no Quadro II, a angústia inerente a essas atitudes tem como correlata a produção de inibição durante a sessão, o que limita as associações, solicitadas pela analista, a partir dos outros dois termos — "peixe" e "gelo".

QUADRO II

	TERMOS	ASSOCIAÇÃO VERBAL	DESENHO	ATITUDE
2º	Peixe *(Poisson)*	**I1:** "Em que essa palavra faz você pensar?" **A1**: "Peixe frito é muito bom e eu gosto."	Um hidroaviã o e um barco.	Dá pontapés mais violentos. Abre e fecha a tesoura diante dos olhos, tentando cortar os cabelos.
3º	Gelo *(Glasse)*	**I2:** "Em que essa palavra faz você pensar?" **A2**: "Um grande pedaço de gelo é bonito e branco. Torna-se rosa primeiro, e, depois, fica vermelho." **I3:** "Por que?" **A3:** "Ele derrete." **I4:** "Como assim?" **A4**: "O sol brilha sobre ele."		Recorta o hidroavião e o barco e vai verificar se flutuam sobre a água.

A associação produzida por John a partir do segundo termo — "Peixe frito é muito bom e eu gosto" — reintroduz a relação com o objeto oral, uma vez que se refere a uma das atividades do eu, que é a incorporação do alimento. O termo "peixe" encobre, portanto, o mesmo conteúdo ideativo oculto no termo "frango". Esse fato leva a analista a encorajar seu paciente a dar continuidade à temática da oralidade. O que ocorre, entretanto, é sua inibição para prosseguir as associações e sua tentativa automutiladora, que consiste em cortar o próprio cabelo. Como se assinalou antes, essas atitudes são interpretadas como sinal de angústia. Em relação ao desenho — o barco e o hidroavião —, John não tece nenhum comentário, o que vem reforçar a hipótese de inibição em função da manifestação de angústia.

Já as associações decorrentes do terceiro termo — "gelo" — são menos restritas, porém absolutamente enigmáticas. "Um grande pedaço de gelo é bonito e branco." "Torna-se rosa, primeiro, e, depois, fica vermelho." "Derrete." "O sol brilha sobre ele." Esse tipo de verbalização — menos inibida, tanto quantitativa quanto qualitativamente, no que concerne ao material inconsciente — pode surgir, dessa maneira, devido à manifestação da angústia anteriormente declarada pela conduta da criança. Como já foi assinalado, o surgimento da angústia, no tratamento, favorece o desaparecimento da inibição, que, por sua vez, permite o aflorar de material mais arcaico.[17] É por isso que, em comparação com as associações relativas ao termo "peixe", surgem, agora, em maior número e com um conteúdo dificilmente interpretável. Na verdade, todos os elementos não compreendidos pela analista nesta sessão só ganham esclarecimento a partir do material introduzido no dia seguinte. Por último, ainda na mesma sessão, John recorta, na folha de seu desenho, o barco e o hidroavião, para verificar se flutuam sobre a água. Essa sua atitude é tomada como uma tentativa de utilizar esses veículos para escapar de toda a ameaça revolvida pelos conteúdos inconscientes.

Segunda Sessão

A primeira frase do menino, ao encontrar a analista no dia seguinte, anuncia que ele tivera um sonho naquela mesma noite, incitado pelos elementos abordados antecedentemente. "O peixe era um caranguejo", diz ele, deixando claro, também, que tivera um verdadeiro pesadelo. Não se pode deixar de notar o efeito surpreendente das interpretações do material da criança. De fato, esse sonho de angústia é o produto do trabalho analítico que coincide com aquilo que Melanie Klein espera da cura: atingir o cerne do mundo pulsional, mediante uma depuração do simbolismo sexual que se adere aos conteúdos da realidade. No tratamento em discussão, o paciente faz justamente esse percurso, passando dos conteúdos escolares aos conteúdos subjacentes, relativos ao mundo pulsional, ou, em outros termos, atingindo o real da pulsão pela via do símbolo. Essa trajetória evidencia-se por meio das interpretações do material do sonho de John, cuja transcrição textual, apresentada pela analista, é a seguinte: "... John estava em pé sobre um cais, à beira do mar, onde frequentemente ia com sua mãe. Devia matar um caranguejo enorme que saía da água e subia no cais. Atira nele com seu pequeno revólver e o mata com sua espada, o que não foi muito eficaz. Tendo matado o caranguejo, teve que matar um outro e outros mais que continuavam a sair da água, sem fim."[18]

O eixo central dessa produção onírica, ao redor da qual gira todo o movimento no sonho, é a tarefa, imperativamente ao sonhador, de ter de matar o caranguejo. Fica evidente, nesse relato, que esse caranguejo representa, para o menino, uma ameaça que se precipita em sua direção, da qual deve defender-se a todo custo. É esse ponto paranóico ou persecutório, que é contemplado, logo de saída, pela primeira intervenção da analista, tendo-se em vista a obtenção de novas associações. No Quadro III, está esquematizado o que se produz, então, como associação e, em seguida, no Quadro IV, apresentam-se os principais símbolos desse sonho e suas interpretações formuladas dentro do sistema kleiniano. São essas interpretações que fornecem a chave para a compreensão dos mecanismos em jogo nas inibições intelectuais.

QUADRO III

ASSOCIAÇÃO VERBAL	ATITUDES
I1: "Por que razão você deve matar os caranguejos?" **A1:** "Para impedi-los de ir para o mundo, porque teriam matado o mundo inteiro." **A2:** "Estou flutuando na água e os caranguejos me cercam por todos os lados."	Coloca-se na mesma posição do dia anterior, dando pontapés cada vez mais fortes em volta de si. **I2:** "Por que você está dando pontapés?"

I3: "Mas você não estava sobre o cais?" **A3:** "Sim, mas eu caí na água já faz tempo." **A4**: "Os caranguejos queriam, sobretudo, penetrar num grande pedaço de carne, sobre a água, que parecia uma casa." **A5**: "Era carne de carneiro, sua carne preferida." **A6:** "Eles nunca estiveram lá dentro, mas poderiam entrar pelas portas e janelas."	

QUADRO IV

SÍMBOLOS ONÍRICOS	INTERPRETAÇÃO DOS SÍMBOLOS ONÍRICOS
S1: A cena sobre a água	**I1:** O interior da mãe; o mundo.
S2: A casa de carne	**I2:** O corpo da mãe e o seu próprio corpo (ao mesmo tempo).
S3: Os caranguejos	**I3.a:** O pênis do pai: aqueles numerosos, gordos como elefantes, pretos por fora e vermelhos por dentro; alguém os havia escurecido e assim eles tornaram tudo na água escuro; entraram no mar pelo outro lado.
	I3.b: Seu próprio pênis — aquele que era quase do tamanho de uma lagostinha, vermelho por dentro e por fora.
	I3.c: As fezes da criança: que são os perigosos animais que, sob sua ordem (por um tipo de mágica), entrariam no corpo de sua mãe, danificariam e envenenariam esse corpo, bem como o pênis do pai.

A interpretação do conteúdo latente desse material manifesto do sonho ressalta, com intensa evidência, a preponderância atribuída aos objetos libidinais. Vê-se, conforme indicado no Quadro IV, que a água do mar simboliza o interior do corpo da mãe — continente, por excelência, do objeto oral: o seio —, e de todos os outros objetos da vida psíquica da criança nos primeiros estágios de seu desenvolvimento; a casa de carne também representa o corpo da mãe e, ainda, o corpo da criança; e os caranguejos simbolizam, ao mesmo tempo, o objeto fálico — o pênis do pai e o pênis da própria criança — e o objeto anal — as fezes da criança.

Esse tipo de interpretação, característico da prática kleiniana, apóia-se nas teorias ditas das relações de objeto, relações consideradas anteriores ao complexo de Édipo, mais primitivas e, portanto, mais determinantes. Dentro dessa perspectiva, a interpretação visa desvelar o sentido inconsciente dos objetos da vida real, mediante o estabelecimento de uma equivalência entre estes e os objetos da vida psíquica. Cabe ressaltar que tal procedimento, desde o início das postulações de Klein, é alvo das mais severas críticas. Anna Freud foi a primeira a denunciar o fato de tal interpretação ultrapassar o limite daquilo que a criança pode observar da realidade de sua vida cotidiana. No livro *O tratamento psicanalítico de crianças*, ela isola alguns exemplos das intervenções de sua rival, para demonstrar como estas se sustentam num sistema interpretativo previamente definido, pretendendo-se universal.[19] Essa é, entre as críticas referidas, a que ganhou mais vigor nos anos subseqüentes, mas, acredita-se, a análise detalhada desse caso de inibição em John demonstra sua insuficiência.

Nada permite afirmar que o simbolismo utilizado por Klein se encerra num sistema pré-definido, em que algumas figuras convencionais são expressamente determinadas para representar conteúdos inconscientes. Com isso, pretende-se lembrar que nem sempre o termo "água" vai simbolizar a figura da mãe e seus conteúdos objetais. Inexiste, nos trabalhos dessa analista, uma lista enumerando cada uma das coisas que poderiam representar os símbolos oral, anal e fálico. Por outro lado, fica evidente que o simbolismo presente no jogo e nas atitudes da criança, durante a sessão, são explorados de maneira bastante significativa. Muitas das possibilidades de representação inerentes aos símbolos são usados para a leitura das fantasias subjacentes aos conteúdos manifestos do sonho e das associações da criança. É o que a análise do material de John nos testemunha quando, por exemplo, os movimentos de abrir e fechar as lâminas da tesoura vão evocar para a analista as garras do caranguejo: "(*Esses movimentos*) tinham representado os caranguejos que o mordiam e cortavam e, por isso, (*John*) desenhara um barco e um hidroavião, em que pudesse escapar."[20]

Nesse caso, uma equivalência é estabelecida entre o movimento das lâminas da tesoura e o movimento das patas de um caranguejo e entre o corte e a mordedura do animal. Vê-se que a simbolização é desconstruída, observando-se os pontos de similitude entre a forma e a função dessas duas coisas distintas, o que resgata a própria definição do símbolo enquanto algo que substitui uma coisa por um princípio de analogia. Entretanto, o que mais importa ao analista nesse exemplo é o fato de as duas representações constituírem ameaças para o próprio corpo da criança, em resposta, provavelmente, aos seus próprios desejos sádicos contra o corpo da mãe e o pênis do pai. Tanto a tesoura quanto o caranguejo expressam, antes de tudo, o conteúdo persecutório que acompanha o material inconsciente. Esse simbolismo não se encontra definido *a priori* e só se esclarece a partir da teoria das relações de objeto, tal como concebida por Melanie Klein.

Pode-se citar, ainda, um outro exemplo do uso da analogia para a representação de uma coisa pela outra. Tal exemplo se explicita quando John é convidado a fazer associações a partir da palavra "gelo". Nesse momento, ele escolhe o lápis de cor amarelo, entre vários outros, e começa a fazer pontos e orifícios num pedaço de papel, que termina em tiras. Em seguida, usando uma lâmina, descasca a capa amarela do lápis: "O lápis amarelo representava o sol, que simbolizava seu pênis e sua urina, ambos ardentes."[21]

Nesse caso, a cor do lápis eleita pelo menino evoca a cor da urina e a cor pela qual convencionalmente se representa o Sol; e, por outro lado, a forma do lápis é a mesma do pênis. Portanto, as equivalências de forma e cor sustentam a substituição. Um outro recurso utilizado para destrinchar as simbolizações é a homofonia das palavras: "Também por associação, a palavra *sun* — sol — representava para ele o *son* — filho. ... O sol tinha outro significado a mais, como pênis sádico do pai, pois, enquanto estava descascando o lápis, disse uma palavra constituída do verbete *go* — ir — e do nome de batismo do seu pai."[22]

Com efeito, Melanie Klein lança mão de todas essas possibilidades de substituição, mas o que chama a atenção é o fato de essas defesas se sustentarem numa trama explicativa, que encontra sua razão de ser na particularidade e na potência das fantasias do estágio pré-genital. Assim, se o lápis amarelo evoca a urina é porque esta, enquanto parte do próprio corpo, é investida libidinalmente e se transforma "na fantasia em uma arma perigosa: urinar equivale a cortar, apunhalar, queimar, afogar".[23] Nessa perspectiva, o sol, que arde sobre o gelo e o derrete, simboliza a urina e o pênis do menino exercendo uma ação sádica contra o corpo da mãe. Esse conteúdo reflete o mundo interno fantasmático do sujeito, ou seja, suas primeiras experiências com o objeto. Esse tipo de articulação constitui a essência daquilo que Klein apreendeu do simbolismo sexual do inconsciente. É uma formulação teórica absolutamente original, em que o privilégio do imaginário das fantasias, na constituição do mundo simbólico, faz com que os símbolos tenham um outro valor para além do valor de símbolo enquanto tal.[24]

Sabe-se que a psicanálise não concebe a constituição de uma chave de sonhos ou, melhor dizendo, de um dicionário universal de símbolos, que permitiria traduzir todos os conteúdos latentes das formações do inconsciente. Ainda que Freud admita a idéia de que a cultura e a língua veiculam símbolos que valem para todos — ou seja, a existência de um simbolismo sexual —, sua prática de interpretação leva em conta as associações do sujeito, que é o único capaz de indicar um novo sentido ou estabelecer conexões para um dado elemento. No caso da clínica kleiniana, as associações do paciente são, sem dúvida alguma, de fundamental importância enquanto fonte de material psíquico. Entretanto, o que parece mais determinante na orientação das interpretações é uma concepção extremamente original do simbolismo sexual, em função de um geneticismo das fantasias. Nesse ponto, Melanie Klein desvia-se de Sigmund Freud de forma radical. Pode-se mesmo considerar esse geneticismo das fantasias como o nó górdio de sua doutrina do simbolismo, que permanece absolutamente enclausurado numa perspectiva imaginária até o desenvolvimento da obra de Jacques Lacan sobre esse tema.[25]

O processo de formação dos símbolos integra um conjunto de outros processos psíquicos característicos dos primórdios do desenvolvimento da vida mental do sujeito, dentre os quais se destacam a sublimação e o complexo de Édipo. Todos eles, determinados pela potência do mundo fantasmático, podem ser considerados como os pedestais da interpretação na clínica kleiniana. Considerando-se, a partir da análise do caso de John, que a interpretação constitui a via régia da cura da inibição intelectual, faz-se necessária a compreensão desses mecanismos psíquicos, para a delimitação do substrato das intervenções do analista sobre a inibição. O essencial de cada um desses processos é obtido na análise do sonho e na teoria da inibição intelectual. Após a explicitação desses mecanismos, retomar-se-á a explicação final da cura da inibição de John, que, também, traduz o núcleo da teoria de Melanie Klein sobre a inibição intelectual.

O simbolismo sexual na origem da inibição

A tese de Melanie Klein sobre a formação do símbolo apóia-se na existência de um estágio precoce do desenvolvimento psíquico, anterior ao estágio do complexo de Édipo e determinado pela ação do sadismo sobre todas as fontes do prazer libidinal.[26] Neste estágio primordial, as frustrações vividas pela criança em relação ao objeto parcial, em especial o seio — verdadeira matriz das futuras "relações de objeto" —, constituem os traumatismos da infância. Na chamada fase pré-genital, a criança passa, nccessariamente, por dois traumatismos: o primeiro emana da perda do objeto oral em função do desmame e o segundo, logo a seguir, decorre da introdução da aprendizagem do controle esfincteriano.[27] Esses dois traumatismos são os verdadeiros geradores do sentimento de ódio, que desperta desejos sádicos oral e anal. A frustração, portanto, um dos conceitos nodais da teoria kleiniana, encontra-se na gênese das fantasias sádicas que vão impedir a criança de estabelecer relações positivas com sua mãe. Tal concepção da vida psíquica — segundo a qual as relações fundadas sobre o império de fantasias sádicas, determinam as relações com o mundo externo — explica, por si só, o motivo pelo qual Klein vai rebaixar o papel dos pais, do meio e da educação, tanto na vida infantil de maneira geral, quanto na análise de crianças. O que importa é, antes, o mundo pulsional e a capacidade inata para suportar as frustrações.

O sadismo surge no final da fase oral do estágio pré-genital. As tendências sádicas orais manifestam-se, a princípio, pelo desejo de devorar o objeto primordial: o seio da mãe ou ela mesma por inteiro. Num segundo momento, ele é reforçado pelas tendências sádico-anais, quando o alvo principal do sujeito passa a ser a apropriação não só do seio mas de todos os conteúdos do corpo da mãe e a destruição desses com as armas simbolicamente características do sadismo. A criança espera encontrar no interior do corpo materno: "(a) o pênis do pai, (b) os excrementos e (c) as crianças, *sendo todos estes elementos assimilados a substâncias comestíveis*."[28] Deve-se ressaltar, antes de tudo, que esses três objetos são assimilados ao elemento da necessidade oral, o que retifica o lugar central atribuído ao seio, enquanto protótipo de todos os outros objetos sitiados no interior do corpo da mãe. Por outro lado, chama a atenção o fato de o pênis paterno integrar esse sítio, tornando-se, desta maneira, um objeto pertencente à mãe. Klein sustenta a presença do pênis na mãe, mediante um conhecimento inato das relações sexuais, que se revela nas teorias sexuais infantis, ou seja, nas construções elaboradas pelas crianças para dar conta do enigma do sexo: "Segundo as mais primitivas fantasias (ou "teorias sexuais") da criança concernindo ao coito dos pais, o pênis do pai (ou todo o seu corpo) é incorporado pela mãe durante o ato sexual. Os ataques sádicos da criança têm assim, por objeto, tanto o pai quanto a mãe; nas suas fantasias, ela morde seus pais, rasga-os, desfia-os ou corta-os em pedaços."[29]

Esse símbolo fantasmático arcaico substitui, na verdade, o traumatismo freudiano da cena primitiva. Ele revela a imagem kleiniana dos "pais combinados" que se mostram unificados em uma relação sexual ininterrupta. Trata-se do mito de um gozo contínuo, imune à castração, em que há uma indiferenciação da figura do pai em detrimento da mãe, concebida como Outro absoluto.[30] A construção desse Outro materno, feita unicamente a partir da experiência subjetiva do sujeito com os objetos parciais[31] e, ainda, a postulação de um saber inconsciente inato sobre a função do pênis e da vagina no ato sexual promovem a introjeção do seio, do pênis e da vagina, que se tornam os alvos privilegiados dos ataques sádicos. Esses órgãos serão atacados pelos objetos parciais simbolizados, sobretudo, a partir da fase anal:

> Minha experiência ensinou-me que os ataques fantasmáticos contra o corpo da mãe atribuem um papel considerável ao sadismo uretral e anal que se integra desde cedo ao sadismo oral e muscular. Nas fantasias, os excrementos são transformados em armas perigosas: urinar equivale a cortar, apunhalar, queimar, afogar, enquanto as matérias fecais são assimiladas a armas e projéteis.[32]

Vê-se que a pulsão agressiva — interpretação kleiniana da pulsão de morte freudiana — se encontra no ponto central dessas representações que se expressam no vocabulário oral e anal. Com todo esse arsenal sádico, os desejos destrutivos, decorrentes das frustrações vividas com o objeto real da satisfação oral, ganham expressão nas fantasias contra os objetos introjetados. O que ocorre, porém, é que essas fantasias fazem a criança imaginar a possibilidade de uma represália. Os objetos vão encontrar-se na condição de contra-atacá-la, com a mesma intensidade, tal como ilustra a Lei de Talião — "olho por olho, dente por dente". Quanto maior a carga de sadismo, maior o temor do reverso da agressão e, conseqüentemente, maior a angústia que emana da imaginação desse conflito.

Diante desse mundo pulsional feito de libido mesclada de agressividade, a relação do sujeito com o objeto primordial é colocada em risco. A ação do sadismo produz essa angústia do tipo persecutória, que assinala a possibilidade da destruição do objeto. A intensa quantidade desse afeto persecutório força uma reação da instância do eu, no sentido de providenciar uma defesa capaz de dominá-lo. Neste momento inicial, o eu — primitivo, ainda bastante rudimentar —, quando é compelido a agir para enfrentar as tendências pulsionais sádicas, coloca em funcionamento uma primeira defesa de natureza violenta e anterior ao mecanismo do recalque.[33] Processa-se, nesse tempo, uma identificação, que se traduz na assimilação dos objetos pulsionais a objetos do mundo externo. Por intermédio desse mecanismo, a angústia é expulsa do psiquismo, ou seja, ela se transfere, juntamente com a libido, para novos objetos.[34] "Devido a uma tal equivalência estas coisas tornam-se, por sua vez, objetos de angústia, e a criança é assim obrigada a estabelecer sem cessar novas equações, que constituem *o fundamento* de seu interesse por objetos novos e *do próprio simbolismo*."[35]

É nos moldes desse funcionamento defensivo que o simbolismo sexual do inconsciente se associa aos objetos e, também, às atividades e interesses particulares do sujeito. Na sua essência, "a formação do símbolo é o único meio pelo qual as fantasias libidinais se ligam, sobre o modo do simbolismo sexual, aos objetos".[36] Em "A análise infantil", Klein ilustra essa associação, reconhecendo, no prazer do movimento, dos jogos e das atividades atléticas, a ação da significação simbólica sexual, que pode adquirir o *status* de pista ou quadra de jogo como representantes do corpo da mãe, enquanto o andar, o correr e todos os movimentos atléticos representam a penetração desse corpo. Ao mesmo tempo, os pés, as mãos e o corpo que realizam as atividades, pela mesma identificação anterior, passam a ser os equivalentes do pênis, servindo para atirar, sobre o corpo da mãe, as fantasias de satisfação próprias a esse órgão.[37]

Esse exemplo ilustra, de maneira ímpar, como o simbolismo sexual, que é transferido para as atividades do eu, constitui o próprio processo de sublimação, ou seja, a possibilidade de o sujeito investir, numa ação externa, a energia psíquica fantasmática. Mais ainda, demonstra que, no exercício de tal ação, o objeto genital característico da fase edípica — o pênis — entra simbolicamente em atividade sexual, numa relação com o corpo materno. Eis aí a intricação fundamental do simbolismo, da sublimação e do complexo de Édipo na teoria kleiniana, que quando se revela complicada, de diferentes maneiras, em função das fantasias, provoca graves inibições intelectuais. Ver-se-á a articulação desse tripé na teoria e sua exploração nas interpretações do material de John.

Observa-se, inicialmente, que o estágio preliminar da formação de símbolos e de todas essas possibilidades de associação é uma modalidade de identificação, permitindo a projeção da libido e do simbolismo sexual sobre os objetos da realidade.[38] Enquanto, em Freud, é a identificação paterna e o complexo de Édipo que fornecem o sentimento da realidade, em Klein, a relação do sujeito com o mundo externo edifica-se sobre esse simbolismo da relação de objeto, numa gênese puramente imaginária do princípio de realidade, que não introduz jamais um elemento terceiro, simbólico — seja a cultura, seja a história dos pais. Não é o mito freudiano do pai morto que vem dar conta de um encontro entre o interno e o externo, entre a fantasia e o real,[39] e, sim, as fantasias relativas ao objeto primordial — notadamente a mãe, enquanto ela é o seio e, este, a matriz de todos os objetos.

Remontando à *gênese do simbolismo*,[40] que se inicia com a primeira identificação, depara-se, em primeiro lugar, com a satisfação primária — auto-erótica —, promovendo a descoberta dos órgãos do próprio corpo; em segundo, a redescoberta desses órgãos e de suas funções sobre os objetos do mundo externo. Esses dois momentos expressam a evolução da libido, de narcísica a objetal, que depende da comparação e identificação dos objetos internos aos externos. Inaugura-se, ao mesmo tempo, o simbolismo, e é pela via da produção dos símbolos que a criança pode retirar satisfação dos novos objetos e das atividades a eles relacionadas, que, na sua origem, não tinham nenhum valor de prazer. Em outras palavras, a criança começa a obter satisfação nas atividades propostas pela cultura, o que equivale à sublimação.

No que concerne à sublimação na acepção kleiniana, destacam-se a precocidade de seu surgimento e o fato de constituir um elemento integrante do desenvolvimento psíquico. A capacidade de sublimação do sujeito varia em função das particularidades de sua constituição hereditária e de sua vivência infantil.[41] A disposição para tolerar as frustrações, por exemplo, é um dos componentes inatos que combinam com as experiências decorrentes das trocas com o mundo externo, podendo, estas últimas, ser frustrantes, em maior ou menor grau. No tempo da sublimação — que se estabelece, como se viu, com a promoção dos símbolos e tem como estágio preliminar a primeira identificação defensiva —, o mecanismo do recalque ainda não entrou em funcionamento. Para Klein, este último só é ativado, de fato, com o complexo de Édipo que libera uma nova fonte de angústia devido ao surgimento do medo da castração.[42]

Inibição, superego e Édipo precoce

O conflito edípico, como assinalado anteriormente, provoca uma nova grande onda de angústia. O mecanismo do recalque entra em ação para drenar o excesso de afeto, e, nesse mesmo momento, consolida-se a formação do superego. É como mecanismo de defesa que o recalque intervém. O novo volume de angústia decorrente da libido genital vai reanimar as experiências angustiantes de frustração vividas no primeiro estágio — oral e anal —, colocando em risco a defesa identificatória processada até então.[43] Em suma, a angústia suscitada pelas primeiras frustrações, ou castrações primárias, que já estaria investida de maneira satisfatória, por intermédio da sublimação, reaparece no cenário psíquico, acrescendo a angústia de castração própria ao período edípico que se inicia.

Nesse ponto, Melanie Klein questiona sua própria elaboração, perguntando-se como é possível que um afeto já investido retorne na sua forma livre e de maneira avassaladora. Em outros termos, sua questão consiste em saber por que a angústia proveniente das relações objetais, que encontrara escoamento pela via da sublimação, reaparece no psiquismo durante o período edípico, caracterizando as relações com o novo objeto — o objeto genital —, pelo sadismo oral e anal. Para explicar esse fato, ela parte daquilo que poderia ser considerado, do ponto de vista da dinâmica do aparelho psíquico, como o processo sublimatório ideal. Este último — por ela designado *sublimação bem-sucedida* — consistiria no investimento da libido nos objetos, de forma que o simbolismo sexual fosse inteiramente absorvido por uma tendência do eu. Trata-se de um investimento libidinal em que as situações de prazer recebem uma representação consonante com uma das atividades do eu, o que lhes permite, mediante o simbolismo, se despojarem de seu caráter sexual, por intermédio do próprio exercício dessas atividades. O que se deve acentuar é que, ao adquirirem essa configuração especial, as pulsões sexuais podem coexistir harmoniosamente fusionadas ao eu, descarregando seus conteúdos fantasmáticos nas atividades cotidianas, de forma integral e sem gerar conflitos. Nesse processo sublimatório ideal ainda não há intervenção do recalque, que só se processa, de fato, no momento do complexo de Édipo.[44] Em última análise, essa modalidade de sublimação, característica do período das primeiras relações objetais, é concebida como uma aptidão para manter a libido em estado de não-descarga, sempre investida nos objetos e atividades a estes relacionadas: "Quando é assim que as coisas acontecem, as fixações fornecem à tendência do eu a soma de afeto que age como estímulo e força propulsora do talento; uma vez que a tendência do eu lhes deixa o campo livre para se exercerem em concordância com o eu, elas permitem que a fantasia se desdobre sem entraves, e, assim, elas mesmas são descarregadas."[45]

Contudo, diante do impasse do ressurgimento da angústia que já tinha sido investida por meio da sublimação, essa formulação de Klein passa a admitir um aspecto econômico preciso, a saber, que parte do afeto é descarregado antes mesmo do início da operação sublimatória. Essa reformulação teórica também implica a admissão de uma insuficiência dos primeiros processos psíquicos para lidar com a libido sexual, visto que uma parcela do afeto que fora transformado e fusionado ao eu sempre escapa ao investimento. Os afetos que não são sublimados teriam "se descarregado sob a forma de uma angústia, cuja primeira fase não pôde ser manifesta ou passa desapercebida".[46] É essa porção que se adere à angústia gerada pelos conflitos inconscientes futuros, configurando um estado de excitação excessivo no interior do aparelho psíquico. Baseando-se no texto *Metapsicologia* de Freud, Melanie Klein pressupõe que essa angústia, que não pôde se manifestar, "resta no inconsciente como uma disposição virtual".[47] Assim, no momento em que o conflito da fase subseqüente — conflito edípico — introduz, no psiquismo, uma nova fonte de angústia, esta — a angústia de castração — toma proporções importantes, acrescendo-se daquela soma de afeto que se encontrara em estado livre no inconsciente. Em função desse acúmulo excessivo de afeto, uma nova defesa mais desenvolvida é acionada. É o mecanismo do recalque que entra em funcionamento, tendo como conseqüência a inibição de parte das tendências do eu já investidas.[48]

Sempre se apoiando nos textos de Freud,[49] a elaboração kleiniana vai destacar o mecanismo da inibição e privilegiar sua ação no tocante aos processos de ligação, descarga ou transformação dessa angústia livre, presente no psiquismo como disposição virtual. Postula-se que a inibição é fundamental para o desenvolvimento de todo o indivíduo e, mesmo, da condição da cultura, só se podendo definir um estado patológico em função do fator quantitativo.[50] Se a inibição é vital para a sublimação, é porque ela assegura o sucesso do recalque. Ainda quando este último atinge seu objetivo no que concerne à eleição de um elemento ideacional, só se poderia falar de recalque bem-sucedido no caso de não haver, logo após sua efetivação, o reaparecimento de desprazer ou de angústia no psiquismo. Se a inibição não se processa, em seguida, para impedir a reincidência da angústia, ocorre a formação de sintomas. Esse trabalho inibitório subseqüente faz da inibição um mecanismo defensivo indispensável não só para garantir o sucesso do recalque, mas também para manter a sublimação.[51]

Assim, a inibição é definida como uma "medida defensiva", que domina as tendências libidinais perigosamente excessivas por meio de "medidas restritivas".[52] Para essa ação se processar, é necessário que, inicialmente, *algumas tendências do eu tenham recebido um forte investimento libidinal.* O que ocorre de imediato, com a inibição, é que "uma certa quantidade de angústia se distribui entre essas tendências de tal maneira que não aparece mais sob a forma de angústia, mas sob a forma de desprazer, angústia moral, inépcia".[53] Vê-se que essa redução no campo do eu pressupõe uma intensa sublimação. Se a inibição evita a formação de sintomas é porque transfere e descarrega a libido supérflua, mantendo, porém, em um certo nível, o investimento sublimatório. É em função desse aspecto que as inibições são consideradas fundamentais para que o homem adquira saúde mental. Essas medidas restritivas "como resultado de um recalque bem-sucedido seria a condição prévia e, ao mesmo tempo, a condição da cultura", afirma Melanie Klein.[54]

Tomando-se como base essa concepção, pode-se afirmar que a inibição constitui, de forma particular, o avesso da sublimação, sem, contudo, equivaler-se ao recalque. Trata-se de uma defesa agindo contra o processo defensivo inicial — que, como se viu, é formado por identificação/simbolização/sublimação —, mas no sentido de garantir a eficácia deste. Em outros termos, a inibição contraria a sublimação inicial de uma função do eu, agindo, porém, em seu favor, e em favor desse outro mecanismo defensivo do período edípico — o recalque.

Vê-se, portanto, que, ao lado da simbolização e da sublimação, a inibição também é um processo que integra o quadro do desenvolvimento psíquico precoce. Essa defesa só configurará um quadro patológico quando chegar a impedir totalmente uma determinada atividade sublimada. É somente em função da intensidade da inibição que se poderá qualificar o processo inibitório de normal ou patológico. Ela será parcial ou integral, dependendo da quantidade de libido em excesso no interior do psiquismo.

A definição da inibição "como forma negativa, como falta, ou somente como redução de uma aptidão, diminuindo ou destruindo a sublimação" responde a esse processo, mas também é utilizada em um outro contexto específico de intervenção psíquica. Nesse segundo caso, trata-se, ainda, de um mecanismo de defesa precoce, que restringe, no entanto, não as atividades do eu, mas o próprio processo sublimatório. Essa modalidade de inibição ocorre precisamente quando o recalque deve investir uma quantidade de angústia que ultrapassa a quantidade de sublimação. Estabelece-se, então, uma luta entre a libido e o recalque, contudo fora do terreno das tendências do eu. Existem diversos outros recursos característicos das neuroses, que também agem nessa circunstância, tendo em vista a ligação da angústia livre. Supõe-se, para os casos em que é a inibição que intervém, que as fantasias se depararam com o recalque quando ainda se encontravam na trilha da sublimação, o que significa que, então, é o próprio processo de sublimação que é inibido.

O sistema kleiniano localiza a ação dos processos inibitórios em dois níveis diferentes: 1º) restringindo as funções do eu; e 2º) inibindo as fantasias. Em ambos os casos, a defesa configura-se como um mecanismo fundamental à dinâmica e à economia libidinal dos processos inconscientes, que visa processar o excesso de libido no psiquismo. No que concerne à sublimação, a inibição, no primeiro caso, garante o processo de simbolização, enquanto, no segundo, contribui para que este não se desenvolva. Nesta segunda circunstância, a inibição consiste, precisamente, na suspensão da transposição do simbolismo sexual sobre os objetos da realidade, ou seja, na interrupção do processo sublimatório no seu estado nascente. É a severidade da instância do superego que promove o aumento de angústia no psiquismo, acarretando a inibição. O superego também se organiza precocemente, antes mesmo do período edípico, a partir das primeiras frustrações vividas pela criança.

Como visto anteriormente, no período pré-genital, as frustrações ressentidas pela criança acionam o sadismo, fazendo com que ela deseje destruir o objeto libidinal externo, mordendo-o, devorando-o e cortando-o em pedaços. O sentimento de culpa engendrado por essas tendências pulsionais já é um produto do supereu. Este resulta das frustrações e, também, da introjeção do objeto de amor promovida pela instauração do período genital.[55] Na verdade, não existe, na teoria kleiniana, uma estadiologia precisa, uma gênese do desenvolvimento. As fases oral, anal e genital sobrepõem-se e o que se deve ressaltar é o fato de sempre se encontrarem sobredeterminadas pelas fantasias agressivas. Dessa forma, quando as tendências sádicas ainda se encontram em pleno exercício, as tendências edípicas, pela via da introjeção, entram em cena e fixam o objeto na esfera do amor. Resulta dessa superposição o receio da criança do retorno dos ataques por parte da mãe, que poderá destruir seus órgãos internos. A angústia manifesta-se sob a forma desse medo interno — o próprio superego —, que transfere para a mãe toda a potência fálica, dificultando o estabelecimento de uma "relação positiva" com ela.[56]

O laço entre a formação do superego e a fase pré-genital explica a severidade do sentimento de culpa, no momento da emergência do complexo de Édipo. As tendências edípicas vão se expressar, inicialmente, na linguagem do sadismo oral e anal. É o excesso de sadismo que gera e angústia e aciona os primeiros meios de defesa do eu. A primeira defesa estabelecida pelo eu refere-se a duas fontes de perigo: o sadismo do sujeito e o objeto atacado pelos desejos sádicos. Em relação ao sadismo, a defesa implica expulsão, enquanto, em relação ao objeto, ela implica destruição do objeto. Assim, o sadismo torna-se a maior fonte de angústia, pois, mesmo permitindo a liberação da angústia, o sujeito teme ser destruído pelas mesmas armas que destruíram o objeto. A inibição, diante deste mundo interno ameaçador, consiste em uma defesa do eu contra a angústia: "A criança deseja destruir os órgãos (seio, pênis, vagina) que representam os objetos, e passa a temê-los. Essa angústia a leva a assimilar esses órgãos a outras coisas; devido a uma tal equivalência estas coisas, por sua vez, se tornam objetos de angústia e, assim, a criança é compelida a estabelecer, sem cessar, novas equações..."[57]

Nesse estado pouco evoluído, o eu deve ainda haver-se com a curiosidade sexual que acompanha as tendências edípicas. A descoberta da diferença entre os sexos, uma das promotoras do Édipo, ativa, no mesmo tempo, as "pulsões de saber" que se manifestam por intermédio de inúmeras questões e problemas formulados pelas crianças em relação à origem da vida.[58] Se a angústia mobilizada pelo sadismo for muito intensa nesse momento, a instância do eu sofre a ação do recalque para confinar as tendências sexuais edípicas e, com elas, as "pulsões epistemofílicas e o desejo de saber" são inibidos. Aqui, a causa da inibição da atividade intelectual é o excesso de libido sexual.

Os agentes que liberam precocemente as tendências edípicas, promovendo a passagem do estágio pré-genital ao genital, são: 1) a frustração sofrida com a perda do objeto oral — o desmame — e, logo em seguida, reforçada pela frustração anal, devido à introdução da aprendizagem do controle esfincteriano — tais formas de frustração constituem, para todo sujeito, uma condição estrutural independente do sexo, ou seja, são da ordem do necessário —; 2) a descoberta da diferença anatômica entre os sexos, fator contingente, gerador da "pulsão epistemofílica" que se encontra no âmago de todas as atividades intelectuais.

Convém lembrar que essas tendências epistemofílicas são ativadas pelo desejo de penetrar o corpo da mãe. O motor desse desejo é a inveja do oral, despertada pela pressão das frustrações. No momento do Édipo, as frustrações orais:

> ... levam a criança a um conhecimento inconsciente dos prazeres sexuais compartilhados por seus pais e à crença temporária de que esses prazeres são de ordem oral. Sob a pressão das frustrações, essa fantasia se transforma em ódio. Seu desejo de esvaziar e de aspirar o conteúdo do seio materno, o leva, agora, a aspirar e a devorar os líquidos e outras substâncias que os pais possuem, ou mesmo seus órgãos, inclusive aqueles que eles receberam, um e outro, no curso do coito oral.[59]

Klein descreve, ainda, uma outra situação de inibição decorrente, desta vez, de uma limitação de uma função do eu: a função de compreensão da língua falada. Se as tendências edípicas eclodem muito cedo, despertando a curiosidade sexual num momento em que a criança se encontra circunstancialmente pouco desenvolvida do ponto de vista intelectual, ela será incapaz de expressar-se lançando mão dos recursos da língua e de compreeder o universo das palavras. A avalanche de problemas relativos ao sexo permanece, então, sem solução. A maior parte das perguntas nem chega a se tornar integralmente consciente e aquelas que alcançam a consciência nem sempre podem ser expressas pela linguagem, permanecendo enigmáticas no nível inconsciente.[60] Enfim, a primeira atividade intelectual da criança promovida pela pulsão de saber só é parcialmente realizada, pois suas interrogações são anteriores ao início de sua compreensão da linguagem.

Essas duas situações de inibição agravam, mais ainda, a soma de ódio no inconsciente. Em conjunto ou separadamente, elas são a causa de numerosas inibições da pulsão epistemofílica, tais como a incapacidade para aprender línguas estrangeiras, ou o ódio por aqueles que falam outra língua. São igualmente responsáveis por distúrbios da fala.[61]

Nessa vertente edípica de causalidade situa-se, ainda, toda uma diversidade de manifestações de dificuldade na aprendizagem da língua escrita e de distúrbios relativos à potência sexual na vida adulta. Para Melanie Klein, a pulsão epistemofílica e a pulsão sexual caminham sempre juntas, o que torna múltiplas as conexões entre o sentimento precoce de *não-saber* — da pulsão epistemofílica — e o sentimento de *ser incapaz, impotente* — resultante da situação edípica. Essa frustração será sentida de forma mais aguda, quanto maior for a sensação de *não saber nada* sobre os processos sexuais. A idéia de ignorância, vai acentuar o complexo de castração para ambos os sexos.[62]

Esse duelo que se desenrola com o advento das tendências edípicas possui um único estandarte: o objeto genital. A bandeira da batalha é levantada em nome do pênis e das fantasias decorrentes de sua utilização em um único terreno, que é o interior do corpo materno. É surpreendente a preocupação de Melanie Klein em "incluir as fantasias edípicas, as mais originais, no corpo da mãe".[63] A noção de "pais combinados" mostra, mais uma vez, sua amplitude: a mãe é completada pelo pênis paterno e adquire o poderio da potência fálica. Torna-se, assim, ameaçadora, frustradora, toda-poderosa, o que permite dizer que ela encarna, para a criança, um Outro absoluto. Esse Outro absoluto, a meu ver, constitui o paradigma da relação imaginária dual que se estabelece entre mãe e criança. Klein considera que esta última só consegue emergir do mar das fantasias edípicas na medida em que pode obter uma relação sexual simbólica com a mãe. Entretanto, vê-se que, nessa relação dita simbólica, não intervém nenhum mediador propriamente simbólico, que inclua, nesse circuito, o pai-da-lei, ou seja, a função interditora é assolada e nem mesmo a castração materna é levada em conta como acontecimento fundamental.

Observa-se, ainda, no Édipo kleiniano, um ponto de controvérsia importante em relação às postulações de Freud acerca da sexualidade. Uma vez que, forçosamente, o objeto genital é um objeto oral, as concepções freudianas de castração e inveja do pênis são deslocadas em detrimento da frustração e da agressividade com respeito ao pênis paterno contido no corpo da mãe. O molde das relações com o objeto genital será o sadismo primordial, angustiante e formador de um superego perseguidor. Essa instância superegóica é arcaica, funciona, como já se assinalou, a respeito do sadismo, segundo a Lei de Talião e antecede a angústia de castração. Mesmo quando fala de castração precoce, Klein refere-se não à punição de um superego herdeiro do complexo de Édipo da ordem paterna, mas a uma angústia primitiva oriunda das primeiras frustrações com o objeto.

Relação simbólica com a mãe e fenômenos inibitórios

As inibições de John desaparecem totalmente quando ele consegue atingir, na sessão, a simbolização da relação sexual com o corpo da mãe. No seu caso, se a predominância dos desejos sádicos o impedia de retirar desse corpo os objetos primordiais, também ele se encontrava impedido de apoderar-se dos objetos do conhecimento. Viu-se como, pelo simbolismo, os objetos do conhecimento se encontram associados aos objetos primordiais. Assim, a inibição intelectual relativa à vida escolar expressa, no fundo, a dificuldade no domínio da vida pulsional.

> Tudo se passa como se, neste momento, as frustrações anais forçassem as tendências anais a se amalgamarem às tendências sádicas. A criança deseja tomar posse das fezes da mãe, *penetrando* no seu corpo, cortando-o em pedacinhos, devorando-o e destruindo-o. Sob a influência de suas tendências genitais, o menino começa a se voltar para a mãe tomando-a como objeto de amor. Mas suas tendências sádicas encontram-se em plena ação e seu ódio surgido das frustrações anteriores se opõem com toda potência ao seu amor no nível genital.

> Seu medo da castração pelo pai, que surge com as tendências edípicas, é um obstáculo ainda maior a seu amor.[64]

Tomando como orientação a relação entre as dificuldades escolares e a dificuldade de estabelecer relações simbólicas com a mãe, Melanie Klein, logo após o trabalho de interpretação do sonho, no curso da segunda sessão, volta a interrogar John sobre o sentido da palavra "gelo" (*glasse*). O menino, então, começa a falar de um copo (*glass*), abre a torneira e bebe um copo d'água. Diz que era água de cevada — que muito apreciava — e volta a falar de um copo cujos pedacinhos tinham sido suprimidos. Era um copo de cristal trabalhado, que o sol havia estragado como fizera com o grande bloco de gelo a que se referira, no dia anterior. O sol atirou no copo e, assim, estragou toda a água de cevada. "Como atirou no copo?", pergunta-lhe a analista. "Com todo o seu calor", responde John. Enquanto diz isso, escolhe, entre os lápis, o de cor amarela e faz pontos, depois orifícios num pedaço de papel, e termina reduzindo-a a tiras. Começa, então, a descascar o lápis com um canivete, retirando lâminas da pintura amarela que o recobria.

Resumindo: o lápis amarelo representava o sol, que, por sua vez, simbolizava o pênis e a urina de John, ambos ardentes; o sol significava, também, o pênis sádico de seu pai; já o copo, danificado por ele e pelo pai, representava o seio e a água de cevada era o leite; o grande bloco de gelo, da mesma dimensão que a casa de carne, era o corpo materno; o calor do pênis e da urina de John, assim como o calor do pênis e da urina do pai, é que tinha derretido o gelo, destruindo-o; e o rubor da face do menino representava o sangue da mãe machucada.

Melanie Klein ressalta que, até esse momento, a criança continuava expressando, por suas fantasias, o horror que o corpo materno, repleto de objetos terríveis, representava para ele. Após essa sessão, ele encontrava-se mais aliviado e contente, pois sentia que podia ter, com o corpo da mãe, relações sexuais simbólicas.[65] Após a análise da sua angústia a propósito de seu próprio pênis sádico e, também, do de seu pai — o lápis amarelo perfurador assimilado ao sol ardente —, John foi capaz de se representar, simbolicamente, cometendo um ato sexual com sua mãe e explorando o corpo dela.

No dia seguinte, pôde olhar atentamente e com interesse os quadros afixados na parede de sua sala de aula e soube, sem dificuldade, distinguir as palavras *poisson, poulet* e *glasse*, e seus significados particulares.

Por último, é preciso assinalar que se considerou, para a análise desse caso, as hipóteses inaugurais de Melanie Klein sobre a inibição intelectual no terreno da psicanálise, que se inserem no momento inicial de sua elaboração, momento em que prevalece a postulação dos estágios pré-edípicos da relação mãe/criança. Entretanto, é possível re-interpretar esse mesmo material clínico segundo uma perspectiva que corresponde aos aspectos conceituais mais acabados de sua obra, notadamente o conceito de "posição".

Assim, ao se considerar o pensamento de Melanie Klein em seu conjunto — inclusive as formulações posteriores a 1931, ano em que o caso John foi publicado —, a inibição intelectual dessa criança pode ser caracterizada como um sintoma produzido no âmbito da posição esquizoparanóide.[66] O que possibilita uma leitura retroativa desse caso a partir de um referencial teórico publicado posteriormente é o fato de já se encontrarem incorporados à análise da inibição de John, feita por Klein, alguns dos principais elementos conceituais sustentados por essa autora nos anos subseqüentes.

É importante notar que, na obra de Melanie Klein, dois trabalhos são considerados verdadeiras sistematizações do seu pensamento: o primeiro data de 1932 e se encontra formulado em *Psicanálise da criança*; o segundo surge vinte anos mais tarde, em 1952, sintetizado no artigo "Inveja e gratidão". Entre as expressões conceituais que figuram na análise do caso John e preparam o terreno para o que se articula no sistema kleiniano como "posição", destacam-se "sadismo extremo" — expressão para a pulsão de morte —, "angústia paranóide" e "culpa" — que equivale ao medo e é um termo importante na elaboração posterior da modalidade de relação de objeto designada "posição depressiva". Seguindo esse raciocínio pode-se dizer, então, que o texto de 1931 — "Uma contribuição à teoria da inibição intelectual" — contém não apenas referências concernentes aos estágios pré-genitais, ou pré-edípicos, da relação mãe/criança, mas também alguns dos elementos fundantes do que virá a ser articulado por meio do conceito de "posição esquizoparanóide".

Na perspectiva da teoria da posição — ou seja, do posicionamento do sujeito frente às complexas relações de objeto e de sua resposta à angústia suscitada por algum tipo de objeto, levando-se em consideração a fraqueza inicial de seu ego —, a inibição de John seria descrita da seguinte maneira: John é um inibido intelectual por medo da miríade de objetos maus — os caranguejos, por exemplo —, que são fruto de sua própria hostilidade à mãe e, portanto, só podem se encontrar no interior do corpo materno. Sua inibição define-se como um retorno sobre si mesmo do ódio proveniente de um sadismo extremo, ou do instinto de morte, que, por sua vez, assume uma miríade de formas — excrementos, urina, caranguejos, pênis maiores, pênis menores, excrementos endurecidos, entre outras, segundo a fabulosa proliferação fantasmático-imaginária típica de Klein. Tudo isso é resultado da divisão primitiva característica da fase esquizoparanóide, da divisão interna ao eu e da divisão do próprio objeto. Devido a um ódio intenso projetado nessa multidão de pequenos objetos divididos, com o intuito de preservar os objetos bons, John tem horror ao corpo materno, o que resulta num horror a seu próprio corpo e a seus próprios objetos, de acordo com o mecanismo característico da posição esquizoparanóide de projeção/introjeção. A inibição é suspensa a partir do momento em que o paciente conclui que o objeto mau — tão odiado e dividido visando à preservação de algo de bom no núcleo do ego — é o mesmo objeto amado, que o alimentou. O seio mau, perseguidor, e o seio bom, fonte de prazer, são uma só coisa. A unificação do objeto dividido em um objeto total caracteriza a entrada na posição depressiva e põe fim aos sintomas da posição esquizoparanóide, tal como as inibições intelectuais de John.

2. Freud e a inibição do pensamento

O uso do termo e do conceito de inibição (*Hemmung*), nos escritos de Sigmund Freud, é contemporâneo ao próprio nascimento do corpo teórico-clínico da psicanálise, ou seja, surge no momento em que se esboçam as hipóteses iniciais acerca da metapsicologia do funcionamento psíquico. Logo, desde essas primeiras formulações, que ainda se configuram como os passos inaugurais para o estabelecimento da divisória conceitual entre o campo da clínica médica e o da clínica psicanalítica, Freud lança mão da idéia de inibição.

O emprego do termo *Hemmung* já era corrente no terreno da fisiologia, para designar, precisamente, o processo de impedimento motor de um determinado dispositivo.[67] Nesse mesmo sentido, ele vai servir a Freud para nomear um mecanismo de parada, bloqueio ou freada, que interrompe o funcionamento normal no terreno do pensamento. A conotação essencial e inédita do termo na psicanálise é a consideração de um aspecto ativo que intervém no processo da inibição, a saber, o fato de este ser acionado pelo sujeito. Assim, na concepção freudiana do funcionamento psíquico, o sujeito que sofre as conseqüências de uma determinada inibição funcional, é, ele próprio, o agente de tal ação. A partir de então, busca-se articular essa dimensão ativa da limitação funcional ao aspecto econômico da vida mental, sobretudo no que se refere às relações entre os processos conscientes e inconscientes, quanto à inscrição das representações pulsionais na cadeia associativa de idéias.

Essa articulação entre a função inibitória e os elementos de representação da pulsão constrói-se passo a passo, sempre referida ao que, no funcionamento do aparelho psíquico, se destaca como estranheza, alteridade radical, incompatibilidade entre o mundo interior (*Umwelt*) e o mundo exterior (*Innenwelt*), ou seja, entre o modo de funcionamento da vida pulsional e as experiências de natureza não-sexual do sujeito na vida real. Os mais diversos avatares desse antagonismo fazem-se presentes ao longo da elaboração da psicanálise, por meio das oposições conceituais entre princípio de prazer e princípio de realidade, entre o eu e a sexualidade, que se torna, também, oposição entre o processo primário relativo ao sistema Inconsciente, e o secundário, relativo ao sistema Consciente e Pré-consciente.[68] A princípio, parece difícil justificar a necessidade da postulação do processo secundário, devido à sua diversidade em relação ao modo de funcionamento do processo primário. Por que o inconsciente, que se satisfaz das informações mentais a respeito do objeto, se submete às informações da realidade? Que leva o pensamento livre e imaginativo, característico dos processos primários, a deixar de se realizar pela via da alucinação ou da representação mental do objeto e a levar em conta os dados da realidade? No ápice desse problema, a inibição é introduzida como uma "hipótese suplementar",[69] para explicar a introdução de um julgamento de realidade sobre a livre atribuição de sentido produzida pelo funcionamento do processo primário. E é, sem dúvida, no âmbito dessa hipótese, que se pode falar de uma metapsicologia da inibição.

A metapsicologia da inibição

A metáfora da primeira experiência de satisfação do recém-nascido explicita o fato de as experiências vividas pelo sujeito produzirem efeitos alucinatórios no psiquismo, que interferem no sistema da consciência.[70] Trata-se da postulação de uma experiência de satisfação que consiste no apaziguamento, no *infans*, de uma tensão interna criada pela necessidade, graças a um objeto vindo do exterior. O correlato dessa experiência é a inscrição, no inconsciente, de um traço mnésico, que representa o objeto satisfatório. Na ausência do objeto real, a tendência do sujeito é buscar satisfazer-se por meio dessa representação alucinatória. Assim, repetindo-se o estado de tensão interna, o sujeito alucina o objeto, evoca uma representação mental, ou seja, um objeto que, de fato, é irreal.

Esse é o modo de funcionamento próprio ao princípio de prazer. Entretanto, ele encontra seu limite diante das "grandes exigências da vida", tal como a fome, por exemplo. Nesse caso, as excitações geradas no interior do aparelho psíquico tendem a ser descarregadas, de forma imediata, pela via do objeto alucinatório. Porém, sob a tensão crescente da necessidade de alimento — que pede um objeto real —, a dor aparece — na forma de descarga de suco gástrico no aparelho digestivo. O aparelho psíquico é, então, obrigado a corrigir o seu próprio funcionamento, retificar-se, inibindo, portanto, o mecanismo alucinatório e utilizando parte da energia provida pela tensão na busca da percepção real do objeto da satisfação — o objeto é buscado por meio de uma ação motora do sujeito na realidade, como o choro, por exemplo, no caso do recém-nascido. São as necessidades vitais, pois, que forçam o sujeito a inibir o processo primário de satisfação e levar em conta as informações provenientes da realidade.

Conclui-se, assim, que, do ponto de vista psicanalítico, não existe uma continuidade entre o interior e o exterior, entre o princípio de prazer e o princípio de realidade. A diversidade do modo de funcionamento dos processos psíquicos primários e secundários evidencia que a relação entre eles é dialética, estruturada em torno de uma hiância. Em outros termos, o princípio de prazer não é totalmente assimilado pelo princípio de realidade e deixa um resto irredutível, que o sujeito busca reencontrar, tentando reanimar a representação inscrita a partir das experiências de satisfação.[71] A inibição, nesse patamar econômico do funcionamento psíquico, é introduzida para que a consciência possa ajustar as informações psíquicas oriundas do inconsciente em função da realidade. A inibição dos processos primários instaura os processos secundários, favorecendo a formação do eu, concebido como instância mediadora entre as exigências da realidade e do inconsciente.[72] No plano do pensamento, estabelece-se uma distinção entre percepção e lembrança. Assim, o sujeito é introduzido na via da realização de seu desejo. A "inibição vinda do eu tende, no momento do desejo, a atenuar o investimento de objeto, o que permite reconhecer o irrealidade deste objeto".[73] Em suma, com a inibição, o sujeito torna-se capaz não apenas de realizar um julgamento, como também de produzir um ato visando a realização de seu desejo, independentemente de qualquer influência alucinatória.

Na verdade, é possível identificarem-se duas funções distintas do mecanismo inibitório, no interior da elaboração metapsicológica do psiquismo: a primeira é a de orientar a pulsão sexual, no sentido de buscar satisfação por meio de um objeto da realidade; a segunda é a de impedir que a pulsão sexual encontre satisfação no mundo exterior. Neste segundo caso, trata-se de um mecanismo de regulação contra os excessos de excitação sexual. Cada vez que a sexualidade é excessiva ao ponto de pôr em risco um certo equilíbrio do psiquismo, a inibição interrompe a cadeia associativa de representações e, assim, impede o acesso à consciência de idéias incompatíveis com o eu.

A análise circunscrita de todo o conjunto de referências de Freud sobre essas duas funções distintas da inibição evidencia, contudo, uma mesma preocupação: o limiar da atividade pulsional, tendo em vista a evitação do desprazer. Deve-se notar que o termo "pulsão" ainda não é empregado de forma rigorosa por Freud, no momento em que essas duas referências sobre a inibição se fazem presentes em seus trabalhos. Entretanto, já existia uma preocupação com o fator quantitativo, expressando-se sob a forma de uma energia sexual, que estaria na base da vida e da determinação causal dos sintomas. É preciso lembrar que, do ponto de vista epistemológico, o conceito de pulsão adquire uma conformação inicial na teoria analítica, por intermédio da idéia, ainda pouco precisa, de energia e seus processos de troca no interior do sistema psíquico.[74]

Apenas em 1905, o termo *Trieb* é utilizado de forma mais pontual, nos "Três ensaios...", quando é definido, pela primeira vez, como "o representante psíquico de uma contínua fonte de excitação proveniente do interior do organismo".[75] Essa fonte interna de energia sexual vai impelir o sujeito a realizar certas ações de descarga de excitação, o que justifica a definição célebre da pulsão como "um conceito limite entre o psiquismo e o somático".[76] Vê-se que o dualismo entre sexualidade e realidade não perde sua importância, expressando-se, agora, na oposição pulsões sexuais *versus* pulsões do eu. A ação da inibição, nesse contexto, permanece referida à atividade pulsional. Não mais, porém, como uma função que decorre do excesso de sexualidade e, sim, como se verá mais adiante, enquanto uma força alimentando-se da sexualidade para criar condições ao exercício do pensamento.

A solução freudiana adotada para a articulação entre pulsão e pensamento ganha, ainda, outros contornos, quando Freud fornece um maior acabamento do conceito de *Trieb*, em 1915, em *Metapsicologia*. Nesse momento, define-se uma das características essenciais da pulsão, que consiste, basicamente, numa elucidação mais concisa dos diversos destinos que a satisfação pulsional pode tomar. Como um exemplo desses destinos, assiste-se à construção de uma referência que se tornou bastante conhecida na obra de Freud, a saber, a sublimação, cuja vicissitude se explica pelo fato de as moções encontrarem-se "inibidas quanto ao seu objetivo".[77] A princípio, o objetivo da pulsão seria uma satisfação sexual experimentada no corpo e por meio do corpo. A inibição desse objetivo reorienta a satisfação em direção a um outro alvo não sexual. Por isso, esse processo pode ser entendido como um acontecimento de dessexualização do corpo. Na sublimação, apenas "uma certa progressão na via da satisfação é tolerada, mas, em seguida, sofre uma inibição ou um desvio".[78]

Ora, desviar a pulsão não é o mesmo que organizar o fracasso da satisfação. Deve-se supor "que mesmo tais processos (*inibitórios*) não ocorrem sem uma satisfação parcial".[79] Esse aspecto de reapropriação parcial da satisfação por meio da inibição do objetivo, torna-se o ponto preciso de diferenciação desse mecanismo, em relação a dois outros modos de afastamento das pulsões da consciência, que são: o recalcamento — processo mais freqüente no campo das neuroses e responsável pela formação dos sintomas[80] — e a *Verwerfung* — processo específico das psicoses, em que se observa, de preferência, a introversão e as regressões libidinais narcísicas.[81]

A metapsicologia freudiana apresenta, em suma, três hipóteses de funcionamento do mecanismo da inibição em relação à pulsão: primeiramente, a função da inibição como defesa, estabelecendo o limiar da atividade pulsional no interior do aparelho psíquico — limiar indispensável à atividade do pensamento; em seguida, a inibição, cuja função é a de introduzir o sujeito na via da realização de seu desejo, por meio de um objeto que não seja o objeto da alucinação; e, por último, o desenvolvimento dessas duas perspectivas — na medida em que se elabora a teoria das pulsões — culmina na tese de que a inibição tem por função a renúncia à satisfação através da reorientação da finalidade da pulsão sexual. A meu ver, este último aspecto da inibição como renúncia de gozo constitui o eixo central da investigação clínica da inibição.[82]

O destino da pulsão via sublimação sempre foi alvo de grande interesse, devido ao caráter paradoxal da solução freudiana, que introduz a idéia de uma inibição na origem do ato de criação.[83] A questão que se impõe é a de saber-se em que medida um alvo não-sexual se substitui ao alvo sexual. A satisfação sublimatória prescinde de uma realização no plano da atividade psicossexual. Tanto o alvo é desviado, quanto o objeto é modificado, promovendo a dessexualização da satisfação. Qual seria, então, o conteúdo da atividade de substituição, desse verdadeiro *Ersatz* pulsional?

Essas indagações acerca da sublimação oferecem indicativos que permitem questionar-se, no âmbito da clínica da inibição e seus fenômenos, o tipo de laço que se estabalece entre pulsão e inibição. Os sintomas do sujeito, nessa esfera, ressaltam, primordialmente, uma paralisação do ato. O sujeito encontra-se impedido de finalizar um movimento empreendido com fins na satisfação. Porém a pulsão pede satisfação, nem que seja parcial. Nesse sentido, quando o ato do sujeito é suspenso e, conseqüentemente, a satisfação que acompanharia a realização do ato é renunciada, por que caminhos a pulsão extrai satisfação?

Em relação à inibição intelectual, por exemplo, é possível se identificar diferentes maneiras de se renunciar ao resultado do próprio trabalho intelectual, entre as quais se incluem alguns dos famosos casos de fracasso escolar. Quando se constata esse tipo de impedimento para usufruir do produto do trabalho, seria o caso de se investigar, então, por que caminhos a pulsão sexual foi reorientada, tendo em vista sua satisfação. Ora, normalmente, o que se espera de um sujeito é que ele possa gozar dos méritos de seu trabalho. Se esse objetivo é inibido, seu fracasso só pode estar ligado a um outro modo de satisfação. Portanto, no plano da economia libidinal, obtém-se uma nova forma de satisfação com o fracasso intelectual. Qual seria esse modo particular de satisfação que acompanha as formas de inibição intelectual?

Die Denkhemmung

Como já foi mencionado, as primeiras referências de Freud sobre a inibição são encontradas em sua correspondência endereçada a Wilhelm Fliess, notadamente a partir do final do ano de 1892. Esse surgimento precoce do termo na elaboração freudiana indica o lugar central do mecanismo inibitório para nomear o funcionamento do psiquismo na determinação de diversos quadros clínicos abordados pelo fundador da psicanálise. O primeiro emprego do termo, localizado no "Manuscrito A", faz menção à emergência de um *quantum* de angústia, decorrente da inibição da função sexual.[84]

A preocupação de Freud com as quantidades de energia no interior do aparelho psíquico confere ao processo da inibição uma função econômica decisiva ao desempenho do funcionamento mental. Entre 1895 e 1896, sua discussão com Fliess gira em torno das quantidades de excitação, da pulsão e seu limiar, tendo-se em vista, justamente, o desempenho favorável da atividade do pensamento. Na esfera dos distúrbios que o mecanismo da inibição poderia evitar, encontram-se o esgotamento, a melancolia e, mesmo, a psicose, caracterizada, nesse momento, por uma intensificação do processo mental, que, devido à deficiência do eu em acionar a defesa, torna-se mestre da via que conduz ao consciente verbal. É nesse contexto que o termo inibição começa a ser empregado com a conotação explícita de um modo de defesa contra certas idéias fortemente investidas pela libido sexual. A finalidade principal da inibição consiste em controlar e dominar qualquer excedente de sexualidade, fonte de desprazer por excelência, cuja presença ameaça pôr em risco uma certa constância do funcionamento psíquico.

Para explicar essa ação da inibição como defesa, Freud emprega a expressão "inibição do pensamento" (*Denkhemmung*):[85] a libido sexual encontra-se, normalmente, associada a uma idéia ou representação e a inibição consiste, precisamente, em reprimir essa representação insuportável, interrompendo a cadeia associativa de pensamentos a ela relacionada. É necessário considerar, também, que Freud é explícito ao designar o eu como instância responsável por originar a defesa. O eu aciona a defesa para evitar a angústia que derivaria da satisfação das pulsões sexuais e, assim, tenta evitar o conflito com as aspirações da sexualidade. Supõe-se, então, que o eu procura preservar a unidade da vida psíquica, afastando da consciência todos os pensamentos ou representações sexuais insuportáveis, que, no fundo, seriam incompatíveis com as representações ideais que o sujeito tenta manter de si mesmo.[86]

A "inibição do pensamento" constitui um instrumento importante de diferenciação entre a inibição e o processo defensivo do recalque. A importância dessa diferenciação justifica-se no fato de a ação da inibição poder ser intrínseca a vários mecanismos de defesa diferentes, que Freud identifica, ao longo de sua obra, como típicos de cada uma das afecções psicogênicas: a conversão somática, na histeria; o isolamento, as formações reativas e a anulação retroativa, na neurose obsessiva; a transposição de afeto, na fobia; e a projeção, na paranóia.[87] A base de funcionamento de todos esses processos defensivos é o recalcamento, que também é concebido como uma defesa, mas possui um estatuto particular, pois, de um lado, institui o inconsciente e, de outro, se configura como a defesa por excelência, sobre a qual se fundam todas as outras. Por apresentar essa constituição, o recalcamento torna-se, a meu ver, não apenas o mecanismo estruturante desses processos de defesa, mas também o ponto de referência daquilo que se isola como o domínio específico da *Denkhemmung*:

> Existe sempre uma tendência normal à defesa, quero dizer, uma repugnância contra dirigir a energia psíquica de tal maneira que um desprazer seja a conseqüência. Essa tendência ... entra em jogo apenas quando se trata de lembranças e de pensamentos e permanece inofensiva com respeito às idéias que, em outros tempos, foram desagradáveis, mas que, incapazes, no momento atual, de suscitar qualquer desprazer, engendram apenas uma lembrança de desprazer.[88]

É possível identificar, nessa passagem, o ponto preciso em que a inibição se diferencia do recalque. Inicialmente, pode-se dizer que a inibição é uma solução bem-sucedida para a tensão geradora de desprazer, enquanto o recalque, por sua vez, sobrevém quando o desprazer não pôde ser evitado, no momento em que o sujeito se encontra com a sexualidade. Assim, na inibição, a defesa suspende o desprazer, bloqueando, ao mesmo tempo, a cadeia de pensamento ou lembrança. Na medida em que um pensamento se torna um estorvo, o sujeito pára de pensar, ou seja, tem seu pensamento inibido. A função de defesa é claramente exercida pela repugnância, que, por outro lado, não possui nenhum efeito sobre as idéias recalcadas marcadas pelo desprazer.

Na carta nº 52 a Fliess (6.12.1896), em que se encontra exposto o modelo do inconsciente como uma série de estratificações, a definição estabelecida por Freud para o processo defensivo do recalcamento precisa esse aspecto suspensivo da inibição em relação ao pensamento. O recalcamento "é o defeito de tradução ... . O motivo é sempre a produção de desprazer que resultaria de uma tradução; tudo se passa como se esse desprazer perturbasse o pensamento, embaraçando o processo de tradução".[89]

No recalcamento, a tradução do pensamento inconsciente é perturbada, mas a cadeia associativa tem prosseguimento. O pensamento recalcado insiste em se inscrever, retorna à consciência e produz novas associações, porém reorientada em outra cadeia de idéias. A satisfação pulsional submetida ao recalque cria o prazer em uma região do aparelho psíquico e desprazer em outra região. A expressão dessa solução denominada "solução de compromisso", caracteriza as manifestações sintomáticas apresentadas pelo sujeito. No caso da inibição, a solução é bastante distinta: a tradução do pensamento é interrompida entre o nível consciente e inconsciente, ou seja, o pensamento é suspenso e as associações também. Em suma, tomando-se como referência o efeito do mecanismo sobre a atividade do pensamento, sobrevém a tese freudiana de que o recalque e a inibição são processos distintos: o primeiro estimula a produção de idéias e o segundo suspende-as, por inteiro, interrompe toda uma cadeia de pensamento. Ora, se o recalque não se confunde com a inibição, é porque, no primeiro, há retorno do recalcado — o recalcado retorna em uma outra cadeia associativa, dissimulando, assim, a representação insuportável, mas a pulsão obtém o prazer almejado, mesmo que na expressão de um sintoma —, enquanto, no segundo, há interrupção da cadeia de pensamentos, tornando pouco evidente a reorientação da satisfação.

A dessexualização do intelectual

"Três ensaios...", texto de 1905, expõe uma das descobertas mais originais de Freud — e, talvez, a mais polêmica — em que trata da pré-disposição perversa polimorfa da criança e da presença da sexualidade na vida dos homens, desde os primeiros tempos da infância. É do corpo desse texto — acrescido de reformulações por dez anos, à medida que Freud avança em sua elaboração sobre o assunto — que se pode extrair uma verdadeira teoria acerca da inibição intelectual. Poder-se-ía, mesmo, dizer que se Freud tivesse dedicado um texto específico à abordagem da inibição intelectual, esse texto seria "Três ensaios"... pois dele se deduz, não apenas uma definição precisa da inibição intelectual, mas também o que se poderia considerar como a estruturação da atividade intelectual a partir da atividade sexual, tal como ela se manifesta no plano mental. É surpreendente constatar de que maneira a "sexualidade" e a "atividade do pensamento" caminham juntas durante a primeira infância e se definem, tanto sob a influência das trocas com as figuras parentais e com o mundo externo, quanto, sobretudo, pela relação do sujeito com o saber inconsciente. Deve-se observar que, sem sombra de dúvida, é Freud quem fornece todos os elementos metapsicológicos da inibição intelectual. Contudo, quem aproveita conseqüências desse capítulo da clínica psicanalítica é sua aluna Melanie Klein. A articulação entre sexualidade infantil e desenvolvimento intelectual constitui o tema inaugural das contribuições de Klein à psicanálise, tal como se mencionou no capítulo anterior. Notadamente no que se refere à clínica com crianças, ela faz da observação da vida intelectual na criança o diagnóstico e o prognóstico da neurose na vida adulta. O desenvolvimento intelectual serve de indicativo do curso da vida libidinal. Assim, essa autora chama a atenção para a presença de uma teoria da inibição intelectual em Freud, que se buscará delinear, a seguir, com base nos "Três ensaios"... .[90]

Um primeiro ensaio — intitulado "As aberrações sexuais" —, apresenta uma organização das diversas formas de aberração ou perversão, que já tinham sido descritas por vários autores. Para classificar os "desvios" em relação à conduta sexual normal, Freud introduz os conceitos de "objeto" e de "objetivo". O modelo do comportamento normal constitui-se da busca de um "objeto" do sexo oposto, a partir do momento em que se consuma a maturação genital, tendo-se como "objetivo" a reprodução da espécie. Como exemplos de desvios em relação ao "objeto", pode-se apontar: a eleição de um parceiro amoroso do mesmo sexo, de animais ou de objetos inadequados, como os fetiches e, mesmo, as crianças. Nos desvios em relação ao "objetivo" sexual, observa-se um privilégio pela excitação de outras zonas corporais em detrimento da zona genital, tais como a boca, o ânus, o olhar e a voz.[91]

Num segundo ensaio — "A sexualidade infantil" —, Freud incorpora todas as formas de perversão à vida normal, o que justifica a "disposição perversa polimorfa" da criança. A expressão da sexualidade durante os primeiros anos de vida passaria desapercebida ao adulto, em função da "amnésia do infantil", processo de esquecimento que se impõe a todo mundo. O "objetivo" e o "objeto sexual", nesse período, referem-se às zonas corporais erógenas e à satisfação delas.

Em outros termos, define-se, então, a constituição erógena do corpo e os modos privilegiados de satisfação pulsional. Em seguida, Freud indica o início de todo processo movido pela "pulsão de saber", *Wissentrieb*, que vai servir para referenciar esse corpo pulsional a um objeto externo. Nesse momento, apoiando-se no que ela consegue apreender da relação sexuada dos pais — ou, mais precisamente, da relação de escolha de objeto de cada um dos pais, enquanto homem e mulher —, a criança elabora teorias e constrói uma fantasia fundamental, que, posteriormente, com a chegada da puberdade, constituirá o substrato de sua relação com um outro objeto sexuado. De fato, a fantasia é uma ficção construída pela criança para responder ao desejo que deu origem à sua própria vida, pois, para essa questão, não há uma verdade universal. Entre a constituição da fantasia — consumada por volta dos seis anos de idade — e a adolescência, a sexualidade entra em um processo de profundo adormecimento, devido à incidência do recalque, que Freud designa período de "latência". Num terceiro ensaio — "As transformações da puberdade" —, a questão tratada é a do despertar dessas moções pulsionais adormecidas e da fantasia construída com o termo da maturação genital. A tese principal de Freud é, então, a de que a sexualidade não começa na puberdade com o desenvolvimento maturacional do aparelho genital, e, sim, na infância. O genital tomado como resultado da própria construção de um parceiro sexual, parceiro distinto dos objetos parentais, extrai suas forças da fantasia da criança. O que se modifica é apenas o objeto: antes, os pais tinham servido de modelo das relações amorosas e, agora, há um objeto novo, o parceiro sexual, com quem, em ato, a fantasia vai ser posta a prova e, de alguma forma, acomodada.

Em suma, Freud apresenta o que se poderia considerar como a transformação do *infans* em sujeito de desejo, por meio de um processo complexo de constituição do corpo pulsional, radicalmente distinto do corpo biológico. No curso dessa trajetória, a criança realiza uma série de investigações intelectuais sobre a vida sexual, que culminam na elaboração de um fantasia para sustentar sua própria posição sexuada. A indagação sobre a inserção conceitual da inibição intelectual ou, mais precisamente, da inibição do pensamento surge, precisamente, nesse contexto da investigação freudiana sobre a vida sexual. Todo o conjunto de referências de Freud sobre a curiosidade sexual evidencia, de maneira clara, a relação entre a pulsão e a atividade do pensamento.

Inicialmente, deve-se enfatizar que a noção de pulsão sexual, no momento dos "Três ensaios"..., corresponde à forma que a pulsão sexual assume, antes da puberdade, na expressão da sexualidade infantil. Referida à pulsão sexual nos primeiros anos de vida, a inibição também é adjetivada de sexual, tornando-se, portanto, "inibição sexual" (*Die Sexualhemmung*). Sua definição encontra-se logo no início do segundo ensaio: "Durante este período de latência total ou apenas parcial, constroem-se forças psíquicas que mais tarde se erguerão como obstáculos sobre a via da pulsão sexual e que, tal como diques, estreitarão seu fluxo (a repugnância, o pudor, as aspirações ideais e morais)."[92]

Observa-se que, nesse ponto, a inibição não é mais concebida como um processo que se desencadeia em reação ao excesso de energia sexual, como assinalado no item anterior deste capítulo, mas, sim, como uma *força psíquica*, um *dique*, que constitui obstáculo à pulsão. É no decorrer do período de latência que essas *forças psíquicas* se constroem, ou seja, no período compreendido entre o quinto ano de idade e a puberdade, em que as aquisições da sexualidade infantil sucumbem, normalmente, ao recalque, com o objetivo de adiar a função da reprodução para o momento da maturidade genital. Freud também deixa claro que o limite do mecanismo da sublimação, responsável pelo desvio da pulsão sexual de seu objetivo, favorece o surgimento das forças inibitórias:

> ... a energia é — integralmente ou em sua maior parte — desviada do uso sexual e empregada em outros fins. Os historiadores da civilização parecem unânimes em admitir que, graças a esse desvio das forças pulsionais para longe dos objetivos sexuais e essa orientação para novos objetivos — processo que merece o nome de sublimação —, poderosos componentes são adquiridos, intervindo em todas as produções culturais.[93]

Pode-se dizer que os poderosos componentes inibitórios adquiridos — que, na verdade, são as forças psíquicas já mencionadas: repugnância, pudor e moral — vêm reforçar a sublimação ou, em outros termos, consolidar o processo de inibição da pulsão quanto ao seu objetivo. A inibição trabalharia, de certa maneira, a serviço da sublimação. De fato, como Freud assinala, o mecanismo da sublimação não processa as pulsões de caráter perverso, originárias das zonas corporais erógenas.[94] Isso faz com que o afluxo das moções pulsionais infantis não cesse completamente durante a latência. De tempos em tempos, um fragmento da sexualidade infantil ressurge no cenário e, porque pode suscitar sensações de desprazer, "evoca forças psíquicas opostas, moções reativas, que, a fim de reprimir de forma eficaz esse desprazer, edificam os diques psíquicos".[95]

Assim, durante o período de latência, as forças inibitórias não apenas se formam, mas agem, precisamente, na contenção da pulsão sexual, que escapa ao processo de sublimação. Essa função diferenciada da inibição sexual no funcionamento do aparelho psíquico auxilia o processo de dessexualização do pensamento, tal como na sublimação. Não é o momento apropriado para o despertar e o adormecimento das pulsões, segundo Freud, é o que torna a criança educável.[96] A idéia que merece destaque especial, nesse caso, é o fato de a contenção do sexual permitir a dessexualização do intelectual, favorecendo o desenvolvimento cognitivo da criança. Em relação ao pensamento, essa concepção da inibição difere daquela encontrada nos primeiros escritos de Freud em um ponto preciso: não se trata mais de suspensão do pensamento em conseqüência do sexual, mas de um processo não sujeito à sexualidade, cuja função, precisa, é a de criar um espaço não-sexual, no qual o pensamento pode se exercer.

Em relação às dificuldades de aprendizagem, caso elas se manifestem durante o período de latência, supõe-se a hipótese de um fracasso da ação da inibição, cuja conseqüência é a sexualização do pensamento manifestando-se sobre os conhecimentos escolares, como visto nos fragmentos dos três casos mencionados no primeiro capítulo deste trabalho.

Wissentrieb e a inibição intelectual

O processo de dessexualização do pensamento, operado pela sublimação da pulsão sexual e corrigido pela inibição,[97] desenvolve-se sob a influência dos resultados alcançados pela criança em suas pesquisas sobre a vida sexual. Freud chega, mesmo, a considerar que o próprio desenvolvimento das faculdades intelectuais se encontra sujeito à vida sexual infantil, sobretudo às pesquisas sexuais das crianças e às teorias que elas constroem a respeito.[98] A importância da descoberta da existência de uma estreita relação entre a vida sexual e a vida intelectual justifica a introdução, em 1915, de toda uma seção, no segundo ensaio, que explora a questão das pesquisas sexuais infantis. A capacidade para o trabalho intelectual e a característica do pensamento no curso da latência não expressam outra coisa a não ser o destino das pesquisas sexuais desenvolvidas entre o terceiro e o quinto anos de vida. Em outros termos, o que caracteriza a relação do sujeito com qualquer forma de conhecimento ou saber intelectual parece definir-se na investigação sexual efetuada na infância e no resultado a que se chega sobre o saber que estrutura o inconsciente.

A investigação sexual é motivada por uma moção que Freud designa *Wissentrieb* — pulsão de saber — ou *Wiss- oder Forschertrieb* — pulsão do pesquisador.[99] Deve-se assinalar, antes de mais nada, que não existe pulsão de saber no âmbito da teoria freudiana das pulsões.[100] A afirmação de Freud, a esse respeito, é contundente: a *Wissentrieb* "não pode ser contabilizada no número das componentes pulsionais elementares, nem subordinada exclusivamente à sexualidade." Sua ação é influenciada pela ascendência da sublimação e movida pela energia da pulsão escópica.[101] Na verdade, o termo *Wissentrieb* é introduzido, nos escritos freudianos, para questionar o tipo de satisfação que acompanha o exercício da curiosidade intelectual. Essa questão é formulada no momento em que Freud identifica a sexualidade infantil como a fonte pulsional de toda a curiosidade sobre os assuntos da vida sexual.

As observações de crianças permitiram localizar o despertar da curiosidade sexual no início do terceiro ano de vida. A primeira questão formulada pela criança, sob o ímpeto do desejo de conhecimento, refere-se à origem da vida:

> Não é por interesses teóricos e sim por interesses práticos que a atividade de pesquisa começa a se desenvolver na criança. A ameaça que pesa sobre suas condições de existência devido à chegada efetiva ou presumida de uma nova criança, o receio da perda dos cuidados e do amor ligada a esse acontecimento, tornam a criança pensativa e perspicaz. ... o primeiro problema que a preocupa ... o enigma: de onde vêm as crianças?[102]

O enigma da reprodução da vida concerne a cada sujeito, a cada pequeno pesquisador, pois se trata de saber da história da reprodução, que permitiu sua transformação, de um simples ser vivo, em um ser falante, ser de desejo. Não há informação nem pedagogia que possam resolver essa questão. Da mesma maneira que a resposta ao enigma da esfinge de Tebas dá sentido apenas à vida do miserável Édipo, Freud ensina que cada criança é levada a inventar teorias para resolver o enigma de sua própria existência. Isso ocorre em função da forma como o inconsciente se estrutura a partir da ausência de escritura, da ausência de um traço que diga respeito à relação que se poderia estabelecer entre o homem e a mulher. "A anatomia não define o sexo" — essa afirmação acachapante de Freud sobre a condição sexual dos seres falantes é uma outra maneira de dizer que não existe, no inconsciente, uma representação que define *a priori* o ser homem ou o ser mulher. Por isso, é necessário construir uma resposta, inventar uma ficção, que, em última instância, consiste na fantasia fundamental, por meio da qual se organiza a posição sexuada de cada um.

Freud assinala que o elemento desencadeador do interesse da criança pelo mundo, no final do segundo ano de vida, é a chegada real ou presumida de um novo irmãozinho. De fato, é bastante comum o intervalo de dois anos para a chegada de um outro filho. No entanto, mesmo quando a família não aumenta, segundo Freud, a questão se coloca. Ora, não se pode desconhecer que a possibilidade da origem de um outro bebê encontra-se diretamente ligada ao desejo dos pais de ter um outro filho. Por conseguinte, a questão sobre a origem concerne, também, ao desejo dos pais. Parece que, a partir de um certo momento, a criança põe em questão a possibilidade de ela preencher, com sua existência, o espaço vazio do desejo que leva um homem e uma mulher a se transformarem em pai e em mãe. O contato da criança com o mundo inaugura-se, então, da hiância que se abre acerca de seu lugar junto ao par parental, não sem angústia, pois essa hiância já é uma forma de subjetivação da falta, que Freud também nomeia "complexo de castração".

O despertar da pulsão de saber indica, de uma certa maneira, o momento em que a criança deixa a via auto-erótica de satisfação, pela qual seu corpo foi dessexualizado e organizado em torno dos objetos pulsionais. Inicia-se o tempo do interesse por tudo aquilo que acontece ao seu redor, no mundo. A criança questiona os adultos, os fatos que observa. Organiza os dados colhidos de suas investigações, classificando-os a partir de um único referencial: a presença ou a ausência do órgão fálico. O caso do pequeno Hans, já mencionado anteriormente, oferece um exemplo vivo desse tipo de interesse pelo mundo. Inicialmente, Hans atribui a presença do pênis a todos os seres. Em seguida, classifica-os em animados, ou inanimados, a partir da presença, ou ausência, do órgão sexual masculino: "A cadeira e a locomotiva não têm pipi. A girafa tem." Depois, parte para a interrogação da diferença entre os sexos, sempre na busca de uma solução para o enigma da reprodução. Vê-se, assim, de que maneira a curiosidade sexual veicula o desenvolvimento cognitivo e a atividade intelectual da criança.

O privilégio do falo, no curso das investigações sexuais, não se encontra desvinculado do processo de construção do corpo, que antecede o despertar do desejo de saber. Em "Três ensaios...", Freud descreve esse processo indicando cada uma das fases de desenvolvimento da organização sexual, que se inicia com as relações ao objeto oral e se encerra com a construção do objeto genital, ou fálico.[103] Essa organização, no fundo, transforma o corpo vivo em sujeito do desejo, não sem a incidência do modo de presença da mãe, no exercício de sua função de maternagem.

A esse respeito, Jacques Lacan diferencia a demanda, o desejo e a necessidade, para destacar a importância dessa dimensão fálica, não a partir da estadologia freudiana, mas da própria estrutura do inconsciente. A primeira expressão de aumento de tensão no organismo é o grito. A criança grita e essa manifestação corporal, real e não-subjetivada, recebe uma interpretação da mãe: é sono, sede ou fome. Por sua resposta, a mãe não apenas transforma o grito em um apelo, uma demanda endereçada a ela, mas também nomeia-o. As nomeações sucessivas da mãe definem o que é bom e o que é ruim, o que é desejável e o que é indesejável, estabelecendo-se, assim, por meio dessa clivagem, uma estrutura mínima de organização. Ao mesmo tempo em que a mãe abre à criança o acesso ao universo da demanda, ela introduz um valor distinto para o desejo. Diferenciam-se, assim, três registros: o da necessidade, o da demanda e o do desejo. A estrutura binária inicial, ainda que precária, constitui a base da primeira simbolização. É sob ela que a criança busca simbolizar a ausência da mãe. Identifica-se no jogo do neto de Freud com a bobina — conhecido como jogo do *fort-da* —, o exemplo da simbolização da ausência da mãe, a partir da lógica binária. O *fort* representa o "foi embora" e o *da* o "voltou". A ausência da mãe — que, no ensino de Lacan, recebe o nome de desejo da mãe —, como toda separação ou perda, deixa a criança perplexa diante de um vazio. Então, ela busca, por si mesma, significações para essa ausência. A mãe não está, porque ela deseja... Todas as representações capazes de responder a essa ausência adquirem, para a criança, um valor fálico. Porém a mãe não deixa de ir e vir, seu desejo não cessa de se manifestar por intermédio de sua ausência. É preciso, então, encontrar uma representação que possa organizar esse universo de significações, que tenha a função de índice, um verdadeiro símbolo fálico. As pesquisas sexuais infantis são o veículo dessa busca, que se inicia rumo a um símbolo que fixe as significações, rumo a um saber sobre o que, no plano do inconsciente, é capaz de sustentar o desejo.

O ponto de partida da reflexão intelectual da criança é a questão: "De onde vêm os bebês?" E o ponto de chegada encontra-se condicionado ao saber sobre o que funda o desejo no inconsciente, saber sobre a falta, portanto, ou sobre a castração. O progresso da trajetória investigativa da criança tende a ser inibido por uma ignorância sobre a castração e por falsas teorias que o estado de sua própria sexualidade lhe impõe.[104] Freud identifica três teorias sexuais típicas.[105] A primeira deriva do fato de as diferenças sexuais entre os sexos serem negligenciadas: "Esta teoria consiste em atribuir a todos os humanos, inclusive os seres femininos, um pênis."[106]

A criança, geralmente, não segue as pistas à sua disposição para orientar suas pesquisas. Se ela observasse que o bebê se forma dentro do corpo da mãe, poderia se perguntar como ele chegou até lá, ou o que provoca seu desenvolvimento, comenta Freud. Se o pai diz que o bebê também é dele, a criança poderia se perguntar qual a sua parte na concepção. Um exemplo citado, a esse respeito, é o do menino que ao ver a irmãzinha tomando banho, percebe-lhe a castração visível, mas falseia sua percepção, comentando: "O (pipi) dela ainda é muito pequeno, mas vai aumentar quando ela crescer."[107] A consciência reluta em processar qualquer imagem que evidencia a castração. A expressão empregada por Freud, para falar desse transtorno à consciência, é "horror do complexo da castração", que as lendas e os mitos não deixam de atestar. No curso das pesquisas sexuais, o horror à castração — que, nos meninos, assume a forma das ameaças de corte ou devoração feitas por pessoas adultas em relação ao seu órgão — inviabiliza o acesso à verdade propriamente dita do inconsciente: "Mas quando a criança parece estar no caminho certo para postular a existência da vagina e reconhecer que a penetração do pênis do pai na mãe é o ato pelo qual a criança aparece no corpo da mãe, é aí que a pesquisa se interrompe: a criança emperra sobre a teoria de que a mãe possui um pênis como o homem e a existência da cavidade que recebe o pênis permanece desconhecida."[108]

Da ignorância da vagina, que se deve ao horror à castração, decorre uma segunda teoria típica, "teoria cloacal do nascimento", segundo a qual o bebê se desenvolve no interior do corpo da mãe, provavelmente pela ingestão de algum alimento, e é expelido como excremento, numa evacuação.

A terceira das teorias sexuais típicas surge quando o acaso leva a criança a testemunhar as relações sexuais de seus pais e a interpretá-las como uma luta de forças, o mais forte dominando o mais fraco, com uma certa violência. Trata-se de uma "concepção sádica do coito".[109]

Em última instância, cada um desses três tipos de teorias indica o fracasso das pesquisas sexuais infantis e constitui um modo de renúncia do sujeito ao saber do inconsciente, cuja conseqüência, para Freud, é uma degradação permanente do desejo de saber.[110] O insucesso do esforço do pensamento para atingir o objetivo da pesquisa, torna-se o protótipo de todo trabalho intelectual ulterior. À maneira como a criança, diante da evidência da castração materna, abandona sua pesquisa em função do impasse que essa descoberta representa em relação a hipótese de que todos os humanos são iguais, o pesquisador, quando esbarra na solução de seu problema, é invadido pela dúvida, pela ruminação, ou seja, pelo tipo de pensamento que caracteriza o primeiro fracasso de seu esforço intelectual, acarretando, como efeito, a paralisação da pesquisa em curso.[111]

O período de investigação sexual infantil termina por volta do sexto ano de vida com a incidência do recalcamento sobre a pulsão sexual.[112] Como já mencionado, o recalque da pulsão sexual é responsável por desviar o objetivo pulsional dos objetos parciais que deram forma ao corpo. O correlato do sacrifício das zonas erógenas de satisfação é a assunção do falo enquanto símbolo das novas formas de satisfação que orientam o desejo do sujeito. Com o acontecimento do recalque, a atividade intelectual, ou a *Wissentrieb*, em função de sua conexão precoce com a pulsão sexual, pode encontrar três destinos distintos:

1) a inibição do pensamento;

2) a compulsão neurótica a pensar; e

3) a sublimação.

A terceira possibilidade, na visão de Freud, constitui o destino mais favorável à atividade intelectual e o mais desejável pela cultura. Na sublimação, o recalcamento sexual intervém, sem reenviar o desejo ao inconsciente. Não é difícil imaginar o sexual e o intelectual caminhando de maneira sobreposta, quando o recalque, por sua ação, subtrai apenas o sexual, deixando livre curso ao intelectual. Freud explica precisamente esse processo psíquico, afirmando que a libido não sofre o recalque, é sublimada em avidez de saber, associa-se à "pulsão de saber" (*Wissentrieb*) e reforça-a. Assim, o pensamento pode agir em um espaço praticamente dessexualizado, livre, portanto, do domínio da investigação sexual infantil e a serviço dos interesses intelectuais.[113]

Os outros dois destinos da pulsão constituem as formas neuróticas do pensamento, ou seja, tipos propriamente ditos de inibição intelectual. Tanto no caso de "inibição do pensamento", quanto no caso de "compulsão neurótica à pensar", a *Wissentrieb* compartilha o destino da sexualidade — o desejo é recalcado conjuntamente com a pulsão sexual. Entretanto, o que caracteriza a inibição neurótica é o fato de que "a avidez de saber permanece inibida e a livre atividade intelectual limitada". Quando essa limitação da atividade do pensamento é reforçada ainda mais no meio externo, mediante intimidações dos pais, educação ou religião, a relação do sujeito com o saber atinge o patamar do chamado "pensamento débil" (*Denkschwäche*).[114]

A "compulsão neurótica a pensar", por outro lado, caracteriza-se pela resistência do pensamento intelectual ao recalcamento. Freud pressupõe que o desenvolvimento intelectual é marcado por um vigor suficientemente intenso, capaz de contornar a ação do recalque. A investigação sexual infantil reprimida retorna do inconsciente, sob a forma de "compulsão de ruminação". A vida intelectual do sujeito, contudo, fica marcada pela sexualização do pensamento, que transfere às operações intelectuais o prazer e a angústia, tal como ocorrera durante as pesquisas infantis: "A investigação torna-se uma atividade sexual ..., mas o caráter da investigação infantil, que é o de permanecer sem conclusão, se reproduz igualmente no fato de esta ruminação jamais encontrar um fim e de a sensação intelectual da solução, que se procura alcançar, tornar-se cada vez mais distante."[115]

Nessa citação de Freud, pode-se ressaltar o que corresponde à própria definição do sintoma obsessivo: a sensação intelectual de estar-se cada vez mais distante do que se procura encontrar. Tal é a expressão do mal-estar do obsessivo em relação ao desejo. A "inibição neurótica", por sua vez, cuja "debilidade mental" pode ser uma derivação, não deixa de apontar a relação impotente ao desejo, que caracteriza o discurso histérico. Em suma, esses destinos da investigação sexual infantil configuram-se como modos de posicionamento do sujeito frente à impossibilidade de saciar a curiosidade intelectual infantil, assim como é impossível saciar o desejo com base na sua própria função de causa, estruturada a partir de uma perda fundamental.

Inibição *versus* sintoma

O que se pode considerar como a última palavra de Freud acerca de sua concepção clínica da inibição aparece em "Inibições, sintomas e ansiedade", de 1925. Esse texto apresenta, de fato, uma revisão do problema da angústia, que fora examinado durante todo o curso da elaboração da teoria psicanalítica; porém, neste momento, é retomado à luz da segunda tópica do aparelho psíquico. Considera-se esse trabalho como uma contribuição essencial para a abordagem clínica dessas três formas de manifestação do mal-estar nos sujeitos. Deve-se observar que, por um lado, nele se situam a inibição, o sintoma e a angústia como manifestações distintas, que ocupam planos também distintos em relação à dificuldade que representam para os sujeitos. No entanto, por outro lado, o texto apresenta uma série de indicações conceituais, vai conjugar cada uma destas formas às outras duas, definindo uma estrutura triádica, em que se verifica a inibição, o sintoma e a angústia, porém em graus distintos. Em relação à inibição, buscar-se-á ressaltar o par que ela forma com o sintoma, para tentar-se extrair, dessa articulação, o terceiro elemento, que constitui a dimensão pulsional presente nessa manifestação.

Enquanto a modificação inabitual de uma função do organismo, seguida da instauração de um novo tipo de funcionamento, merece o título de sintoma, o nome inibição é reservado para o caso de uma simples diminuição da função[116] e, por isso, define-se como "a limitação normal de uma função". Do ponto de vista conceitual, Freud concebe a inibição como intimamente ligada à função, portanto, ele próprio irá examiná-la a partir das funções relativas ao eu. Assim, a definição de inibição é particularizada no campo analítico, como a expressão de "uma limitação funcional do eu".[117]

Nos quadros neuróticos, a inibição configura-se como uma verdadeira renúncia à função. Abrange inicialmente a função sexual, em seguida as de locomoção e de alimentação e, por último, a inibição no trabalho. Nos três primeiros estudos, a perturbação da função é determinada tendo-se como parâmetro a atividade normal do órgão. Em relação à inibição sexual, por exemplo, qualquer anomalia que comprometa a realização orgânica do coito — desprazer psíquico, ausência de ereção, abreviação do ato, o efeito de prazer que não se produz e outras perturbações em relação a condições particulares de natureza perversa ou fetichista — pode ser tomada como inibição. Na mesma linha de raciocínio, são identificadas as inibições que perturbam as funções de alimentação e locomoção, embora se observe, para esses casos, uma maior dificuldade em demarcar o limite da normalidade. Já em relação à atividade profissional, uma nova hipótese esboça-se: a função do trabalho não se encontra associada a um órgão específico e, por isso, é definida como uma "diminuição do prazer de trabalhar ou uma execução defeituosa do trabalho".[118] Alguns fenômenos orgânicos — tais como a fadiga, a vertigem e, mesmo, alguns tipos de paralisias — podem aparecer associados à inibição, mas devem ser tomados apenas como efeitos da função inibitória do eu.

É preciso considerar que esta última elaboração sobre a inibição aparece no contexto da segunda tópica. Assim, Freud identifica duas razões relativas à dinâmica propriamente psíquica, que levariam o eu a renunciar ao exercício da função profissional, ou seja, o eu só abre mão de uma função à sua disposição ou "para evitar um conflito com o Isso", ou "para não entrar em conflito com o supereu". No primeiro caso, é mais fácil identificar a inibição, pois ela se justifica na "erotização muito intensa dos órgãos interessados na função".[119] O mecanismo característico dos processos histéricos é o que serve de modelo para se pensar a sexualização do órgão, a exemplo da atitude de uma cozinheira que se recusa a trabalhar no fogão, após ter-se envolvido amorosamente com o patrão. Do mesmo modo, o escritor vai encontrar-se impedido de utilizar a caneta, logo que o líquido, que flui de sua ponta e penetra na folha de papel branco, adquire a significação sexual do coito.[120]

Ora, erotizar a função equivale a sexualizar o não-sexual, num processo inverso, poder-se-ia dizer, àquele, descrito anteriormente, da sublimação. A via sublimatória é possível pela inibição da pulsão quanto ao seu objetivo, que promove a dessexualização do corpo e a instauração de um espaço vazio de significação sexual, no qual o pensamento pode se exercer. Na inibição no trabalho, tem-se exatamente o avesso da sublimação pois o pensamento ganha sentido sexual. A inibição sintomática, portanto, anula a sublimação, pela sexualização do não-sexual. Retomando o exemplo do escritor, é como se a via da sublimação pulsional fosse temporariamente suspensa, neutralizada ou, mesmo, invadida pelo sentido do inconsciente, que é, sempre, um sentido sexual. A representação do ato de escrever, tornando-se superinvestida de sexualidade, implica a perda do objetivo visado pela sublimação. Assim, a escrita é suspensa e a energia pulsional ganha o terreno do corpo, onde se expressa pela paralisação da função. Tanto do lado do isso, quanto do lado do eu, há prejuízo: a interdição sobre as pulsões incide, ao mesmo tempo, sobre os interesses do sujeito.

No segundo caso de renúncia à função do trabalho — quando o objetivo do eu é evitar um conflito com o supereu —, as "inibições se produzem visivelmente a serviço da autopunição".[121] Freud assinala que essa solução é muito comum em se tratando das atividades profissionais. Tudo se passa como se o sujeito não tivesse direito de realizar nenhum trabalho cujo resultado lhe trouxesse sucesso ou reconhecimento. Atribui-se à instância punitiva do supereu essa imposição de recusa de satisfação, ou, mais precisamente, de renúncia ao resultado do trabalho sublimado. O sujeito trabalha em pura perda, de uma maneira absolutamente alienada, atingindo, por diversos caminhos, o fracasso rendido ao supereu.

Após apresentar essas duas modalidades de resposta do eu, ao isso e ao supereu, Freud conclui que a inibição é uma "medida de precaução", um processo exclusivamente inerente ao eu e, por isso mesmo, não se confunde com o sintoma.[122] De fato, a inibição e o sintoma são processos distintos: a primeira define-se como renúncia, enquanto o segundo é definido como uma "formação de compromisso" (*Kompromissbildung*). Isso não impede, contudo, que se possam considerar certas inibições como sintomas. As próprias análises clínicas de Freud sobre as inibições intelectuais resgatam esse binômio, ao articular a inibição a um modo de satisfação pulsional específico, que caracteriza a estrutura do sintoma. Em seu estudo sobre Fiodor Dostoievski, por exemplo, indica de que maneira a inibição no trabalho se correlaciona à culpabilidade, sob um modo de satisfação autopunitivo, que equivale a um sintoma único, operando em dois tempos.[123] Nesse modo de satisfação masoquista, o sujeito paga com seu trabalho uma sentença ditada por sua própria culpabilidade. Assim, Dostoievski, após ter perdido todos os seus bens no jogo de roleta, escreve *Humilhados e ofendidos*. Sua inibição configura-se da seguinte maneira: o escritor só consegue trabalhar para apaziguar sua culpa e não para gozar do produto final de seu trabalho. Trata-se, nesse caso, de uma curiosa negociação governada por uma lógica inversa àquela que, normalmente, rege a relação de um sujeito com a satisfação proveniente de seu trabalho. Na verdade, o sujeito da inibição inventa uma nova forma de direito ao trabalho: ele adquire uma permissão para o trabalho, entregando seu direito de satisfação ao gozo masoquista. Com esse tipo de passe na mão, ou com essa licença circunstancial, ele pode trabalhar; porém o usufruto desse ato é devido à astúcia masoquista.[124]

A importância de se ressaltar o binômio inibição/sintoma, justifica-se no fato de a ênfase sobre a função, na abordagem das formas clínicas de inibição, escamotear esse aspecto fundamental do benefício pulsional que acompanha distúrbios desse tipo. Levar em consideração a dimensão sintomática da inibição, tal como Freud faz na análise da inibição intelectual de Dostoievski, consiste em incluir a pulsão na inibição, para escapar ao puro funcionalismo inerente à concepção da inibição como defesa. Mesmo porque não parece fácil determinar a função normal da atividade intelectual, em relação à qual se verificaria a incidência da defesa. Por outro lado, a assimilação do pensamento a um órgão é mais difícil ainda de ser objetivada do que no caso do trabalho profissional. Essas razões podem ter levado Freud a preferir abordar as inibições intelectuais, não tanto por meio da "erotização do pensamento", que, como mencionado, é postulada a partir da estrutura do sintoma histérico, mas valendo-se da obsessão, distúrbio do pensamento característico da neurose obsessiva. Com efeito, o paradigma das inibições intelectuais passa a ser a "distração do pensamento" ou a "obsessão a pensar" — "obsessão de representação", ou pensamentos (*Zwangsvorstellungen*) —, ou seja, o processo pelo qual pensamentos inconvenientes se infiltram em uma determinada cogitação e nela persistem durante um tempo mais ou menos longo, apesar da vontade consciente e de todos os esforços para se livrar deles. Esses pensamentos inconvenientes produzem uma verdadeira difração sobre a cogitação: limitam seu avanço pela criação de elucubrações de conteúdo passional, que a desviam, cada vez mais, da direção preferencial.

Não há dúvida de que essas duas formas de inibição — "obsessão a pensar" e "erotização do pensamento" — corrompem o trabalho intelectual. Este é a forma sublimada de se obter satisfação. É certo que a sexualidade se encontra nele incluída, mas inibida quanto ao seu objetivo. As inibições intelectuais também abrangem a sexualidade no plano do saber, porém de uma outra maneira, que justifica a questão: "Que satisfação se obtém com a infiltração de idéias impróprias ao pensamento?" "A que serve a erotização do pensamento?" A resposta freudiana é clara: serve para punir.[125] Nesses casos, a pulsão se satisfaz, portanto, pelo modo masoquista. Destaca-se, no plano da atividade intelectual, a humilhação ou o "masoquismo moral", no qual o sujeito, devido a um sentimento de culpa geralmente inconsciente, procura a posição de vítima, sem que um prazer sexual esteja implicado diretamente no fato.[126]

Em várias formas sintomáticas de renúncia ao produto do trabalho, é possível identificar o privilégio desse modo de satisfação masoquista. No exemplo de Dostoievski, o sujeito humilha-se para ter direito ao trabalho. O usufruto do trabalho é perdido precedentemente, entregue ao superego, para apaziguar o sentimento de culpa do sujeito. Podem-se lembrar, também, os casos, não muito raros, de sujeitos que alienam seu trabalho. A esse respeito, tem-se, na literatura psicanalítica, o caso de um paciente de Ernest Kris — psicanalista pós-freudiano e importante representante da psicologia do ego — que ficou conhecido como "o homem dos miolos frescos". O aspecto fundamental da alienação do próprio trabalho, nesse paciente, é o roubo de idéias: ele rouba de si mesmo os resultados de sua pesquisa intelectual, atribuindo a um outro pesquisador a autoria de suas conclusões. Freud chama a atenção, ainda, para dois fenômenos bastante comuns: pessoas que fracassam diante do sucesso[127] ou que saem ganhando com o fracasso. Mesmo quando o fracasso parece ser endereçado a outras pessoas — a exemplo do fracasso escolar da criança, que serve, essencialmente, para punir seus pais, sobretudo os ideais deles em relação à vida intelectual —, devem-se procurar os benefícios tirados pelo sujeito, o saldo de culpa que ele se obtém entre a autopunição e o desespero dos pais.

Capítulo V

Lacan: da inibição à debilidade mental

1. Lacan, o ato e a inibição intelectual

Inibição *versus* ato

A tentativa de reintroduzir a dimensão pulsional nas formas de inibição, tal como pretendido no capítulo anterior, com o binômio inibição/sintoma, foi também um empreendimento dos analistas pós-freudianos. Na ocasião, reabilitou-se um outro binômio, fornecido pelo par que a inibição intelectual — ou as inibições em geral — forma com o ato. Pode-se perceber que, nesse par, a inibição é complementada com o que constitui, exatamente, o seu oposto: a paralisação, que é o contrário da ação. O interesse dessa oposição é duplamente justificado: de um lado, a ação é tomada como a via preferencial de resolução da inibição e, em contrapartida, a inibição é pensada como uma terapêutica possível para as principais patologias do ato, a saber, a "passagem ao ato" e o *acting out.* Além disso, essas duas modalidades de ação são vislumbradas como o que poderia revelar a própria estrutura da inibição. Desde então, toda a clínica da inibição, vista pelo ângulo de um sujeito que se encontra impedido de agir conforme a natureza de uma função — impedido de trabalhar, de amar, de se locomover, enfim, de dar prosseguimento ao que é essencial na sua vida — confronta-se com a clínica do ato.

O ponto de vista teórico que mais se destaca nas elaborações dos pós-freudianos sobre a clínica do ato é a teoria freudiana da autopunição e do sentimento de culpa referido ao pai. Já existia um certo consenso em relação a essa hipótese explicativa, quando Jacques Lacan, durante a década de 1950, se inclui no debate, abrindo mão desse referencial teórico e abordando a questão pelo viés da sua teoria do estágio do espelho. O elemento conceitual que serve, então, para pensar todo o agir do sujeito é a noção de objeto causa de desejo, referida ao complexo de castração. No início dos anos 1960, o objeto causa de desejo já é concebido como o que, fundamentalmente, organiza e regula a ação do sujeito no mundo, além de produzir uma série de efeitos sintomáticos, entre os quais pode-se incluir a inibição.

Na verdade, o debate sobre a clínica do ato inaugura-se em torno da polaridade inibição/*acting out*, introduzida no campo analítico pelos kleinianos, no início da década de 1920. No curso dessa década e, também, da seguinte, a atenção dos analistas centra-se sobre o fato de a análise dos sintomas não bastar para curar seus pacientes. Freud já ressaltara esse aspecto, descrevendo os obstáculos que se interpunham ao caminho do deciframento do sentido do sintoma, entre os quais considera, especialmente, o caráter repetitivo dessa formação do inconsciente. Foram a insuficiência do tratamento analítico, visto sob o crivo do sintoma, e as manifestações da chamada reação terapêutica negativa[1] que ocasionaram a formulação da segunda tópica freudiana, notadamente do conceito de pulsão de morte. Esse conceito vai tornar-se uma das bases primordiais de funcionamento do aparelho psíquico. Muitos dos alunos de Freud resistem a admitir a idéia de repetição ligada a resistências ao tratamento — que o conceito de pulsão de morte introduz —, preferindo inovar a prática analítica com a criação de técnicas para fazer face às novas formas sintomáticas reincidentes, após a análise do sintoma propriamente dito ser terminada. Assim, desperta-se o vivo interesse dos analistas pós-freudianos por todas as modalidades clínicas, apresentadas por seus pacientes, que não se configuravam como queixa. Tratava-se, de fato, de uma série de variedades de atos cometidos pelos pacientes, considerados, antes disso, contra-indicação para o tratamento analítico. Em um momento inicial, dedicaram-se à descrição dos tipos e das variações dessas formas clínicas, que foram caracterizadas como assintomáticas e classificadas entre a inibição e o *acting out*. Com base em um enfoque que buscava instituir novos quadros clínicos, essa época ficou marcada pela emergência de novos reagrupamentos sindrômicos.[2]

Essa tendência sindromista vai se afirmar, sobretudo, a partir de controvérsias a respeito do elemento conceitual que orientaria as descrições dos tipos de caráter. Mesmo assim, as grandes linhas do debate, desde 1924, situam-se entre a inibição e o ato.[3] O importante a ressaltar, contudo, é que os pós-freudianos já intuíam, com bastante propriedade, a existência de uma distinção fundamental entre o sintoma e as modalidades de inibição e *acting out*, apontando para o domínio do pulsional. De maneira geral, as novas síndromes assintomáticas são entendidas como distúrbios de caráter pulsional. Assim, em um eixo delimitado por dois extremos, situar-se-ía, de um lado, os sujeitos essencialmente inibidos e, de outro, os tipos delinqüentes, atores de diversas formas de atos impulsivos, caracterizados pela ausência de recalque das pulsões e por um agir sadomasoquista. Em relação a este segundo pólo, é a dimensão da passagem ao ato e do *acting out* que sobressai.

Caráter pulsional

Sujeitos inibidos —————————— Tipos delinqüentes

Ato

Após esse momento inicial de classificação segundo o critério da inibição e do ato, na forma do *acting out*, a investigação da causalidade, em jogo nessas formas clínicas assintomáticas, reforça a questão da satisfação pulsional. Descrevem-se as estruturas do caráter pulsional; chega-se a evocar uma malignidade intensa da espécie humana, que atinge uma compulsão ao castigo; delineiam-se algumas hipóteses, que contribuem para a afirmação da teoria freudiana da autopunição; admite-se a prevalência de um superego sádico e pré-genital, fazendo aliança com o isso, instância cúmplice dos atos, tendo-se em vista a consciência moral.[4] Durante as décadas de 1940 e 1950, a hipótese explicativa dos representantes da psicologia do ego centra-se na existência de uma falha no desenvolvimento do princípio de realidade, concebido como uma instância educativa.[5] Nessa época, Jacques Lacan tenta abordar o *acting out* a partir de sua concepção da agressividade como relação primordial ao Outro, tal como evidenciada na reelaboração do narcisismo, cujo conceito organizador é o do estágio do espelho. Essa vertente explicativa receberá todo um desenvolvimento posterior, sustentado por uma reflexão sobre a posição de personagens trágicos — como Antígona e Hamlet —, em que se privilegiará, na relação do sujeito com o Outro, o drama do desejo. Define-se, então, *acting out* e passagem ao ato com base na incidência, para o sujeito, da falta do Outro, que institui uma perda de objeto, cujo luto verifica o próprio sentido do desejo.[6] O interesse do comentário de Lacan sobre a inibição reside na possibilidade que se abre para resgatar a perspectiva essencialmente freudiana da existência de um laço entre a inibição e o desejo, desfazendo a dicotomização simplista entre os dois pólos do binário inibição/ato, preconizada pelos pós-freudianos.

A função do desejo enquanto causa

O termo "desejo" (*Wunsch*), em Freud, adquire a forma conceitual de "desejo inconsciente" e articula-se na experiência originária de satisfação, cujo objeto, como visto anteriormente, é perdido para sempre, reencontrado apenas nas tessituras e proliferações dos traços mnésicos, que se constituíram referidos à satisfação libidinal.[7] O aforismo, presente no texto *A interpretação dos sonhos* (1900), segundo o qual "o sonho é a realização do desejo" (*Wunscherfüllung*), será retomado por Lacan no desenvolvimento que dá à questão. Explicita-se que a realização do desejo no sonho não é a realização propriamente do desejo, mas o que permite sua construção. Por meio da construção do desejo opera-se a passagem da satisfação ao inconsciente, passagem fundamental para a correlação do desejo à pulsão, visto que é esta última que necessita do gozo para se satisfazer.[8]

Se o modo de satisfação do desejo é o sonho, na realidade ele permanece insatisfeito. Não há objeto que possa satisfazê-lo, de maneira que sempre há uma falta na origem do desejo. Assim, entende-se que o desejo é sua insatisfação.[9] Mesmo quando adquire um objeto desejado para preencher a falta, o sujeito continua a desejar, causado e movido por essa falta estrutural, que recebe o nome de castração. No inconsciente, o objeto que marca a falta — designado, também, objeto faltante — é o falo. É Lacan quem faz da castração o nome da falta fundamental, que nenhum objeto pode cobrir. Na perspectiva da castração, o falo, objeto da falta, é uma constante da própria articulação simbólica. Portanto, elege-se o símbolo $-\varphi$ como a escrita do complexo de castração — o sinal de subtração (-) indica a falta e o símbolo do falo, o objeto dessa falta.

Essa conexão entre o objeto e a castração é que distingue o ensino de Lacan da contribuição dos pós-freudianos — notadamente Melanie Klein e seus alunos, que ficaram conhecidos como teóricos da relação de objeto. Na perspectiva dos kleinianos, o objeto genital é concebido como um ponto de mira ideal, sobre o qual, no curso do desenvolvimento da libido, deve convergir uma série de experiências pré-genitais.[10] Enfatiza-se o conceito de objeto parcial, que permite se estabelecer uma polaridade entre o objeto da pulsão e o objeto do amor. Nessa perspectiva, pode-se considerar que o aspecto central do trabalho analítico é abrir o eixo ao outro como objeto total, do interior ao exterior, de uma maneira não-depressiva, mas elevada ou oblativa, em que o dom de si visa à realização, sob o prisma da sexualidade genital. O problema dessa perspectiva é que a totalização do Outro como ponto de estrutura implica a depressão do sujeito: se o Outro é tudo, logo, não sou nada. Melanie Klein só encontra a saída da análise em uma identificação do sujeito ao objeto, que no tratamento torna-se identificação ao analista. Essa parece ser a única maneira de levar o sujeito a deixar a posição depressiva e, assim, torna-se o ponto irredutível do final de análise.

Nessa concepção de Klein, constata-se um escamoteamento da irredutibilidade do objeto da pulsão, na medida em que o objeto parcial equivale ao objeto do amor. A esse respeito, Lacan é categórico ao afirmar que não é possível conceber um objeto que não faça parte de um circuito incluindo o Outro, escrito com letra maiúscula, para não ser confundido nem com o sujeito, nem com o outro da relação amorosa. Com efeito, Freud, em "Sobre o narcisismo: uma introdução", transforma em um dado de estrutura o fato de o eu ser um objeto de amor do sujeito. Então, na perspectiva das relações objetais dos kleinianos, o desenvolvimento consistiria na substituição do eu por um objeto amoroso da realidade. Na intepretação de Lacan, porém, o eu só se interessa por sua imagem, porque essa imagem é reconhecida pelo Outro como algo amável. Eis o fundamento do estágio do espelho: o eu constitui-se alienado na imagem do que representa especularmente para o Outro.[11] Na escrita da relação narcísica do sujeito com o Outro, há, de um lado, *a* como objeto amável, e do outro, o *a'* como objeto da pulsão:

$$a — a'$$

Essa relação do sujeito com o Outro, passando pela imagem do que ele representa na esfera do desejo do Outro, estabelece uma ponte entre o objeto da pulsão e o objeto do desejo, diferente daquela proposta por Freud, em um ponto preciso: a matriz do objeto da pulsão é o objeto metonímico: "não há objeto do desejo que não seja metonímico" e "o objeto do desejo é o objeto do desejo do Outro".[12] A vantagem de se ter uma única categoria de objeto é a possibilidade de se poderem articular os quatro objetos de Freud — "objeto perdido", objeto do amor, objeto do desejo e objeto da pulsão — em uma série homogênia. Assim, pode-se recusar a combinatória entre o objeto do amor e o objeto da pulsão proposta por Klein, que leva a sustentar a finalidade genital na especificidade de cada um.[13]

Essa concepção do objeto como incapaz de satisfazer a castração constitui o ponto de partida da reflexão de Lacan, que o leva a inventar o objeto *a*. Ao longo dos anos de construção do conceito de objeto *a*, busca-se definir o estatuto de um objeto que poderia substituir o -φ, sem anular a função de causa de desejo. São várias as definições propostas para se dar conta dessa propriedade ímpar do objeto: "objeto causa de desejo",[14] "condensador de gozo" ou "objeto inacessível, que permite o gozo",[15] "parte libidinal"[16] e "objeto sem idéia".[17] Destaca-se, desde a primeira dessas definições, a articulação do objeto da falta ao desejo do Outro: "o objeto *a*, objeto do desejo, é o que sustenta a relação do sujeito com o Outro, como ele não é o falo."[18]

O Outro, em Lacan, é um dos elementos que participa do processo de surgimento do *infans* no registro do simbólico, processo equivalente à própria estruturação do sujeito do desejo. Quem, inicialmente, encarna a função de Outro para a criança é a mãe. De fato, no desempenho dos primeiros cuidados com o recém-nascido, traduzindo suas necessidades e encarregando-se de satisfazê-las, ela ocupa, ao mesmo tempo, o lugar do Outro simbólico e do outro semelhante. Mencionou-se, anteriormente, que a criança precisa mediatizar a busca de objetos de satisfação, tanto corporais como pulsionais, por meio de uma demanda. Ora, a demanda da criança só se constitui, enquanto tal, por meio da resposta da mãe a seu grito. Na função de responder aos apelos do filho, a mãe é um "outro" semelhante, visto encontrar-se submetida à lei da castração, que a deixou marcada pela falta de objeto e a fez eleger outros — entre os quais, a própria criança — para substituírem o objeto dessa falta. Por outro lado, para que a demanda da criança se enuncie, não há outro meio senão passar pelas formulações significantes tomadas de empréstimo do discurso materno. Nessa vertente, a mãe é um "Outro" simbólico. Essa condição necessária de a demanda ser atravessada pelo Outro simbólico impõe não só a linguagem à criança, mas também a posição eletiva desse sujeito materno na linguagem, que é a forma particularizada de seu discurso.

No hiato que se forma entre o que representa a demanda própria do sujeito e a demanda possível, passando pelo Outro, nasce o desejo. Dizendo de outra maneira, a satisfação obtida com o objeto externo revela ao sujeito a impossibilidade de ele se bastar e instaura a satisfação mediatizada pelo Outro. Assim, o objeto da primeira satisfação não coincide com a imagem do passado, que levou a desejar.[19] É essa defasagem que torna o desejo indestrutível, pois se institui uma falta que nenhum objeto consegue preencher, mas que, por outro lado, precipita o desejo da criança no registro do desejo do Outro. A demanda, portanto, apresenta uma dupla face: permite buscar o objeto; no entanto, submete o *infans* aos significantes do Outro, da língua. Nesse sentido, é a linguagem que é castradora, visto que faz o desejo do sujeito ficar definitivamente ligado à demanda, sem evidenciar-se enquanto tal.

No curso do desenvolvimento da concepção de desejo, Lacan vincula a castração à mãe, justamente porque esta é, para a criança, um outro desejante, marcado pela falta — outro que deseja a criança e cuida dela — e, ao mesmo tempo, um Outro simbólico, veículo da linguagem e de sua lei castradora, a que a criança se encontra igualmente submetida. A matriz simbólica introduzida nas primeiras experiências de satisfação permite um certo desprendimento da relação de dependência da criança com o desejo puro da mãe e a conexão entre a falta e a dimensão do falo, ainda que de uma maneira rudimentar.[20] O fato de o falo ser o objeto do desejo da mãe fixa, para a criança, uma primeira nomeação do objeto da falta. Jacques-Alain Miller propõe escrever essa relação do desejo da mãe simbolizando para a criança o desejo de falo $-\varphi$, por meio de uma equação, que se designou metáfora infantil:

$$\frac{\text{criança}}{-\varphi}$$

A metáfora infantil salienta a possibilidade de a criança poder ser uma solução possível da falta fálica feminina, desde que seja tomada como um objeto substituto do falo, no mesmo nível de todos os demais objetos desejados pelo sujeito feminino no lugar vazio que causa o desejo.[21] Para a mãe, a criança é apenas um dos nomes do objeto da falta. Para a criança, essa nomeação faz com que o falo possa representá-la junto à mãe, como um dos objetos de seu desejo:

$$\text{criança} = -\varphi$$

Essa representação, contudo, somente adquire uma consistência simbólica no decorrer do processo de estruturação edípica, quando, então, é substituída pelo símbolo do pai. Pode-se dizer que a castração introduzida com essa primeira simbolização não assegura à criança o fato de ela, enquanto um objeto do desejo da mãe, não ser reincorporada, como objeto de gozo, ao sujeito feminino. Essa interdição de gozo é o que, de fato, revalida a castração, transformando o falo em um significante propriamente simbólico. Eis o ponto nodal da "metáfora paterna", processo de substituição do significante do desejo da mãe por um significante paterno, que faz do falo a encarnação da lei do desejo. "É do pai que depende a possessão, ou não, pelo sujeito materno, desse falo."[22] Essa é a condição da transmissão da lei da castração no plano simbólico: a mãe funda o pai como mediador de seu produto e diz "não" ao gozo, furtando-se a tomar seu objeto — criança — unicamente por seu valor de usufruto: "Tu não reintegrarás teu produto" é a lei edípica, que se faz, então, valer.

No curso do Édipo, a criança vai descobrir esse sistema de relações, para além da potência fálica da mãe. Ora, descobrir a participação do pai na história de desejo que fez a mulher conceber uma criança é a tarefa sobre a qual todo pequeno sujeito, segundo Freud, se debruça, a partir da questão "De onde vêm os bebês?". A assunção do falo enquanto símbolo do pai implica, portanto, a descoberta da castração materna e a subjetivação dessa castração pela mediação do pai: "A verdadeira natureza do falo revela-se sobre a falta de pênis da mãe."[23] Sabe-se que o encontro da criança com esse real da condição feminina é uma experiência bastante perturbadora, que decide seu destino enquanto ser sexuado. Decide, também, para dizer em outros termos, a relação do sujeito com o saber que funda o próprio inconsciente: a castração. A angústia suscitada no encontro com essa verdade única para todo sujeito pode levá-lo a se proteger com uma fobia — nesse caso, evidencia-se o não querer saber nada sobre a articulação da castração com a dimensão fálica do objeto. Essa é uma posição neurótica em relação à castração, caracterizada por Lacan como um "nada-de-pênis", que se transfere para o "nada-de-saber".[24] Uma outra resposta para a angústia, consiste em a criança erigir um fetiche para denegar o que acabou de descobrir — assim, a existência do pênis é mantida, embora deslocada. Em suma, descobrir que a mãe é uma mulher, introduz, no universo da criança, algo que é da ordem de um corte. O que pacifica essa experiência é a transmissão de um Nome-do-pai, que fixa o falo no universo simbólico.

Tomando a metáfora paterna como a saída do complexo de Édipo, Lacan identifica três tempos de estruturação do símbolo fálico, regidos pela força da castração.[25] No primeiro tempo, a criança procura o objeto do desejo da mãe, pela via da demanda, e identifica-se a esse objeto de forma especular. A criança só ocupa esse lugar de objeto do desejo da mãe, porque esta é um sujeito feminino, para o qual a criança pode adquirir o valor de um objeto fálico. Essa etapa é designada como uma etapa fálica primitiva: a primazia do falo instala-se pela existência, para o sujeito feminino, do símbolo, do discurso e da lei. No entanto a via de acesso ao falo, para o sujeito *infans*, é o da identificação à imagem do objeto do desejo da mãe. Nesse tempo, basta "ser o falo" e, no caso de essa mensagem transmitir-se de maneira bastante satisfatória — a criança identifica-se ao falo imaginário e a mãe sente-se saciada com essa representação —, podem-se consolidar perturbações de natureza perversa.

No segundo tempo do Édipo, o pai intervém como privador do falo imaginário, como quem interdita a mãe para a criança. Trata-se de um estágio nodal, pois opera-se a separação do sujeito de sua identificação ao falo imaginário, resgatando-lhe a primeira incidência da lei simbólica. É como se fosse lembrado à criança que a mãe é dependente de um objeto, não sendo este, simplesmente, o objeto de seu desejo, mas um outro objeto, o da falta, que a faz desejar. Sendo a mãe privada do falo, a criança, conseqüentemente, não é o falo. Esta perda no plano do ser do sujeito é a condição para que ele possa inventar-se uma posição sexuada.

A saída do Édipo depende de uma terceira etapa, em que se restabelece, no plano real, a relação do pai com a mãe. O pai não aparece mais como aquele que priva ou interdita, mas como aquele que pode dar. O pai pode dar à mãe o que ela deseja, porque ele tem o falo, ele é o portador da lei. Em definitivo, ele lhe dá a criança que ela deseja. A potência do pai permite uma identicação do sujeito com a instância paterna, identificação que constitui seu ideal do eu.[26] Essa identificação simbólica, no final do Édipo, estabelece-se na medida em que o pai se torna o objeto de desejo preferido da mãe. Esse terceiro tempo do Édipo é o que, com efeito, fornece o sentido dos dois outros tempos precedentes.

Em suma, a função essencial do pai é a de se constituir em um suporte simbólico de separação, para que a mãe não faça de sua criança seu objeto de gozo — como se observa nas psicoses na infância —, tampouco reduza-a ao seu ideal irrealizado — característico dos casos de perversão. A meu ver, essas duas modalidades de relação da mãe com seu objeto criança podem ser tomadas como formas patológicas da função do desejo enquanto causa. Lacan não deixou de definir a relação dual exatamente nessa perspectiva, esclarecendo tratar-se de uma relação essencialmente alienada, cujos efeitos podem ser a interrupção, a inversão e o desaceleramento ou a inibição da função da causa do desejo, que deixa o sujeito em um estado de desconhecimento profundo da relação de palavra com o Outro.[27] A partir dessa referência, pode-se dizer que, na psicose, a relação dual interrompe a função de causa, já que a criança se substitui ao objeto do gozo do sujeito feminino e, dessa forma, "satura o modo de falta em que se especifica o desejo da mãe".[28] Na perversão, a relação dual inverte a função do desejo, uma vez que a criança, com sua identificação ao falo imaginário, torna imediatamente acessível à mãe "o que falta ao sujeito masculino: o próprio objeto de sua existência concretizando-se no real".[29] Na fobia, ou nas neuroses de maneira geral, a relação dual inibe a função da causa do desejo. O sintoma do sujeito fixa-o na trama edípica, pois é erigido no lugar vazio da causa, numa tentativa decidida de evitar a verdade da castração. A escolha pelo "não-saber", pelo desconhecimento da castração como causa de desejo, perpetua o sujeito no Édipo, condenando-o a não revelar outra verdade, senão a do par parental.[30]

Por último, deve-se reconhecer, nessa abordagem do desejo como causa, o aspecto central da abordagem de Freud sobre a inibição, que se traduz na ênfase conferida ao bloqueio da "função", no funcionamento psíquico. Porém Lacan, em vez de ressaltar a função bloqueada no plano de uma atividade qualquer — o trabalho, a vida sexual e o pensamento, entre outras —, vai privilegiar a "função do desejo", que, ao ter sua causa bloqueada, desencadeia um série de efeitos sintomáticos no sujeito, dentre os quais a própria inibição intelectual.

A exclusão do sujeito na prova experimental piagetiana

No seminário *A angústia* (1962-1963), Lacan desenvolve uma reflexão sobre a função da causa do desejo, situando-a como uma função ligada ao real de um movimento, real de uma ação, seja esta motora ou de outra ordem. Considera que toda ação do sujeito no mundo visa reencontrar o objeto primordial e é animada pela função do desejo. Nessa perspectiva, a inibição configura-se como uma ação que contraria a função, da qual se origina o ato. Não é difícil reconhecer, nessa elaboração, a definição freudiana da inibição, enquanto limitação funcional, porém vista sob o prisma do complexo de castração.

Entretanto, o que recebe um maior destaque no comentário de Lacan acerca dessa dimensão sintomática da inibição opondo-se ao ato é a concepção da inibição como intrínseca à própria estruturação da função de causa. Postula-se que "o ato surge no lugar da inibição" e que o fundamento dessa relação se assenta sobre o fato "do ato ser uma ação, na qual se manifesta o próprio desejo que teria sido feito para inibi-lo".[31] A meu ver, esse argumento de Lacan permite entender-se que a inibição precede o ato. E, precisamente nesse ponto, salienta-se a dimensão estrutural da inibição, como fundadora da causa, da qual emana o desejo e, por conseguinte, toda a ação do sujeito na realidade. A respeito dessa estrutura, a descrição da primeira experiência de satisfação, com que Freud apresenta o funcionamento do psiquismo, é, mais uma vez, um recurso de elucidação. Deve-se reconhecer, inicialmente, que o choro da criança é uma resposta motora no real, visando a um objeto também real. Essa resposta manifesta-se como uma ação do sujeito no mundo, mas, para realizar-se, é necessária a ação da inibição, bloqueando a forma de satisfação oriunda da representação do traço mnésico e forçando a busca de satisfação na realidade. Em outros termos, a inibição contém o investimento da libido no objeto alucinatório, liberando energia para o investimento no objeto da realidade. A função estrutural da inibição, portanto, é exatamente a de fundar a ação na realidade. Essa ação, contudo, fica referida à imagem de satisfação já representada no psiquismo. Assim, aspira-se a que o objeto real coincida com o objeto alucinatório, mas, como eles não possuem a mesma natureza, não pertencem ao mesmo mundo, nunca podem se encontrar. O hiato gerado por essa inconciliabilidade entre os objetos é o que funciona como causa do desejo. Em suma, pode-se dizer que o ato real, no presente, se modela por um desejo indestrutível à imagem do passado, à imagem de uma experiência de satisfação, que se projeta, no futuro, como realizável.[32] A lógica da realização do desejo, pela via do ato, contraria a tendência alucinatória do psiquismo, que desejaria inibir o ato e realizar-se enquanto tal. O ato surge na contrapartida desse desejo de inibi-lo, porque, bem ao contrário, manifesta a irrealização do desejo, faz conhecer a lacuna, e, portanto, exprime o próprio *Wunsch*.

Essa estrutura centrada num vazio, na impossibilidade de o objeto, por sua natureza sempre metonímica, jamais corresponder ao desejo, confere um valor privilegiado à angústia de castração. A angústia, de fato, é um efeito do desejo, porque a falta fica sempre em descoberto. A tendência do sujeito, diante disso, é tentar ocultar essa falta, o que se dá pela introdução, sobre uma ação já iniciada, de um outro desejo, que contraria a função. Lacan elege o "desejo de reter" como expressão desse recurso do sujeito, que, em última instância, equivale à inibição da função de causa. Assim, identifica-se a retenção como um modo de defesa frente à angústia de castração, uma estratégia de anulação da discordância existente entre a falta e o objeto reencontrado, que consiste em conferir, a este último, a forma adequada ao desejo do Outro. É preciso considerar que tal defesa pressupõe o acesso do sujeito ao estágio fálico. A impossibilidade de o objeto fálico satisfazer a falta reenvia o sujeito a seus objetos pulsionais primordiais — oral, anal e escópico —, não para que estes revelem sua essência enquanto causa, mas para serem transvestidos com uma indumentária narcísica, capaz de contornar o desejo do Outro.

No nível oral, por exemplo, o único objeto negociável deveria ser o seio: a angústia, assinalada pelo grito, instaura a demanda do sujeito de ser alimentado e a resposta do Outro carrega, em si, uma outra demanda, que é a de se deixar alimentar.[33] No entanto, o sujeito também é requerido pelo Outro, enquanto objeto de seus cuidados e, a essa demanda, responde oferecendo o que é como objeto. O desejo de reter, nesse nível, assume a forma do dar-se ao Outro. No nível anal, a forma do desejo de reter é a da oblatividade: o objeto excremento funda o desejo de expulsar, visto que o educador materno, ao demandar esse objeto como o que é digno de aprovação, confere-lhe o valor de dádiva ao Outro.[34] E, no nível escópico, é a imagem especular que se encontra em posição correlativa, adquirindo o sentido de ser o que o sujeito pode oferecer para contornar a hiância central do desejo fálico.[35]

O exemplo surpreendente que Lacan escolhe para contextualizar o desejo de reter é uma situação experimental relatada por Jean Piaget. Os motivos que o levam a buscar, no terreno da psicologia, uma ilustração para sua concepção de inibição da função de causa do desejo poderiam ser muitos. Sabe-se, por exemplo, que Piaget procurou compreender as fontes e os mecanismos do progresso do conhecimento, preconizando a ação que o sujeito exerce sobre os objetos do mundo. Sabe-se, por outro lado, que, ao contrário dos psicanalistas, esse autor, idealizador da escola teórica chamada de epistemologia genética, não encontra barreiras para assimilar a linguagem a um órgão, propondo a objetivação do discurso como um verdadeiro "órgão de comunicação do sujeito". Entretanto o que especialmente parece justificar o interesse de Lacan pela pesquisa de Piaget sobre a função do órgão da comunicação é o próprio contexto da situação experimental montada para esse fim, que gira em torno de um objeto específico: a torneira. Ora, não se pode desconhecer que a torneira representa o tipo fundamental de objeto da falta, que é o objeto fálico. Assim, enquanto essa experimentação centrada no funcionamento da torneira serve à psicologia genética para fundamentar a postulação da linguagem egocêntrica da criança, à psicanálise, ela servirá para ilustrar a inibição do pensamento, devido à incidência do desejo de reter. Além disso, por meio da metáfora da torneira, distinguem-se outras três modalidades de resposta do sujeito à castração, que são o sintoma, a passagem ao ato e o *acting out*.

Os resultados da investigação de Piaget são apresentados em *A linguagem e o pensamento da criança*.[36] A situação experimental consiste em colocar uma criança diante de uma torneira fechada com um balde vazio embaixo e, em seguida, transmitir-lhe uma série de explicações sobre o funcionamento do objeto torneira. Para verificar-se o grau de entendimento da linguagem na criança, é solicitado, a ela, reproduzir, em seguida, a mensagem que acabou de receber. Nessa etapa, a criança é o "receptor" de uma "mensagem" do "emissor", no caso, o próprio dr. Piaget. Trata-se da seguinte informação: a torneira encontra-se tamponada e, por isso, o fluido contido não pode sair; se se virar a chave com os dedos, o fluido corre, porque o canal é aberto.

Com se observa no relato da experimentação, na maior parte das vezes, as crianças são capazes de reproduzir integralmente, para o experimentador, as explicações recebidas, dando provas, assim, do entendimento delas. Inicia-se, então, uma segunda etapa, na qual a criança serve de "emissor" da mesma "mensagem", para um "receptor" — agora, uma outra criança de sua idade. Constata-se, contudo, no momento desta segunda transmissão, "uma perda efetiva no nível da compreensão": não se reconhece, no enunciado da criança reprodutora da mensagem, o conhecimento adquirido sobre o funcionamento da torneira. Conclui-se, daí, uma dificuldade de as crianças se entenderem entre si, nos moldes como conseguem entender os adultos.

Piaget raciocina a partir da relação de causa e efeito, sendo que, para ele, o efeito essencial da palavra é a comunicação. Ele não considera, nessa relação, a interferência de nenhum efeito relativo ao aspecto castrador da linguagem para o sujeito. Lacan, por sua vez, leva em conta que qualquer resposta do sujeito, qualquer efeito que possa ser traduzido no campo do real de sua ação, se traduz, também, em um outro campo, que é o da realização do sujeito pela via da dialética do desejo do Outro. Nesse segundo campo, a falta é a causa e o desejo é o efeito primordial dessa causa. A causa constitui-se, então, na suposição de efeitos, devido ao fato de que o efeito, como tal, falha. Nesse sentido, o desejo define-se, de preferência, como falta de efeito.

Essa hiância efetiva do desejo entre a causa e o efeito encontra-se elidida na experiência científica da torneira. A lógica do pensamento extrai-se exclusivamente das respostas da criança aos enunciados de Piaget, e nada mais, embora avalie, também, a série de respostas que regeu sua enunciação para os fins do teste.[37] Por outro lado, a lógica da castração, aplicada ao plano da compreensão, permite a Lacan extrair, dos próprios enunciados da criança, a função de causa que se revela no funcionamento do objeto torneira. Considera-se, em primeiro lugar, que essa função subentende qualquer relação do sujeito ao Outro. No entanto, é preciso, também, levar em conta o fato da transmissão do reprodutor ser, certamente, influenciada pelo receptor, caso este seja o dr. Piaget, em pessoa, ou uma outra criança da mesma idade, a quem se pode falar, mais facilmente, das inquietações relativas à angústia de castração.

Um outro aspecto que se ressalta, nessa experimentação, é o interesse evidente das crianças em destorcer a torneira, desmontá-la ou substituí-la, o que indica a encarnação, nesse objeto, da função de causa, sob o ponto de vista da dimensão fálica — -φ. O negativo do falo permite essa superposição de um outro objeto, ao qual se atribui o mesmo valor do símbolo. Por isso, o que vai ser salientado pelas crianças, na reprodução da explicação, é o efeito da torneira como algo que se fecha e graças ao qual se pode encher uma bacia sem que ela transborde. Em relação ao fenômeno produzido pelo objeto, os comentários dos pequenos sujeitos vão alertar para o fato de nada garantir que, ao se abrir a torneira, o fluido vai sair. A torneira foi feita antes de tudo para reter uma pressão e não se pode saber, de antemão, se vai, ou não, haver pressão. Deixá-la aberta, quando não há fluido, pode ser catastrófico; é preferível deixá-la fechada, mesmo quando não há nenhum sinal dele.[38] Deve-se reconhecer, nesses comentários das crianças sobre o objeto torneira, a demonstração de que a função de causa exprime-se, sobretudo, por sua conseqüência, que é o desejo de fechá-la, ou seja, o desejo de reter.

No desejo de reter, o objeto fálico funciona como um tampão, obturando toda possibilidade de o sujeito realizar-se na hiância que constitui a causa do desejo. Se o desejo não comportasse esse aspecto ilusório, de sempre referir-se a um resto constituído na relação ao Outro, o falo não poderia transformar-se nessa miragem da realização do desejo do Outro, miragem que inibe o ato na busca de objetos substitutivos, dos quais o sujeito pode tirar satisfação. Utilizando, ainda, a metáfora da torneira nessa dimensão do objeto tampão, Lacan define o sintoma, o *acting out* e a passagem ao ato. O sintoma é um vazamento da torneira, em relação ao qual o sujeito "não pode nada fazer" e, por outro lado, "não quer saber". A passagem ao ato equivale a abrir a torneira sem saber o que se está fazendo: algo é produzido e por meio disso uma causa libera-se, porém os meios não têm nada a ver com a causa liberada. E o *acting out*, por sua vez, implica a presença de um jato do fluido, independentemente da causa sobre a qual a ação incide: o jato mostra a causa, mas, enquanto tal, se reduz ao resto.[39]

Hamlet e sua inibição do ato

O comentário de Jacques Lacan sobre o personagem trágico Hamlet apresenta uma modalidade fundamental de inibição no homem, em que se destaca o aspecto da procrastinação do ato. Com se sabe, logo no primeiro ato da peça,[40] o pai de Hamlet aparece diante do filho sob a forma de um espectro, transmite-lhe um saber a respeito das circunstâncias incestuosa e adúltera de sua morte e demanda-lhe um ato de vingança. O filho tem todas as condições para matar o assassino de seu pai, mas adia esse ato durante todo o curso da narração. Que motivos o impedem de realizar a tarefa que o fantasma de seu pai lhe atribuiu? São múltiplas as tentativas de interpretação da hesitação de Hamlet para agir, a começar pela de Goethe, que levanta a hipótese de o ato do príncipe encontrar-se paralisado devido a uma atividade excessiva do pensamento.[41] Freud salienta esse ponto e não deixa de notar que a peça se funda, exatamente, sobre as hesitações de Hamlet em realizar a tarefa de vingança, de que é encarregado. Observa-se, ainda, que o texto de Shakespeare não oferece quaisquer razões ou motivos para essas hesitações, além de mostrar, no seu tema, que Hamlet não deve ser tomado, de forma alguma, como alguém incapaz de agir.[42]

Sob esse prisma, o que mais chama a atenção nessa peça é que o espaço de tempo em que transcorre a inibição de Hamlet para agir é entrecortado por uma série de *actings out*. Em outros termos, durante a procrastinação do ato de vingança da morte do pai, que consiste em matar o tio fratricida, o personagem realiza outros atos, da mesma natureza aliás, sem nenhuma inibição. Estes qualificam-se como *actings out* e distinguem-se do ato, visto que não contribuem, em nada, para que o sujeito possa dar prosseguimento à conduta heróica de seu destino. Retomando-se a definição de *acting out* proposta por Lacan a partir da metáfora do objeto torneira, pode-se dizer que se constituem de jatos de ação, independentes da causa sobre a qual incide a ação propriamente pretendida.

Um outro elemento que merece destaque é o fato de Hamlet encontrar-se em posição de agir: o espectro autoriza o ato de vingança contra o seu assassino e usurpador inconteste da herança paterna. O amor do príncipe pelo pai e, também, pela mãe só teria a contribuir para o cumprimento do ato como dever moral. Contudo, tal como ocorre na histeria masculina, sua ação, sua vontade e seu desejo permanecem em suspenso, em função da incidência perturbadora do desejo do Outro sobre ele. Nesse tempo de suspensão, de procrastinação inibitória do ato, como dito anteriormente, Hamlet mata Polonius — o pai de Ofélia, sua amada —, luta com Laertes — um rival — e, ainda, envia dois cortesãos à morte, sem nenhuma hesitação.

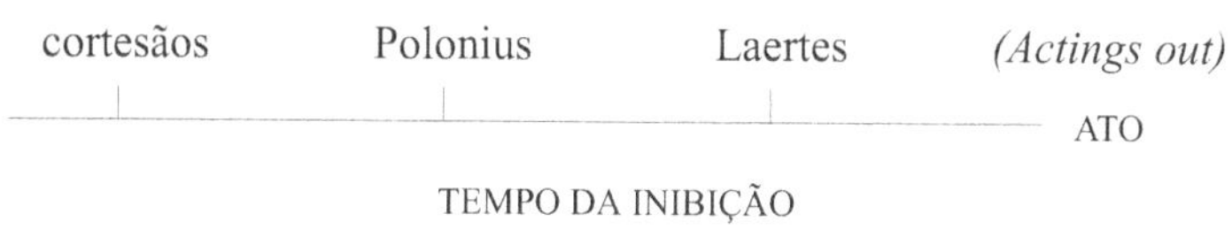

Nesse ponto, faz-se necessário considerarem-se, contrariamente às formulações dos pós-freudianos, os termos da inibição e do *acting out* de forma articulada, tomá-los como uma variação de uma modalidade de resposta do sujeito diante do enigma do desejo do Outro. A meu ver, essa presença de *actings out* no curso da inibição poderia, mesmo, ser tomada como a expressão da neurose na atualidade da clínica psicanalítica, que faz de Hamlet um verdadeiro paradigma para se pensarem as formas assintomáticas da inibição e das patologias do ato.

Como situar, porém, o cerne do enigma do desejo inconsciente em *Hamlet*? Um elemento essencial introduzido na narrativa shakespeariana é a articulação do agir do personagem com a dimensão do saber. Esse ponto evidencia-se, sobretudo, quando se confrontam Hamlet e Édipo, personagem de Sófocles. Édipo é aquele que não sabe nada sobre o ato que comete; mas tal ato sustenta e dá vida a seu personagem durante todo o curso da peça. Em *Édipo*, o ato parricida cria o inconsciente.[43] Em *Hamlet*, ao contrário, esse ato é cometido, de maneira deliberada, pelo executador; a vítima sabe a respeito dele, e o sujeito também. Esse saber cria uma antinomia entre o ato e o inconsciente. Hamlet fica aprisionado, não por seu ato, que é procrastinado, mas por sua impotência em saldar a dívida contraída desde o dia em que veio ao mundo como herdeiro da nobreza real dinamarquesa.

Saber o que aconteceu com o seu pai e em que circunstâncias é o que deixa o personagem paralisado, num estado de inibição. Lacan diz que esse saber concerne à traição do amor. A enganação amorosa situa-se, como um elemento estrutural, em função da inexistência de um significante que garanta o Outro como não-enganador, que garanta a verdade de sua palavra. O desvelamento da falta de um significante no Outro convoca o sujeito a se situar frente à castração. Deve-se reconhecer, nessa elaboração, a estruturação do desejo do sujeito, já mencionada, porém, agora situada na trama das relações edípicas. Assim, na peça em questão, Hamlet vai se perguntar sobre o estatuto do objeto do desejo, questionando o estatuto do objeto amoroso — se esse é enganador, ou não —, instalando-se, por intermédio dessa querela, numa posição particular em face do enigma do desejo da mãe.

O desejo da mãe turva a possibilidade de ação desinibida de Hamlet, porque aparece associado à eliminação do pai. A cumplicidade de Gertrudes — rainha da Dinamarca e mãe de Hamlet — no assassinato de seu marido indica o quão é lassa a função paterna no discurso desse sujeito feminino. Hamlet não entende como sua mãe pôde trocar o pai — um rei digno, pleno de virtudes —, por Claudius — homem indigno, que ele compara a um dejeto humano. Deve-se reconhecer, na subjetivação da castração realizada pelo filho, que o pai possui atributos fálicos suficientes para constituir-se em um suporte identificatório. No entanto, o desejo da mãe, não o reconhecendo, dificulta a transmissão, deixa o filho em um estado de suspensão quanto à essa identificação paterna. Eis o que configura o estado de carência simbólica, ou carência da função paterna, para o sujeito Hamlet: a identificação ao pai não se transmitindo, adia o confronto do sujeito com o complexo de castração; deixa-o, no complexo de Édipo, fixado ao recurso da identificação ideal com o falo materno. A passagem do complexo de Édipo para o complexo de castração é a chave da humanização da sexualidade e da assunção da função do desejo enquanto causa.[44] E para que essa passagem seja bem-sucedida, para que o sujeito tenha acesso à significação fálica na modalidade da castração simbólica, é preciso que a identificação ao falo materno falhe, preservando a incompletude ou o não-todo do sujeito feminino.[45] Pode-se dizer que nessa peça de Shakespeare comprovam-se alguns acidentes no curso da evolução do desejo de Hamlet, impasses desse sujeito na busca de uma saída do Édipo, que não é outra, senão o luto da identificação imaginária, ou seja, fazer do falo da mãe um objeto perdido, para se ter acesso ao falo simbólico. Em definitivo, essa é a única saída possível para qualquer sujeito, momento do declínio do Édipo, cujas variações podem ser investigadas em cada caso.

Quando Hamlet toma conhecimento do desejo incestuoso de Gertrudes, sua primeira tentativa no sentido de recusar a castração e manter a identificação ao falo é fazer com que a mãe tome consciência de seu desejo ilegal. Na peça, a cena em que o personagem tenta sustentar a lei pela via artificial do discurso moralista transcorre no gabinete da rainha e, como se não bastasse a tentativa de culpabilização da mãe, Hamlet assassina equivocadamente Polônio, conferindo a esse *acting out* o caráter de um verdadeiro crime incestuoso, comparável ao de Édipo.[46] Nesse momento, ele está sendo o suporte da vontade de seu pai, dos preceitos da lei, da ordem e do pudor.[47] No entanto, o que a cena revela, sobretudo, é que o desejo da mãe não se encontra articulado, de maneira sólida, com o Nome-do-pai, com um significante. Por isso, essa estratégia do sujeito de fazer apelo à lei moral, fixa ainda mais sua alienação ao significado do falo para o Outro materno, a ponto de ser necessária uma outra aparição do espectro, para recolocar Hamlet no rumo do desejo enquanto causa. Se o desejo da mãe se mostra indiferente à lei do pai, o desejo do sujeito não encontra seu fundamento em nenhum objeto perdido. Esta é toda a dificuldade de Hamlet: seu desejo só se define pelo significado do desejo do Outro e, então, ele não se apropria de seu próprio desejo, de seu próprio destino. Fica impedido de agir. Pela via do *acting out*, não há dúvida de que o sujeito sofre perdas reais. Essas perdas, contudo, não possuem o estatuto de privação simbólica, que cria uma hiância, pela via do luto, em que vem alojar-se o objeto.[48]

Uma outra conseqüência do desejo ilegal da mãe de Hamlet, ou de seu gozo ilegal, é deixar o falo confundido com a dimensão do real do órgão. Na medida em que é Claudius quem satisfaz a mãe, este — qualificado como um crápula, possuidor de atributos terríveis aos olhos de Hamlet — passa a encarnar o falo, torna-se uma potência real, um gozo no real. Lacan considera que, para afrontar tal potência, é preciso o sacrifício completo de todo vínculo narcísico. Na verdade, esse sacrifício é a própria realização do ato. Como se não bastasse a procrastinação, o preço do ato é muito alto para o sujeito pois custa-lhe seu próprio desaparecimento. No plano da vida amorosa, o real do órgão também implica conseqüências: Ofélia, o objeto do desejo de Hamlet, é totalmente depreciada e rejeitada. Ela torna-se equivalente ao falo, exteriorizado, encerrando o horror da "tumescência vital", do real do sexo. Essa recusa do falo pode ser entendida como o correlato da impossibilidade de sua inscrição no campo do significante. O sujeito recusa o falo, enquanto este é o símbolo significante da vida, da reprodução. A recusa da paternidade está associada não somente à ausência da dimensão simbólica, garantida pelo pai morto, mas também à assimilação da mulher àquela que goza ao engendrar filhos, excluindo o pai e o próprio sujeito do mundo simbólico dos homens.

Em *Hamlet*, o ato propriamente dito só se torna possível a partir de uma retificação de sua posição em face do falo. Essa retificação depende do processo do luto, que permite a nadificação do falo imaginário. O desaparecimento do objeto é a condição para que apareça aquilo a que corresponde, no sujeito, o valor do $-\varphi$. Na peça, a construção do valor do objeto da falta se dá por meio do objeto amoroso. Inicialmente, Hamlet desconhece o valor de Ofélia, não sabe o que ela significa para ele, até o momento em que testemunha Laertes, diante do túmulo preparado para receber o corpo de Ofélia, exprimir uma profunda dor pela perda de sua irmã querida. Nessa cena, Hamlet por identificação a Laertes, faz de Ofélia o equivalente do falo, reivindicando-a como objeto precioso, objeto perdido e causa de seu amor. A perda do falo torna-lhe imediatamente acessível a identificação simbólica ao pai. Assim, saltando do túmulo, enuncia, pela primeira vez: "Aqui estou eu, Hamlet, o dinamarquês."[49] Só quando se revela ao sujeito a castração simbólica, da qual ele é o efeito, e se produz a retificação da posição subjetiva que decodifica o desejo, é que o sujeito pode sair da inibição.

2. Lacan e a debilidade mental

A concepção lacaniana do desejo enquanto causa torna possível a construção de uma hipótese clínica para a abordagem da debilidade mental nas crianças. Esse empreendimento teórico-clínico, segundo a perspectiva de Jacques Lacan, inicia-se sob a autoria de Maud Mannoni, uma de suas alunas, que, durante a década de 1960, publica *A criança retardada e a mãe*. Nesse trabalho, a psicanalista francesa não apenas realiza uma elaboração teórica sobre o tema da debilidade, como também fornece um relato de sua experiência, de anos, com uma série de crianças diagnosticadas de "débeis mentais", na qual se faz valer, inclusive, o recurso dos testes de inteligência. A importância desse livro reside no fato de tratar-se da primeira tentativa realmente não-deficitária de abordagem do problema da debilidade mental, na medida em que da performance cognitiva se passa a considerar a dimensão do sujeito do inconsciente.[50] O ensino de Lacan privilegiando, na constituição do ser falante, a resposta do sujeito ao Outro materno, ou seja, as coordenadas que esse Outro lhe oferece em termos de seu desejo, de seu gozo e de seus ideais, leva Mannoni a atenuar a veracidade do laudo psicológico e a buscar, na história de desejo dos pais, os elementos que marcam a história da criança. Eis, então, o ponto de partida de sua pesquisa, que consegue restituir ao débil, até então identificado a um "deficiente" ou a um "demente", o que a psicanálise, ao contrário do discurso da ciência, pretende preconizar como um fenômeno que teria suas determinações na ordem do sujeito do inconsciente.[51]

Os relatos dos tratamentos de crianças débeis apresentados nesse livro evidenciam que a autora adota o mesmo procedimento utilizado por Freud na análise dos sintomas, em que uma proporção deficitária dificilmente poderia ser contestada, tal como a epilepsia, por exemplo. A conduta freudiana diante da hipótese de um déficit orgânico é a de partir do fator propriamente constitucional e subtrair-lhe progressivamente a importância, na medida em que, por meio da análise, se evidenciam outros processos psíquicos mais relevantes na determinação da patologia.[52] Nessa mesma perspectiva, Mannoni busca o sentido da emergência da debilidade para cada sujeito, sem desconhecer, contudo, a origem orgânica desse quadro. Assim, recusa-se a fundar sua prática clínica com crianças débeis na diferença orgânica, psicogenética ou simplesmente psicológica, para fazer incluir o fator da incidência da linguagem sobre esses sujeitos, no decurso do tratamento. O conceito de debilidade mostra-se, assim, ancorado sobre o resultado do próprio discurso do débil e do discurso de seus pais. Por conseguinte, a hipótese principal da tese de Mannoni é a de que o fator causal da debilidade se encontra, em última intância, no "dizer parental", que deixa a criança encerrada em "um tipo de relação fantasmática com a mãe".[53]

Mannoni e a fusão de corpos

Deve-se assinalar, ainda, que a experiência de Mannoni com crianças débeis tem início alguns anos antes da publicação desse seu livro, precisamente na década de 1950, quando a psicometria conhecia seu momento de apogeu. Pode-se, inclusive, usar sua trajetória na abordagem clínica dessas crianças, como ilustração do que acontece, ainda hoje, no âmbito do tratamento de crianças das quais se suspeita e, muitas vezes se infere, o diagnóstico de retardo mental, em função de um baixo rendimento escolar. O procedimento é sempre o mesmo: inicialmente, traça-se o diagnóstico da inteligência, por meio da aplicação de baterias de testes. Em seguida, com base na comparação dos resultados, a criança é encaminhada, ou não, para um tratamento psicoterápico. Da mesma forma, Mannoni ocupava-se em distinguir os débeis em dois grupos, a partir da comparação dos resultados finais obtidos aos testes Terman, Rey, Kohs e Porteus: o dos débeis com resultados homogêneos e o daqueles com resultados contraditórios.[54] Apenas para o segundo grupo era indicado um tratamento psicoterápico, presumindo-se tratar-se de uma pseudodebilidade originada em conflitos familiares. Para o primeiro, a avaliação psicológica só vinha confirmar o elemento do déficit orgânico e, conseqüentemente, a ausência de um prognóstico favorável ao tratamento dos pacientes que o constituíam.

A introdução da concepção lacaniana do sujeito na clínica da debilidade ocorre, de fato, em um segundo momento, após uma investida inovadora de Françoise Dolto[55] em relação a essa perspectiva clínica tradicional, caracterizada por condutas de cunho médico-psicológico. Nessa época, apesar da contra-indicação do tratamento de uma criança em função de seu diagnóstico de "debilidade verdadeira" e da aparente normalidade dos dados de anamnese da família, Dolto toma essa criança em análise e, tão logo iniciado o tratamento, é levada a colocar em questão seu déficit de inteligência, devido a uma melhora surpreendente apresentada sob vários aspectos, inclusive o da vida escolar. Entretanto, concomitantemente ao progresso da criança, assiste-se ao processo de adoecimento de sua mãe. Esse fato leva Dolto a crer que a doença da criança protegia a mãe de seus próprios sintomas, de sua própria angústia. Portanto, com base no estudo e discussão desse caso, levanta-se a hipótese clínica de que mãe e filho formariam um só corpo.[56] Tal hipótese, que se afirma, posteriormente, nos termos de uma "fusão de corpos entre mãe e criança", abre uma nova perspectiva de investigação conceitual e clínica para Mannoni — na época trabalhando no mesmo serviço que Dolto —, que amplia sua pesquisa para além dos horizontes do trabalho de classificação dos débeis em "falsos" e "verdadeiros", passando a estudar "as reações da família à debilidade".[57]

Desde então, a psicoterapia dos débeis visa "liberar para cada um a significação do retardo mental, recolocando cada criança em sua história, história que explica freqüentemente o retardo".[58] O diagnóstico psicométrico é questionado, priorizando-se o que o discurso do sujeito débil e o discurso de seus pais podem revelar sobre o verdadeiro sentido da debilidade.[59] Deve-se ressaltar que, antes, o diagnóstico de debilidade constituía uma contra-indicação ao tratamento analítico, pois o discurso estereotipado, característico da fala do débil, parecia incompatível com o discurso analítico.[60] Depois da formulação da debilidade como conseqüência do "dizer parental", suspende-se a proibição do tratamento psicanalítico para esses sujeitos identificados, de uma maneira ou de outra, à debilidade mental.[61]

Em definitivo, a tese central de Mannoni é a de que a debilidade resulta da "fusão de corpos", ou seja, um tipo de relação dual que a mãe oferece a seu filho, deixando-o aprisionado à sua própria fantasia fundamental. De fato, como Lacan assinala, na relação dual a criança fica exposta a um tal suborno da fantasia inconsciente da mãe, que não lhe resta outra saída, senão a de alienar em si mesmo, sob a forma do déficit — poder-se-ía dizer, para o caso do débil —, a falta da mãe.[62]

A "fusão de corpos", segundo Mannoni, resulta da frustração que a criança induz na mãe por não realizar seu desejo. Diante da impossibilidade de resolver a falta, a mãe sobrepõe à criança uma imagem fantasmática, que fixa esta última em uma relação dual, na qual a imagem paterna interditora não intervém.[63] A criança encarna para a mãe algo da ordem do não-simbolizado, que não pode ser traduzido em palavras. Ela não desenvolve uma imagem própria de seu corpo, pois não é vista como um sujeito semelhante e, sim, como um duplo numa espécie de reflexo especular[64] — um duplo do próprio corpo fusionado com o corpo do outro materno, formando um só corpo, que por seu caráter compacto, não possibilita a entrada do pai.

Deve-se reconhecer que a noção de fusão sustentada como causa da debilidade mental não designa uma etapa constitutiva normal, tal como postulado por alguns pós-freudianos, notadamente Margareth Mahler, para quem a fusão adquire o estatuto de um estágio fundamental do narcisismo primário.[65] Muitos dos analistas pós-freudianos concentraram a atenção na relação mãe/criança, concebida de uma forma dual, recíproca, um protótipo das relações de objeto posteriores. No entanto, é Margaret Mahler quem forja o conceito de fusão, para designar um estado constitutivo do sujeito, durante as relações primordiais entre mãe e criança. Trata-se de uma relação de natureza narcísica, que, idealmente, evolui até a fase simbiótica preparando o sujeito para uma diferenciação, ou seja, para um processo de desenvolvimento postulado em termos de separação/individuação. Para essa autora, a teoria da libido baseia-se no modelo da necessidade, podendo ser frustradora ou gratificante. Nessa perspectiva, a fusão é patológica apenas quando persiste por muito tempo, devido à intensidade de experiências frustradoras com o objeto oral. Em suma, se para Mahler o primário reduz-se ao narcisismo, para Mannoni, seguindo a perspectiva lacaniana, o primário para o sujeito é sempre o Outro e sua divisão, como ela mesma não deixa de considerar ao reconhecer, na base da estrutura da relação dual, a dimensão da castração. Poder-se-á notar, na descrição da relação dual reproduzida abaixo, que a debilidade mental instala-se por um processo inconsciente, marcado pela relação do sujeito feminino com a falta de objeto.

> Primeira etapa da relação dual:[66] "Para a mãe, real ou adotiva, existe um primeiro estado, semelhante ao sonho, em que ela deseja 'um filho'; esse filho é, a princípio, uma espécie de evocação alucinatória de alguma coisa de sua própria infância que foi perdida."

> Segunda etapa: "Esse filho tão ardentemente desejado, quando nasce, isto é, quando a demanda se realiza, cria para a mãe sua primeira decepção: ei-lo então, esse ser de carne — mas separado dela; ora a um nível inconsciente, era uma espécie de fusão que a mãe sonhava."

> Terceira etapa: "E é a partir desse momento, com o filho separado dela, que a mãe vai tentar reconstruir o seu sonho. A esse filho de carne, vai-se sobrepor uma imagem fantasmática que terá por papel reduzir a decepção fundamental da mãe (decepção que tem sua história na infância dela)."

> Quarta e última etapa: "Desde então, é uma relação enganadora que se vai instituir entre mãe e filho — este último, na sua materialidade, sendo sempre para a mãe a significação de outra coisa. ... muito será solicitado à criança. Mas, à medida que ela responde à demanda materna, eis que o desejo se esvai. ... O filho tornar-se-á, à sua revelia, o suporte de alguma coisa essencial nela, donde um mal-entendido fundamental entre mãe e filho."[66]

Essas etapas, se lidas sob o ponto de vista da concepção lacaniana do sujeito constituindo-se a partir do desejo do Outro, apresentam, em última instância, uma configuração particular do desejo materno, que dificulta o acesso do sujeito débil à verdade da castração. A primeira etapa, na minha opinião, sustenta a submissão da mãe à lei da castração. Para o sujeito feminino que está tendo acesso à função materna, o filho desejado é uma promessa de solução à castração, na medida em que a criança possui o valor de substituto do falo, enquanto objeto da falta. É esse valor fálico da criança, valor de *Ersatz*, como assinala Freud, que se constituirá em um suporte de identificação imaginária para a criança, como visto antes.

Em relação às outras três etapas, um comentário de Jacques-Alain Miller sobre a demonstração de Lacan quanto ao lugar do objeto na função da castração é inegavelmente elucidativo, pois lembra que a criança não deixa de dividir, no sujeito que teve ocasião de gestá-la, a mãe e a mulher.[67] Assinala-se que essa divisão, promovida pelo objeto criança, é essencial para que se revele a própria estrutura do desejo, porque esta se configura como o meio essencial de fazer valer o pai enquanto agente da castração. Fica evidente que, no caso da debilidade mental, isso não acontece, visto que o objeto criança, ao contrário de dividir, satura a falta materna. Permanece, então, a alternativa: "Ou a criança preenche, ou a criança divide".[68] Toda a sintomatologia infantil pode ser verificada a partir dessa divisão.[69] No caso da relação dual, quanto mais a criança preenche a mãe, mais ela a angustia, de acordo com a fórmula, segundo a qual a angústia decorre da ausência da falta. A mãe angustiada é aquela mãe que não deseja, ou deseja pouco, ou mal, enquanto mulher.[70] Sobressai, então, a vertente da relação do amor materno, marcada pelo engodo da anulação da falta da mulher enquanto tal, em que a criança se confunde com um objeto que teria o mesmo estatuto do objeto fetiche, ao denegar a castração na mãe. O amor materno engana, porque "o amor demanda amor. Não cessa de demandá-lo... mais, ainda. Mais ainda é o nome próprio a essa falha onde, no Outro, parte a demanda de amor".[71] Essa consideração de Lacan sobre a relação do amor com a falta indica que a verdade da castração pode ser encoberta por uma demanda de amor, o que introduz, para a criança, no campo do amor materno, uma demanda de realização de seu ser enquanto mãe.

Esse aspecto do logro da relação amorosa, isolado por Mannoni a partir da análise de crianças débeis, é absolutamente pertinente para a clínica da debilidade, na medida em que ressalta a função do objeto criança de encobrir a angústia materna. Considero que esse é o ponto-chave de sua elaboração, que, contudo, se perde de vista, em detrimento da ênfase dada à exclusão do pai na debilidade, e à conseqüente assimilação do débil à criança psicótica:

> O estudo sistemático das crianças débeis levaria, talvez, para-além da organicidade irrefutável em certos casos, a atualizar os fatores comuns que encontramos nos tratamentos de crianças psicóticas:
>
> 1) Situação dual com a mãe;
>
> 2) Recusa da castração simbólica;
>
> 3) Dificuldade de alcançar os símbolos e papel desempenhado pela carência da metáfora paterna.[72]

A persistência da criança na debilidade, correlativa ao fato de que, por esse meio, "a mãe encobre sua depressão", leva Mannoni a localizar o sentido da debilidade da criança, no "dizer materno" e a descartar, para o débil, a função de nominação do desejo da mãe pelo significante do Nome-do-Pai. Ora, como assinala Miller, a metáfora paterna com a qual Lacan escreve o Édipo freudiano não significa somente que o Nome-do-Pai deve metaforizar o desejo da mãe. A função paterna remete, antes de tudo, "a uma divisão do desejo a qual impõe que o objeto criança não seja tudo para a mãe".[73] Sob esse prisma, pode-se dizer que o amor materno cria uma barreira à angústia suscitada, na mulher, por ela ter preenchido com o objeto criança a falta que lhe faz desejar. É possível supor, também, que na debilidade o sujeito feminino converge sobre o objeto criança e não sobre o parceiro sexual, o desejo e o amor.[74] Assim, camufla-se, para a criança, a função do pai de nomear o ponto irredutível do desejo da mãe enquanto mulher, função essencial, que permite à castração transmitir-se implicando a relação com um desejo que não seja anônimo.[75] O resultado dessa convergência para o sujeito materno é a supressão da angústia, enquanto efeito da obturação da função de causa do desejo, que, do lado da criança, aparece na forma de uma inércia quanto ao desejo, tão patente nos débeis, evidenciada, sobretudo, na sua identificação com a própria debilidade e na incorporação estereotipada do discurso do Outro.

Holófrase: retificação da fusão de corpos

Tudo indica que o interesse de Lacan pela questão da debilidade mental foi despertado pelo trabalho de Mannoni, pois sua primeira referência sobre o tema, que se verifica em 1964 — no *Seminário*, livro 11, *Os quatro conceitos fundamentais da psicanálise* —, confere um destaque explícito ao recente lançamento de *A criança retardada e a mãe.*[76] Nessa oportunidade, Lacan corrobora a tese de Mannoni ao afirmar que a mãe da criança débil identifica-a para um dos objetos imaginários da falta, reduzindo-a a ser apenas o suporte de seu desejo num termo obscuro.[77] Por outro lado, introduz algo absolutamente inédito para pensar o sujeito débil, a saber, a holófrase do par primordial de significantes, que configura uma hipótese teórico-clínica capaz de apreender a estrutura psíquica desses sujeitos.

A figura gramatical da holófrase designa uma frase que se exprime por uma única locução, ou seja, uma frase em que sujeito, verbo e complemento são aglutinados de tal maneira, que ficam reduzidos a uma só palavra.[78] No curso de seu ensino, Lacan utiliza-se dessa noção, em algumas ocasiões, apropriando-a ao corpo conceitual da psicanálise, para exprimir, de uma maneira geral, o que diz respeito à uma perturbação na incidência simbólica da linguagem para o ser que deve constituir-se como sujeito do inconsciente. No seminário *O desejo e sua interpretação* (1958), por exemplo, é a "função da holófrase" que é ressaltada na estrutura simbólica, como um efeito que atinge o sujeito no nível da demanda ou dos enunciados. Por definição, a "função da holófrase" é o paradigma da unidade da frase, algo que participa de sua própria articulação, na medida em que código e mensagem nela se encontram, conjugados de forma particular.[79] Na estrutura, o "efeito de holófrase" manifesta-se no aspecto monolítico e deformado da mensagem do sujeito, devido ao fato de sua articulação passar, necessariamente, pelo código do Outro. A interjeição "Socorro!" é um dos exemplos de holófrase mencionados nesse seminário[80] e situa-se no plano dos enunciados, ou seja, no plano em que o sujeito está, praticamente, igualado à mensagem.[81] Quanto mais reduzida se apresentar a frase, quanto mais monolítica ela for, mais o sujeito aparece confundido com a própria mensagem, que, por sua vez, se apresenta inteiramente absorvida pelas regras padronizadas do código. Isso quer dizer que, na debilidade, a mensagem até se faz presente, no entanto de forma bastante empobrecida, naquilo que se refere ao plano da enunciação.

No seminário *Os quatro conceitos fundamentais da psicanálise* (1964), a forma de elisão do sujeito, que se vê absorvido e alienado pela estrutura do Outro, também é abordada por meio da noção de holófrase. Esta equivale, então, à solidificação do primeiro par de significantes (S1-S2), par essencial à constituição do ser falante, que tem como efeito último a própria anulação da função do sujeito. É o que Lacan afirma, explicitamente : "... quando não há intervalo entre S1 e S2, quando a primeira dupla de significantes se solidifica, temos o modelo de uma série de casos — ainda que, em cada um, o sujeito não ocupe o mesmo lugar."[82] A referência ao par de significantes primordiais é um recurso para se apresentar a determinação da linguagem no processo de estruturação do sujeito pelo significante. Antes de mais nada, deve-se considerar o princípio lingüístico saussureano, definidor do significante, segundo o qual um significante não pode designar-se a si mesmo. A condição para um significante, S1, se representar é a introdução de um segundo significante, S2, que remonta à função de remissão de um significante a outro.[83] Essa necessidade binária da função significante institui uma partição, que, sob a ótica da estruturação do ser falante, corresponde à divisão do sujeito: o sujeito não pode representar sua demanda com um único significante, um S1 que lhe seja, absolutamente, próprio ou inerente, e ao buscar no Outro, no código da língua, um significante S2 para inscrever o seu S1, uma parte de si mesmo, por esse movimento, permanece alienada. Esse princípio de remissão do significante a um outro é o que permite a definição do sujeito, na estrutura, como sendo um efeito da lei do significante, um vazio que se produz em conseqüência dessa condição binária de inscrição: "... o significante é o que representa o sujeito para o outro significante".[84]

Desse lugar cindido reservado ao sujeito, de ser o vazio, ou, se se quiser, o vazio da significação que se produz entre dois significantes, é preciso, ainda, que ele faça sua emergência, confira uma significação particular àquilo que ele representa no campo do Outro. Nesse ponto, introduz-se uma segunda necessidade lógica da estrutura: essa significação do que o sujeito é no campo do Outro encontra-se condicionada à possibilidade de a cadeia significante ordenar-se de forma sincrônica e diacrônica. Cada sujeito vai buscar significar a divisão dada pela instituição de uma ordem simbólica de maneira radicalmente singular, e isso depende da função a que corresponde o Nome-do-Pai — a de fornecer uma articulação mínima à cadeia significante:

> A posição do pai como simbólico não depende do fato de as pessoas haverem mais ou menos reconhecido a necessidade de uma certa seqüência de acontecimentos tão diferentes quanto o coito e o parto. A posição do Nome-do-Pai como tal, a qualidade do pai como procriador, é uma questão que se situa no nível simbólico. Pode materializar-se sob as diversas formas culturais, mas não depende como tal da forma cultural, é uma necessidade da cadeia significante.[85]

Nessa perspectiva, todo sujeito — neurótico ou psicótico — é efeito do significante, efeito da linguagem enquanto um órgão que preexiste ao sujeito e qualquer consideração que se possa fazer sobre sua posição nessa estrutura deve ser formulada, não em termos de déficit ou de dissociação, mas em relação à possibilidade de articulação do sujeito na cadeia dada pela função do pai.[86] Em suma, a armação mínima do sujeito depende de duas condições lógicas: a produção do sujeito, como vazio, como sujeito dividido, enquanto efeito do significante e a amarração do vazio do sujeito na cadeia significante, pela necessidade da função paterna.

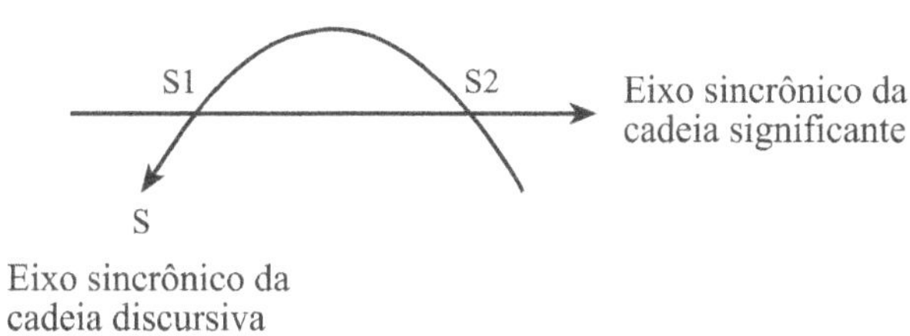

Tendo em vista essas duas condições lógicas, a holófrase, enquanto um dos termos da estrutura, designa a solidificação do binário S1-S2 uma aglutinação dos termos da cadeia significante, que deixa em suspenso os efeitos desta sobre o sujeito. Na verdade, esse modelo da holófrase adquire um valor particular na exemplificação de alguns problemas de estrutura na clínica psicanalítica, em que se verifica, precisamente, uma anulação do sujeito do significante ou do efeito pelo qual o sujeito se inscreve a partir do vazio que o determina. Por meio da holófrase, Lacan aborda, então, o efeito psicossomático, a paranóia e a introdução da dimensão psicótica na educação da criança débil.[87] Sua elaboração a respeito da holófrase nessas modalidades clínicas, no momento em que comenta o trabalho de Mannoni, traduz-se, a meu ver, como uma retificação da teoria da fusão de corpos. Por mais que se possa reconhecer a idéia de fusão presente na holófrase — fusão de dois significantes —, Lacan não confunde a solidificação do binário S1-S2 como sendo um único corpo, uma única superfície de inscrição idêntica para dois seres, para dois sujeitos: mãe e filho.[88] Isso significa que a criança, enquanto ser falante, tem direito a um corpo linguageiro próprio, é um sujeito efeito do significante como qualquer outro e mesmo no caso de a oferta do Outro materno ser um termo obscuro, um S2 ininteligível, não se pode falar que sua estrutura corresponde à de sua mãe.

Um outro esclarecimento introduzido por Lacan na mesma passagem do *Seminário*, livro 11 — que, inclusive, será enfatizado nas referências posteriores sobre a debilidade mental —, é o fato de o sujeito não se encontrar no mesmo lugar em cada uma dessas formas clínicas caracterizadas pela holófrase. Enquanto Mannoni, como visto anteriormente, fornece uma série de elementos teórico-clínicos que assimilam a debilidade à psicose, Lacan, por sua vez, preocupa-se com os fenômenos subjetivos capazes de caracterizar a posição do sujeito na estrutura. Para ele, o modelo da holófrase pode dar conta de uma série de fenômenos em que parece haver apenas um significante, observando-se, contudo, que o lugar do sujeito diante do efeito de coalescência, próprio à lei do Outro da língua, não é o mesmo: "... quando a primeira dupla de significantes se solidifica, temos o modelo de uma série de casos — ainda que, em cada um, o sujeito não ocupe o mesmo lugar".[89]

Assim, Lacan indica que, na psicose, a holófrase proíbe para o sujeito a abertura dialética ao Outro, o que se manifesta no fenômeno da crença.[90] Ao inexistir para o sujeito psicótico, a abertura dialética deixa-o com uma série de significantes isolados, S1, separados do S2, que se impõem a ele, sem estarem tomados na articulação da cadeia simbólica. Deve-se lembrar que a articulação do S1 com o S2 institui um intervalo, um vazio que representa o sujeito. Ao mesmo tempo, o simples fato de um significante vir no lugar de um outro funda a dimensão da metáfora, possibilitando ao sujeito questionar, no Outro, a significação da falta, que impõe a inscrição do Outro na estrutura.[91] Como essa substituição não tem lugar na psicose, o resultado da holófrase, o efeito sobre o sujeito da falta do S2, consiste não apenas na abolição da função da metáfora, notória no discurso e nos escritos dos psicóticos, mas sobretudo nos fenômenos alucinatórios, em que o sujeito crê em seu próprio desaparecimento. Se não há substituição do S1 pelo S2, o sujeito não pode advir. Se não há intervalo entre S1 e S2, não se produz o espaço de uma enunciação possível. A função do sujeito do significante manifesta-se pela falta do S2, fazendo com que, especialmente em situações nas quais o sujeito psicótico é convocado a manifestar-se, em vez de o segundo significante marcar o sentido produzido no campo do Outro, ele retorna no real, ou seja, instala-se no lugar do primeiro significante, produzindo um efeito delirante.[92] Em suma, para o psicótico, que tem apenas uma série de S1, sem S2, impondo-se ao sujeito sem estarem articulados a uma cadeia simbólica, o efeito de sua inscrição na linguagem não é uma significação possível do que ele é, mas uma certeza delirante de que já deixou de existir.

Na debilidade, não é nada da ordem do desaparecimento do sujeito que se observa como fenômeno, embora a submissão convincente do débil ao Outro passe a idéia de não existir, para ele, a estrutura do sujeito desejante. Lacan situa a criança débil no lugar de uma significação de objeto para o desejo de sua mãe, lugar que a deixa completamente "psicotizada", na medida em que o S1 se torna uma verdadeira potência em função da identificação extrema do sujeito ao significante imaginário da falta no Outro. O resultado da coalescência dos dois significantes, portanto, é a obstrução do efeito de sentido dado pela metáfora, que, por conseguinte, inviabiliza a possibilidade de o sujeito interpretar a significação do que ele representa no campo do desejo do Outro. Lacan escreve, em um matema, o lugar preciso da criança débil na estrutura, sobre o S1, encarnando maciçamente o S, ou seja, a série de sentidos de tudo daquilo que representa a falta no Outro materno:[93]

X ◊ S1

O. s, s', s'', s''', ... S (I (a, a', a'', a''', ...))

S2

O. s, s', s'', s''', ... : *série dos sentidos*
S (I (a, a', a'', a''', ...)): *série das identificações*

Como se pode observar, esse matema apresenta uma bipolaridade entre S1 e S2, entre a série das identificações e a série dos sentidos, sendo a primeira referente ao sujeito do gozo encarnando os objetos imaginários do desejo da mãe e a segunda, à dimensão simbólica da substituição significante dada pela função do Nome-do-Pai, que nomeia o desejo materno.[94] O dispositivo da holófrase, nesse contexto, caracteriza a prevalência da série de identificações, ou, mais precisamente, de uma identificação compacta, que reduz a série e se encarna na criança, enquanto suporte único do desejo da mãe. Os fenômenos resultantes dessa posição subjetiva do débil submisso à identificação ao objeto da falta no Outro são constatados na sua produção discursiva. O débil, de maneira caricatural, repete os enunciados dos outros para falar de si mesmo. Um outro fenômeno da mesma ordem é a decisão explícita do sujeito de anular a dimensão da metáfora, que se observa na forma como a criança débil refaz seus ditos a cada vez que algo da ordem da enunciação se manifesta, ou seja, ela denega tudo aquilo que pode ser atribuído à ordem do dizer.[95] Esse tipo de apropriação do corpo simbólico não deixa de exaltar algo da ordem do déficit, denunciando, em última instância, a verdade do Outro materno, de convocar a criança para saturar a falta constitutiva do Outro simbólico.

A posição do débil na estrutura: caso AM

O caso de AM, uma criança diagnosticada como "débil mental" aos testes de inteligência, é demonstrativo do fato de que a posição subjetiva do débil pode não ser equivalente ao impasse da estrutura na qual se encontra o sujeito psicótico. Seu tratamento clínico inicia-se quando ele está com sete anos de idade e vai chegar a termo quando completa dezessete. No curso desse longo processo de cura, destacam-se dois momentos cruciais de abertura da estrutura, que demonstram a possibilidade de suspensão do "efeito de holófrase": o primeiro, consiste na entrada do sujeito na transferência analítica e o segundo tem efeito de separação da posição subjetiva do débil e do lugar solidamente fixado, em que se encontra por uma identificação ao significante do Outro. Ver-se-á que as duas situações de franqueamento da posição subjetiva inicial da criança são possíveis não pela interpretação analítica, que aponta um novo sentido para além dos enunciados do paciente, mas por *actings out*. As ações compulsivas dos débeis revelam de que maneira a dimensão da metáfora se encontra obstruída para esses sujeitos, que vão dispor apenas dessa modalidade de ato para questionar o estatuto da castração do Outro materno, única via disponível, como visto anteriormente, quando a função da causa do desejo se encontra inibida.

AM é um paciente de Pierre Bruno, que começou a ser atendido, em análise, na própria instituição onde passava grande parte de seu dia.[96] Quando o tratamento teve início, a criança falava muito pouco e pronunciava as palavras de uma maneira deformada, o que tornava seu discurso praticamente incompreensível. Apresentava, ainda, um déficit motor importante, devido à rigidez de uma de suas pernas, que comprometia sua locomoção. Além do dignóstico psicológico de debilidade, os técnicos do serviço compartilhavam a hipótese de AM ser psicótico.

Da história familiar, conheciam-se apenas algumas poucas informações que concerniam diretamente ao paciente, duas, entre elas, merecem destaque: a primeira, a morte de seu pai por afogamento, devido a um acidente de barco durante uma pescaria, quando AM ainda era bebê; a segunda, a intenção do avô paterno, após a morte de seu filho, de adotar juridicamente o neto como filho legítimo. Essa intenção do avô fora recusada categoricamente pela mãe de AM, mediante a alegação de que essa adoção deixaria o menino sem seu próprio pai.

Em relação ao tratamento, observou-se a monotonia das primeiras sessões. AM passava o tempo esboçando desenhos aparentemente sem forma e nunca respondia nada às questões formuladas pelo analista sobre essas representações gráficas. Já se pensava em encerrar o tratamento, quando sobreveio um fato que mudou tal idéia: AM, sem mais nem menos, entrou no consultório do analista, deu-lhe uma mordida na mão e saiu correndo. Em função dessa mordida, AM foi atendido durante quatro anos na mesma instituição e, em seguida, no consultório particular do analista. Em última instância, esse *acting out* do paciente instituiu o analista no lugar do Outro, o que funda a relação transferencial, indicando a posição do sujeito na estrutura.

Alguns anos mais tarde, sobreveio o segundo *acting out*, que promoveu uma verdadeira guinada no tratamento. O consultótio do analista localizava-se em um cidade distante, aproximadamente sessenta quilômetros da cidade onde AM morava com sua mãe. Esta, uma vez por semana, acompanhava o filho às suas sessões, até que lhe foi solicitado conduzi-lo apenas até a portaria do prédio do consultório, ao que ela atendeu, prontamente, sem fazer nenhuma objeção. Um dia, AM chegou para a consulta, fez um ou dois desenhos durante a sessão, e se foi. Um pouco mais tarde, sua mãe apareceu na sala de espera, em pânico, gritando, com o semblante desfigurado, para grande espanto do analista, a quem ela se apresentava, sempre, muito calma, discreta, com um estado de humor único, estável, sem queixar-se absolutamente de nada. Ela anunciou-lhe, então, não ter visto AM deixar o prédio e, por isso, começava a pensar que ele se tinha perdido pelas ruas da cidade.

A mãe e o analista saíram juntos à procura de AM. Já era noite e chovia muito. Foi quando o analista tomou conhecimento de que, naquele dia, por causa de engarrafamentos na entrada da cidade e para que o filho não chegasse atrasado à sessão, a mãe deixara-o na rua, a um quilômetro de distância do consultório. Observou-se com surpresa, portanto, o fato de o menino ter conseguido chegar a seu destino, em uma cidade que, praticamente, ele não conhecia. Entretanto, AM encontrara o prédio sem dificuldades, reservando sua resposta para a hora da saída. O que aconteceu, de fato, na saída da sessão, foi que AM se refugiou em um posto policial, onde, rodeado de policiais, sem demonstrar nenhuma inquietação e, mesmo, com um ar descontraído e debochado, aguardou a mãe e o analista.

O efeito desse segundo *acting out* foi surpreendente. Na sessão seguinte, AM desenhou algo parecido com um barco, o que chamou a atenção, pois esse desenho diferia de todos os outros anteriores, que configuravam ou um rosto, ou uma cabeleira, ou, ainda, uma casa, que não eram objeto de nenhum comentário. O analista perguntou-lhe, então, se se tratava realmente de um barco. A uma resposta afirmativa, complementou a questão, perguntando-lhe se aquele barco poderia ser o barco em que o seu pai fora pescar e acabara se afogando. AM respondeu, novamente, de forma afirmativa, sem hesitação. Pela primeira vez, pois, o pai morto foi evocado no plano da enunciação do sujeito, demonstrando o princípio do que Lacan designa por separação, a saber, o *se parare*, que, em latim, significa "engendrar-se como sujeito". Pela via de evocação do pai morto, AM livrou-se de sua identificação ao significante débil, abrindo um espaço para significar-se no vazio da estrutura, não recoberto por essa identificação.

Antes dessa sessão, AM apresentava progressos apenas sensíveis em todos os campos de aprendizagem com que era confrontado. Depois de seu ingresso, propriamente dito, no discurso analítico, pela via da enunciação, suas mudanças foram surpreendentes, tanto no tocante à fala quanto no nível do comportamento, sobretudo junto à mãe, contra quem vinha manifestando atitudes agressivas e de um parasitismo sem igual. Deve-se reconhecer que essa melhora de AM só aconteceu após o duplo *acting out* — inicialmente, o da mãe, abandonando o filho na rua, a um quilômetro de seu destino e, em resposta a isso, o *acting out* da criança, partindo em fuga —, que permite a produção de um significante novo para AM — metonímico em relação a seu pai e metafônico em relação à morte de seu pai —, pelo qual o menino pôde, finalmente, representar-se.

O *acting out* constitui uma dificuldade para a análise, mas parece ser o único meio para se eliminar o "efeito de holófrase" que incide sobre o lugar reservado ao sujeito na estrutura, devido à consistência do significante do Outro. Enquanto na clínica da neurose o *acting out* denuncia essa consistência do Outro assumida pelo analista, ao querer interpretar tudo, na clínica da debilidade seu impacto constitui a via pela qual o analisante pode vir a quebrar a consistência do analista enquanto Outro e instituir a dimensão da falta na própria estrutura simbólica. À medida que o *acting out* escapa ao Outro, a solidez da identificação de que o sujeito se encontra alienado pode ser desfeita, permitindo um questionamento da holófrase e a produção de uma separação em relação a essa identificação. No caso de AM, fica evidente a importância da construção do analista para a produção desse efeito de separação, uma separação pela via da enunciação que se encontra totalmente impedida para o débil, mas não é da ordem do impossível, como na psicose.

O sujeito que flutua entre dois discursos

A posição subjetiva do débil na estrutura é delimitada, ainda mais, a partir do momento em que se institui, na última etapa do ensino de Jacques Lacan, sua elaboração do chamado campo lacaniano dos discursos. É possível acompanhar a construção criteriosa da teoria dos discursos pela leitura das lições do seminário proferido durante o ano 1969-1970, que se encontram reunidas sob o título *O avesso da psicanálise.*[97] Observa-se, entretanto, que, ao longo das lições desse seminário, a debilidade mental não se faz presente como uma referência conceitual explícita de Lacan. Porém, é preciso considerar que aquilo que se constitui como a sua última palavra sobre o tema leva em consideração sua proposição fundamental e final dos discursos. Na verdade, a definição da debilidade apenas aparece dois anos mais tarde, ou seja, em 1972, no curso do seminário intitulado ... Ou pior, cuja formulação se enuncia, precisamente, pela caracterização do sujeito débil como aquele que flutua entre duas modalidades distintas de discursos.

O primeiro aspecto importante dessa definição, a meu ver, é a preocupação em situar a posição do sujeito na debilidade. O esforço em explicitar e precisar a economia subjetiva do débil na estrutura da linguagem, recusando, assim, qualquer definição deficitária da debilidade, tal como se procedera, aliás, na formulação da clínica das psicoses, faz-se presente, em 1964, como se viu antes, por meio da noção de holófrase e permanece, em 1972, quando a referência principal se torna a teoria dos discursos. Ora, deve-se frisar que a própria concepção psicanalítica da debilidade suportada na formulação da holófrase já apontava para o problema da clínica diferencial entre debilidade e psicose. A solução apresentada para esse problema, em 1964, foi a de considerar que o sujeito, tanto na debilidade como na psicose, sofre o efeito da solidificação da cadeia significante, embora possa se encontrar, em relação a esse efeito de holófrase, em posições distintas, num caso e no outro, exprimindo-se, portanto, por intermédio de respostas também distintas.

Basta lembrar, a esse respeito, que os efeitos da holófrase, na psicose, são mais devastadores e desorganizadores, com a produção de fenômenos alucinatórios e delirantes, porque a função do sujeito se encontra significativamente perturbada pela forclusão do Nome-do-Pai. Ou seja, o efeito holofrástico na psicose tem como pressuposto essencial a não-simbolização do significante paterno, o que traz, como conseqüência, a não-constituição simbólica do Outro. A ausência do Outro simbólico configura-se na própria personificação do retorno, no real, dessa petrificação da série de significantes da cadeia, que se manifesta na forma de uma irremovível certeza subjetiva, caracterizada pela fenomenologia clínica da alucinação ou do delírio.

Na debilidade, por outro lado, a holófrase também manifesta seus efeitos no campo da relação do sujeito com o simbólico. Contudo, apesar da presença da simbolização do significante paterno no lugar do Outro, é possível resgatar a dimensão sintomática desses mesmos efeitos, na medida em que traduzem uma alteração essencial da relação do débil com o Outro do saber. É indubitável que o teor dessa elucidação conceitual apenas obteve seu desfecho final com as formalizações dos discursos e com as implicações clínicas que, daí, se depreendem. No curso do seminário do ano de 1972 — *... ou pior* — a teoria dos discursos revela toda a sua fecundidade para possibilitar vislumbrar-se uma saída definitiva para o problema da distinção entre psicose e debilidade. Lacan postula, desde então, que a injunção impregnante do imaginário no S1 do sujeito débil não é a mesma que se verifica no sujeito psicótico. Essa solução permite situar o débil numa relação de suspensão entre dois discursos e o psicótico numa relação de exterioridade a propósito do conjunto dos discursos. Em seguida, as próximas indicações, que fazem da debilidade um dado inerente à própria estrutura do ser falante e, não, algo que concerne àquele que se encontra marcado pela debilidade quanto ao funcionamento mental, apenas reforçam e precisam o privilégio da dimensão imaginária, que se encontra incorporada no S1 como uma escolha, visando, em última instância, desconhecer a verdade da divisão inerente ao sujeito do inconsciente.

Antes mesmo de explorar a definição do débil como um sujeito que flutua entre dois discursos, uma pergunta se impõe: o que há de novo na categoria de discurso em relação ao par primordial de significantes proposto para pensar a estrutura? Em primeiro lugar, o que Lacan vinha abordando, em 1964 — *Os quatro conceitos fundamentais* —, como "efeito de holófrase", considerado fator integrante da estrutura, passa a ser designado, a partir da teoria dos discursos, como efeito de um S1 soberano, que, inclusive, recebe a qualificação de significante mestre. À essência desse significante, encontra-se incorporada à identificação imaginária do sujeito uma forma ideal e em conformidade com o desejo da mãe, que permanece como um traço duradouro, capaz de gerar efeitos sobre o modo como a estrutura subjetiva é manifestada, na debilidade, por meio de seu discurso. O fundamento último dessa identificação imaginária assenta-se sobre a conceitualização do estádio do espelho, que ressalta, na constituição da unidade corporal, a presença do Outro, impondo e condicionando a identificação do sujeito à sua imagem. Ver-se-á, mais adiante, que esse aspecto da unidade dada por uma imagem é decisiva na apreensão da posição subjetiva do débil.

Para o enfoque clínico da debilidade, interessa salientar, ainda, a respeito do estádio do espelho, a passagem de um estado de fragmentação, marcado pela impotência motora característica da imaturidade embriológica inicial do sistema nervoso, a um estado de domínio antecipado, promovido pelo reconhecimento da imagem no espelho e atestado pela satisfação jubilatória. A assunção da imagem especular preenche uma função essencial: produz um efeito formador para o eu, que eterniza o objeto sob o aspecto de uma forma, fixando-o, assim, para sempre, como um "tipo" no imaginário. A imagem percebida pelo sujeito é algo que lhe é proposto. O sujeito não faz mais que reconhecer-se nessa imagem, que se apresenta como uma *Urbild* ideal, ou seja, algo diante do qual é capaz de superar suas fissuras, suas insuficiências e sua incoordenação, a partir de uma totalidade.[98] Nessa elaboração, o que vem do Outro é a própria imagem especular, desejada ou não, apreendida no olhar de confirmação que a criança solicita a quem suporta seu corpo fragmentado, para autentificar sua existência. O reconhecimento do Outro, pela via do olhar, daquilo que a criança é para ele implica conseqüências marcantes na esfera do desejo do *infans*. Ele imprime-se de maneira definitiva como "um traço único, sinal de consentimento do Outro, da escolha de amor sobre a qual o sujeito pode operar e regular-se, em seguida, no jogo do espelho".[99]

Esse efeito imaginário do significante unário depende, contudo, da posição do sujeito na ordem simbólica. Isso significa que o lugar do qual o sujeito se vê como ideal, como uma projeção imaginária, ou, em outros termos, o lugar do qual o sujeito se conta como unidade — para usar a indicação de Lacan de que o Um do débil mental é uma maneira de contar[100] — não é o mesmo lugar que lhe é reservado pelo Outro simbólico, onde ele só pode contar-se como falta. Eis a dimensão essencial da articulação do significante unário ao segundo significante, denominado, no discurso, saber do Outro, saber sobre a falta, que o débil faz questão de desconhecer e, mesmo, insiste nisso.

Para situar-se a indicação crucial de Lacan, em 1972, retirando-se definitivamente a debilidade mental do campo das psicoses, é indispensável tomar o significante unário como o continente das identificações imaginárias narcísicas, cuja simbolização depende da inscrição do saber do Outro. Ou seja, é preciso considerar a injunção do imaginário na aglutinação produzida na série de significantes, que faz ressaltar apenas um tipo de significante na cadeia, a saber, o significante unário. Na psicose, a vertente imaginária do significante unário revela toda a sua consistência, devido à inexistência da articulação desse significante ao saber do Outro. Considera-se que, devido à ausência da simbolização do significante do Nome-do-Pai, o psicótico se encontra, como o próprio Lacan propõe, "fora do discurso".[101] Ele não está desprovido da linguagem, já que todo sujeito é efeito do significante, porém excluído da estrutura de amarração da cadeia significante, o que lhe invalida o estatuto do Outro da língua, constituído, para todo sujeito, como a ordem simbólica. A cadeia significante na psicose deve representar, assim, apenas uma seqüência de significantes mestres, sobre os quais, figura o objeto imaginário do desejo do Outro materno, não-metaforizado pela função do Nome-do-pai, que, como assinalado antes, ordena a série:[102]

$$\frac{S1 - S1 - S1}{a}$$

Na debilidade, o significante mestre encontra-se vinculado à ordem simbólica; no entanto, verifica-se o fracasso do débil em fazer valer a lei da linguagem sobre a consistência imaginária do seu S1. A debilidade mental consistiria em uma inibição radical dos efeitos do intervalo significante da estrutura, inviabilizando, assim, a possibilidade de o sujeito poder se articular em uma forma de discurso e circunscrever o real, como efeito da própria hiância do dizer. Nesse sentido, Lacan assinala que o Um do débil é um significante do qual nada se deduz, um significante que manifesta apenas sua vertente imaginária e apresenta sempre o mesmo sentido, não sendo possível apreender a dimensão do equívoco, que sobressai do simbólico e evidencia o saber suposto pelo real.[103]

Aliás, deve-se assinalar que a postulação da presença de um elemento real na totalidade dos elementos simbólicos da estrutura é um aspecto inovador, na categoria de discurso, em relação ao par primordial de significantes. Trata-se de conceber, na estrutura, o que não é propriamente simbólico e se refere diretamente à satisfação pulsional. Ao contrário, a estrutura dos estruturalistas requer a delimitação de uma totalidade de relações que possa abrigar todos os significantes, o que quer dizer que a estrutura, para eles, é sempre completa; Lacan, por outro lado, preconiza a incompletude dos elementos da estrutura da linguagem, na qual se assiste à inserção do *sujeito-dividido-pelo-significante*. Para os estruturalistas, o modo como o princípio diacrítico procede no funcionamento da estrutura significante, não põe em questão o pressuposto da completude da estrutura que busca representar todos os elementos, nomear absolutamente tudo. Em suma, para os estruturalistas, tudo na estrutura é significante, ainda que, por outro lado, o sujeito se encontre excluído dela. Para Lacan, o sujeito que se inscreve na estrutura considerada como incompleta é o sujeito que responde a essa inscrição enquanto pura falta. É, seguramente, um sujeito descontínuo com relação à própria série de elementos da cadeia, pois emerge no intervalo existente entre dois significantes.[104] Esse aspecto é reforçado na teoria lacaniana dos discursos, em que se vislumbram, como produto da incompletude da cadeia, duas inscrições, que não possuem o estatuto significante: o efeito de divisão do sujeito e o efeito relativo ao circuito pulsional, que é o objeto *a*, mais-de-gozo.

O efeito sujeito já tinha sido amplamente explorado, em 1964, no seminário *Os quatro conceitos fundamentais*, por meio da idéia de afânise: quando o significante mestre, S1, surge no campo do Outro, em que ele representa o sujeito para um outro significante, o segundo significante tem por efeito a afânise do sujeito. Assim, logo que "o sujeito aparece em algum lugar como sentido, em outro lugar ele se manifesta como *fading*, como desaparecimento".[105] O efeito de produção consiste na dessexualização do corpo do sujeito pela entrada do corpo simbólico. A perda de sentido sobre a primeira inscrição é correlativa ao efeito de significação da estrutura do Outro que tem uma referência fálica. Em definitivo, pode-se verificar que a estrutura do Outro com duas inscrições significantes articuladas cunha duas marcas: o sujeito e o objeto perdido, que ele vai buscar reencontrar. Verifica-se, assim, na concepção de discurso, o que Freud indica na sua descrição da experiência primeira de satisfação: a produção de uma falta instaura a possibilidade de outros objetos recobrirem-nas, sempre parcialmente. A ordenação da cadeia significante dada pela função do Nome-do-Pai marca os objetos substitutos da falta simultaneamente efetivados pela significação fálica. Eis o que vai constituir o saber do Outro no discurso: a castração imposta pela lei da linguagem divide o sujeito, mas produz efeitos de significação e de recuperação de gozo pela positivização do objeto perdido.

A matriz dos discursos comporta quatro lugares fixos, que os termos da estrutura podem permutar, tornando possível diferentes configurações, que equivalem, respectivamente, a diferentes formas de discurso. É possível considerar que, no fundo, cada forma de discurso constitui uma modalidade de recuperação de gozo, que, por sua vez, se caracteriza pelo elemento da estrutura que o sujeito escolhe para representar a verdade de sua existência como ser falante. Inicialmente, é preciso considerar, nessa formalização, os quatro lugares fixos do discurso, tal como proposto, por Lacan, em *O avesso da psicanálise*:[106]

$$\frac{\text{Desejo}}{\text{verdade}} \rightarrow \frac{\text{Outro}}{\text{perda}}$$

Como já assinalado, o desejo encontra-se na posição de agente do discurso, lugar marcado pelo traço unário da primeira representação. O lugar do Outro é o lugar do saber na estrutura castradora da linguagem. A verdade e a perda figuram no andar inferior do matema, sob a barra do recalque, explicitando-se, apenas, por seus efeitos, nas entrelinhas dos enunciados do sujeito. A verdade designa a divisão do sujeito e a perda, o gozo recuperado por meio do contorno do objeto *a*:[107]

$$\frac{\text{significante - mestre } (S_1)}{\text{sujeito } (\$)} \rightarrow \frac{\text{saber } (S_2)}{\text{gozo } a}$$

A rotação de um quarto de volta desses elementos, de maneira que, na mesma seqüência, eles venham a ocupar outros lugares, define os quatro tipos distintos de discurso. Como referido antes, cada forma de discurso diz, de uma maneira diferente, a forma de apreensão do real do gozo pela estrutura simbólica. Nessa perspectiva, o que especifica a posição do sujeito na estrutura não é o lugar onde se encontra a letra que indica o sujeito barrado — o S —, mas o termo da estrutura — S1, S2, S ou *a* —, que esse sujeito elege para colocar no lugar da verdade da lei da linguagem:

Discurso do Mestre

$$\frac{S_1}{\$} \rightarrow \frac{S_2}{a}$$

Discurso da Universidade

$$\frac{S_2}{S_1} \rightarrow \frac{a}{\$}$$

Discurso da Histérica	Discurso do Analista
$\frac{\$}{a} \rightarrow \frac{S_1}{S_2}$	$\frac{a}{S_2} \rightarrow \frac{\$}{S_1}$

Na debilidade, o sujeito recusa-se a colocar algum dos quatro termos do discurso no lugar da verdade. Por isso, a definição que Lacan propõe para debilidade, afirmando tratar-se da única possível, consiste em situar o sujeito débil como aquele que flutua entre dois discursos:

> Chamo de debilidade mental o fato de um ser, um ser falante, não estar solidamente instalado em um discurso. É isso que faz o preço do débil. Não há nenhuma outra definição que se possa dar a ele, senão a de ser o que se diz, aquele que erra o alvo (*a côté de la plaque*), quer dizer, que, entre dois discursos, ele flutua. Para estar solidamente instalado como sujeito, é preciso ater-se a um [discurso], ou, então, saber o que se faz. Mas não é porque se está à margem, que se sabe o que se diz.[108]

Não há outra definição que se possa dar do débil, a não ser a de se encontrar *à côté de la plaque*, ou seja, totalmente à margem do que funda o sujeito do desejo. Flutuar entre dois discursos significa recusar-se a se manifestar a partir do lugar do entre dois significantes, lugar da verdade sobre a divisão, posição delicada, pois que tem como correlato a anulação dos efeitos da inscrição do simbólico. Assim, a posição subjetiva do débil fica caracterizada por sua resistência contra tudo o que poderia contestar a veracidade do Outro, para ele se prevenir das dúvidas que o assaltam, concernentes ao saber, saber relativo à castração, ou seja, à própria fundação do sujeito do desejo, de só poder inscrever algo do seu ser no vazio criado pela introdução da lei simbólica.[109]

Se, em cada discurso, o que especifica a posição do sujeito é o termo escolhido para figurar no lugar da verdade, a posição do débil, flutuando entre dois discursos, indica que o sujeito não se sustenta na hiância do vazio de sentido entre dois significantes, tal como a ordem simbólica lhe impõe, recusando o seu próprio estatuto, na estrutura, de ser sujeito dividido. Em vez de contornar a divisão com um dos termos da estrutura, o débil busca tamponá-la com um elemento imaginário, conferindo ao S1 a idéia ilusória da perfeição do corpo, encontrada no reflexo da imagem especular. Essa é uma outra consideração clínica de Lacan, que na minha opinião consolida, ainda mais, o que se afirmou antes como preponderância do imaginário na posição subjetiva do débil. Logo, em 1974, no curso de seu *Seminário R.S.I.*, reafirma-se essa preponderância, acrescentando, porém a referência ao corpo: "Diria que, se um ser falante se demonstra consagrado à debilidade mental, isso se deve ao imaginário. Essa noção, com efeito, não tem outro ponto de partida senão e a referência ao corpo. E a menor das suposições que implicam o corpo é esta: o que para um ser falante se representa é apenas o reflexo de seu organismo."[110]

É visível que o corpo aparece, nesse caso, para revelar o mecanismo pelo qual a imagem especular se constitui em uma informação decisiva para a organização da unidade do eu, que, ao mesmo tempo, centra e fixa a solução do débil. Segundo Lacan, é próprio da experiência imaginária denegar a exigência simbólica que a precede e condiciona. Pode-se dizer, então, que o sujeito débil, mais do que qualquer outro, perpetua a captura ilusória da unidade na imagem especular — que o deixa fora da questão concernente à castração —, fazendo do significante mestre não o ponto de mira ideal de todos os objetos buscados na realidade para substituir o objeto da falta, mas o reflexo do corpo *uno*. O débil privilegia a vertente imaginária do significante mestre, o que, certamente, deve ser a sua astúcia, porque, assim, ele toma dois corpos distintos como idênticos.[111] Em última instância, o débil inverte a superfície simbólica fazendo com que apareça apenas o reflexo da identificação narcísica, tal como ocorre no fenômeno óptico da miragem. Assim, a falta a ser é escamoteada pelo brilho de um corpo *uno*, um corpo à imagem da figura andrógina do mito aristofânico, possuidor de uma forma perfeitamente arredondada, sem nenhuma aresta e dotado de quatro mãos, quatro pernas, duas faces, olhos exergando em sentidos opostos, quatro orelhas e dois sexos.[112]

A debilidade mental é o preço pago pelo sujeito por sua escolha de fazer valer somente a vertente imaginária do significante mestre, desconhecendo a dimensão simbólica desse significante. Portanto, o débil faz a verdade existir no seu próprio corpo, ao contrário do sujeito que pode saber, para além do efeito próprio ao imaginário, a maneira como o simbólico se escreve, que pode ler, nas entrelinhas dos discursos, a verdade escondida no *Unbewusst,* o não-sabido do inconsciente freudiano, causa de desejo para o sujeito.

As últimas referências de Lacan sobre o tema da debilidade mental não fazem mais que acentuar o fato de essa estratégia de valoração da identificação imaginária, denegando a castração simbólica, ser própria à edificação da estrutura. Na medida em que a ilusão da imagem se configura em uma função decisiva na organização do mundo simbólico, Lacan toma a debilidade como um mal-estar fundamental do sujeito, em relação ao saber, que nenhum ser falante poderia se dispensar: "O homem não sabe se virar com o saber. Isso é a sua debilidade mental, da qual não me isento — pois tenho que me haver com o mesmo material que todo mundo, o material que nos habita."[113] Assim sendo, a debilidade pode ser concebida como a única e constante estratégia do sujeito débil, mas não como uma exclusividade sua, visto que qualquer sujeito, ao recorrer à identificação narcísica para denegar a lei simbólica, mergulha na debilidade quanto ao saber.

A debilidade do aparelho do inconsciente

É importante, ainda, considerar alguns aspectos concernentes à presença da categoria de debilidade mental, na última etapa do ensino de Lacan,[114] como um conceito fundamental da psicanálise. Segundo a leitura de Jacques-Alain Miller, deve-se reconhecer o alcance clínico desse ponto essencial da chamada segunda clínica, pois é a própria conceituação de inconsciente que se vê em questão nas últimas elaborações do ensino oral de Lacan.[115] Na verdade, a utilização clínica da debilidade mental faz-se necessária a partir do momento em que se demonstra, no final do tratamento, que a verdade do inconsciente carrega algo de enganoso e, mesmo, de mentiroso. A tese de que o inconsciente mente, se deve à própria maneira de se ter acesso, na experiência analítica, às suas formações – a saber, pela via do sentido. O sentido que alimenta a cifração sintomática da satistação paradoxal do gozo escamoteia a impossibilidade de este ser tratado pela via da simbolização. A análise da debilidade, como paixão pela objetivação do real, leva à substituição do conceito nodal de inconsciente pela noção de debilidade mental.[116]

Primeiramente, devem-se levar em conta dois momentos distintos do ensino de Lacan: o inicial, conhecido como "primeira clínica", e o último, também chamado "segunda clínica" ou "clínica borromeana". A primeira clínica designa a dedicação de Lacan à formalização do aparelho conceitual que organiza e estrutura a prática analítica –

aparelho constituído, essencialmente, dos conceitos freudianos de inconsciente, pulsão, transferência e repetição – por meio do instrumento da linguagem e dos princípios que regem a cadeia significante. A segunda clínica, por sua vez, é marcada por um desprendimento em relação aos conceitos freudianos e uma exploração da psicanálise como impossível, em que se ressalta a dimensão do real – em detrimento da cadeia simbólica e das incidências imaginárias – e a resistência, própria desse registro, a qualquer tipo de simbolização.

A releitura de Lacan da obra de Freud é guiada, no primeiro momento, pela supremacia do inconsciente e sua homologia com as leis da sintaxe. Na segunda clínica, assiste-se, por outro lado, a uma dissolução de tudo aquilo que se afirma como o sentido do retorno ao aparelho conceitual de Freud. A ênfase na dominância do simbólico na experiência analítica e a crença nos poderes da palavra, que caracterizam a primeira clínica, empurram a compreensão desse retorno como o primado da interpretação, isto é, da intenção simbólica da análise em detrimento de todo o resto concernente ao imaginário e ao real. Se, antes, se enxergavam apenas as virtudes do retorno a Freud – que impunham essa perspectiva de assimilação e recuperação do imaginário e do real pela via da apreensão significante –, depois, ao focá-lo com as lentes do valor parasitário e epidêmico das palavras, obtém-se um outro olhar. Ao se exprimir pelo longo e detalhado trabalho de tradução desses quatro conceitos fundamentais com a ferramenta da supremacia do simbólico, deve-se admitir que, em essência, esta também se ancora na desvalorização da experiência do real. Em outros termos, tudo aquilo que, nesse momento inicial do ensino de Lacan, diz respeito ao que é da ordem do imaginário e do real fica relegado, apenas, a ser assimilado pela via da apreensão simbólica.

O valor hierárquico e a dominação do simbólico com relação ao imaginário e ao real atinge seu ápice com a afirmação de que a apreensão simbólica se exerce até o mais íntimo do organismo humano.[117] E o que isso quer dizer senão que o significante comanda, impera sobre o imaginário e o real? Como observa Lacan, mesmo que os fatores imaginários manifestem a inércia, eles apenas figuram nessa montagem porque, por meio dela, se tornam magníficos e problemáticos ao mesmo tempo. A clara desvalorização dos efeitos do significante – que são considerados como o campo do sentido – é atribuída aos efeitos do imaginário. Nesse momento, é a inflação de sentido o que, em última instância, torna o sujeito débil. É o sentido que debiliza. O ensino clássico de Lacan progride, fundamentalmente, em proveito do saber que se esvazia do sentido, por obra da lei do significante e, sempre, na contramão da experiência do real. A preeminência desse processo de evacuação do sentido em benefício do significante confere um papel primordial ao não-sentido, ao saber concebido como articulação significante fora do sentido, ao saber como *non-sens*, que equivale, enfim, ao matema e à escritura.

É preciso considerar, portanto, que o pressuposto fundamental articulador das primeiras formulações da segunda clínica é o movimento inverso de tudo aquilo que se viu na forma de uma tradução, uma significantização e, mesmo, uma formalização do aparelho conceitual freudiano. O termo escolhido por Miller para inscrever o último ensino de Lacan é dissolução – Lacan opera uma dissolução da própria base conceitual da obra de Freud, que é presidida não apenas pelo rebaixamento do sentido mas também por um descrédito lançado ao significante e ao saber. No fundo, não se percebe o alcance desta última contribuição se não se dá conta de que o saber fora-do-sentido é, também, arrastado pelo rebaixamento do sentido. O que Lacan descobre com o avançar de sua elaboração sobre o simbólico – e que vem contrariar suas primeiras formulações – é que o significante pertence à palavra e, por sua própria natureza, é apenas o suporte fônico do sentido. Assim, o significante é, antes de tudo, um fenômeno da fonação e, desse ponto de vista, a sintaxe equivale a uma variação que sofre o personagem sentido.

No plano lógico, o que preside essa construção visando a demonstrar o quanto o sentido debiliza o sujeito é a tentativa de encontrar, para cada material clínico "x", o seu pertencimento a um dos três registros da topologia lacaniana – real, simbólico e imaginário. Assim, há – como representado abaixo, segundo a notação proposta por J.-A. Miller – elementos pertencentes ao real, elementos pertencentes ao simbólico e elementos pertencentes ao imaginário:

$$x \in R, \qquad x \in S \qquad e \qquad x \in I.$$

Com a desmontagem operada pela elaboração da segunda clínica, os conjuntos de distribuição que figuram à direita do símbolo de pertinência se tornam, por sua vez, elementos do conjunto do nó, conjunto *N*.[118] Lê-se: elementos do real pertencentes ao conjunto *N* (nó); elementos do simbólico pertencentes a *N*; e elementos do imaginário pertencentes a *N*.

$$R \in N, \qquad S \in N \quad e \quad I \in N.$$

Levando-se em consideração a teoria dos conjuntos, se, antes, o real, o simbólico e o imaginário designavam diferentes conjuntos, de alguma forma hierarquizados, agora, eles passam a ser definidos como elementos pertencentes a um mesmo conjunto, o conjunto denominado nó. Um dos aspectos importantes do uso desse procedimento dos nós é a operação de deslocamento de *R*, *S* e *I*, da esquerda para a direita do signo de pertinência. No plano do conjunto, há esses três termos elementarizados que, em si, não são suficientes para caracterizar o que se acrescenta, a saber, a relação borremeana de enlaçamento, propriamente dito, entre eles.[119]

N : {R, S, I}
Relação borremeana

A instauração da relação borremeana e de seu pressuposto básico, que é a "elementarização" de cada um dos termos do conjunto *N*, implica, por conseqüência, o fato de cada um desses termos passar a existir como Um. Assim, cada um desses elementos permanece separado, escapando, assim, ao princípio que domina a primeira clínica – que é a supremacia do simbólico. A elementarização dos três registros, inerente ao emprego dos nós borremeanos, é o que, em última instância, faz aparecer o reino do Um na psicanálise. Em outros termos, a tese de que "há Um" se coloca como parte integrante das condições que tornam possível a existência de um real sem lei, cujo índice maior é a letra capaz de cifrar o novo modo de satisfação que se instaura no final de uma experiência de análise. Deve-se reconhecer, ainda, que a elementarização produzida pela relação borremeana não significa que haja um simples isolamento do real, mas, sim, a manifestação de sua total aversão a qualquer articulação do real com o sentido, com as leis do significante e, sobretudo, com o saber.

Esse real puro, refratário ao simbólico, conclama, por outro lado, o sentido, na medida em que essa é a única via para se tentar abordá-lo. O saber analítico acede ao real por meio do impossível, um impossível singular, porque se enraiza na contingência, no imprevisível, no acontecimento aleatório, presente nas coisas do mundo. O acesso ao real pela via do sentido não torna o real sem lei, pois a certeza que se obtém desse real está sempre condicionada pela contingência, pelo que se apresenta como inessencial e, radicalmente, variável.

Não se pode negligenciar o fato de que a prática analítica não avança sem introduzir o sentido. Não se deve desconhecer que o sentido se alastra pelos quatro cantos da clínica psicanalítica. É o próprio Freud quem sugere apreendê-lo no sintoma, nas formações do inconsciente, na escolha de objeto e, também, na transferência. Segundo Miller, o fato de não se poder proceder de uma outra maneira é o que torna capital e, mesmo, irremediável a utilização clínica da debilidade mental. A debilidade, nesse contexto, equivale ao engodo do inconsciente em relação ao real, à verdade mentirosa do inconsciente que desconheceria a essência do real sem lei. Daí, o propósito de se substituir o conceito freudiano de inconsciente pela noção de debilidade mental.[120]

A estranheza do uso desse termo é justificável, de alguma maneira, visto que, mesmo para o saber psiquiátrico, a sistematização nosográfica das psicoses implica a radical exclusão delas do campo das demências. A história dessa virada epistêmica, no plano da nosologia psiquiátrica, exprime-se pela passagem da categoria de *demencia praecoce*, de Emil Kraepelin, para a de *esquizofrenia*, de Eugène Bleuler. Se a psiquiatria mesma recusa a intrusão do fator deficitário da debilidade mental no domínio das psicoses, pode-se supor qual é a reação da psicanálise a esse respeito. É evidente que o emprego da debilidade se constitui, para Lacan, uma verdadeira retificação do uso deficitário que dela se fez ao longo dos tempos, tanto no campo da psiquiatria como no da psicanálise, o que a torna uma categoria capaz de apreender, como já assinalado antes, a relação particular do sujeito do inconsciente com o saber. É, portanto, à luz da substituição do inconsciente pela debilidade mental que se processa uma série de conseqüências e de usos clínicos próprios da clínica borremeana. No fundo, se o inconsciente engana, se ele é mentiroso, é porque a palavra perde seu valor de verdade, de salvação, e passa a assumir o valor de parasita, no sentido da contaminação epidêmica promovida pelo laço estreito que esta estabelece com a libido.

Em suma, desde o início de seu ensino, Lacan procura demonstrar, inspirado na doutrina do significante, que a psicanálise não pode ficar embriagada pela debilidade do sentido. No entanto, à medida que sua elaboração avança, o próprio significante torna-se um avatar do sentido, ou seja, é o próprio simbólico e sua supremacia que se tornam o fator debilitante do ser falante. Ao admitir essa dominância do simbólico, apenas detectável pelo pólo articulador do sujeito do inconsciente – que é a cadeia significante –, afirma-se que o saber inconsciente é que torna os indivíduos débeis. E o mais contundente nessa postulação do último ensino de Lacan é a inexistência de um outro remédio para se lidar com o real sem lei, que não seja a elucubração de saber próprio ao inconsciente. É por isso que há sempre debilidade, pois é o próprio aparelho do inconsciente que se vale da debilidade mental. Dizer que o inconsciente se aparelha na debilidade é a melhor maneira de compreender a razão pela qual, para Lacan, "os não-tolos erram". Para se entender essa expressão, é preciso levar em conta o equívoco que se produz na língua francesa: "*les non dupes errent*". O que equivale a dizer que é com o inconsciente aparelhado pela debilidade do significante que se pode conjecturar que a invenção do Nome-do-Pai não se realiza, para se manter apegado a ele, mas, sim, para lhe dar um fim efetivo. Em definitivo, a morte do Nome-do-Pai consiste em equivocá-lo com o sintagma "os não-tolos erram!" Se se pode questionar a própria existência do não-tolo, é porque a tarefa de desvencilhar-se da debilidade do inconsciente é uma tarefa impossível. O não-tolo é aquele que se arroga ser o único a saber que tudo é semblante e não está, nesse caso, submetido às peripécias astuciosas e embaraçosas do real. Em definitivo, se julga que tudo é semblante, o não-tolo permanece imerso no sentido, ainda que ele próprio não o saiba. O tolo lacaniano é aquele que pode ir além do Nome-do-Pai, pois aprendeu a distinguir o semblante do real e, dando-se conta de que há semblante no sentido, busca orientar-se pela experiência do real. Estar orientado pelo real, pressupõe estar exposto às embrulhadas ou às incidências enganosas do real.

Conclusão

As variações teórico-clínicas suscitadas pelo tema tornaram possível fundamentar a inibição intelectual como uma categoria clínica que apenas teve sua emergência, enquanto tal, com o advento do discurso psicanalítico. Ao se levar adiante tal fundamentação, pôde-se comprovar o quanto foi necessário retirá-la do enfoque essencialmente deficitário a que sempre esteve submetida, desde sua origem no âmbito do saber psiquiátrico. Ressalta-se, nesse contexto, o emprego, nas primeiras descrições psiquiátricas dos distúrbios de debilidade mental, do aspecto semiológico da "fraqueza do pensamento", sintagma que busca traduzir uma limitação efetiva da atividade intelectual. Ora, é indiscutível que, no momento em que se abre para a abordagem clínica desses fenômenos, a psicanálise tem de se haver com isso, que se designou, no início deste trabalho, como sendo "a aporia epistêmica do déficit".[1]

O mesmo aconteceu com a concepção psicanalítica das psicoses, em relação à qual foi necessário todo um esforço no sentido de desvencilhá-la de uma perspectiva essencialmente deficitária, como se observa, por exemplo, na elaboração de um dos alunos de Freud, que propõe como fator básico dos transtornos esquizofrênicos a falta de capacidade de "síntese do eu".[2] Como foi visto, é algo da mesma ordem que acontece com a debilidade mental, ainda com o agravante da existência de um recobrimento notório entre a categoria clínica da debilidade e seu núcleo deficitário, que se pode referir ao registro de uma verdadeira redundância conceitual. Reafirma-se, portanto, o fato de que, talvez, não haja uma outra categoria clínica advinda da nosologia psiquiátrica que, ao ser tratada pelo corpo conceitual da psicanálise, esbarre com o obstáculo desta componente deficitária, aparentando ser, nesse caso, algo que lhe é inerente ou, mesmo, inexorável.

Esse é o desafio epistêmico com o qual a psicanálise se depara, desde muito cedo, no tratamento analítico da questão clínica da inibição intelectual. É preciso destacar, nesse particular, a importância dos trabalhos de Melanie Klein sobre o assunto. Não é sem razão que a ordem de exposição preconizada, ao longo desta tese, contemplou, como ponto de partida, seu esforço pioneiro de teorização dos elementos clínicos da chamada inibição intelectual. Aliás, deve-se assinalar que o uso disseminado da expressão "inibição intelectual", no ambiente psicanalítico, só tem lugar na seqüência das elaborações dessa eminente representante da Escola Inglesa.[3] Por mais que seu interesse inicial tenha sido o de observar o desenvolvimento intelectual das crianças, na perspectiva de uma profilaxia das neuroses na vida adulta, destaca-se o fato de a inibição intelectual ser tomada por ela como uma forma sintomática, ou seja, uma resultante da vida psíquica inconsciente.

Na perspectiva kleiniana, toda aprendizagem da realidade pelo sujeito é preparada e sustentada pela constituição basicamente alucinatória e fantasmática dos primeiros objetos, classificados como objetos bons e maus, na medida em que fixam uma primeira relação primordial, que, no desenrolar da vida da criança, fornece os tipos principais de seus modos de relação com a realidade. Assim, as perturbações da vida intelectual adquirem o estatuto de um sintoma, expressando algum impasse no âmbito das relações pré-objetais e impedindo a abertura às vias sublimatórias que, em última instância, comprometem a transformação da realidade em um campo simbólico de satisfação objetal. A preocupação de Klein em aprofundar a relação dos estágios da libido com o sentido da realidade, afasta-a, contudo, do deciframento simbólico do inconsciente, em detrimento dos mecanismos imaginários, tais como a introjeção e a projeção, que se tornam as peças-chaves da desordem do imaginário infantil.[4]

O simbolismo kleiniano, calcado nas descrições das fantasias arcaicas da criança em relação ao seio materno, matriz fundamental das "relações de objeto" futuras, minimiza a função da educação no desenvolvimento da criança, mas, por outro lado, reduz o falo — segundo Freud, o símbolo essencial da própria condição do ser desejante — a um objeto parcial a ser simbolizado nas relações com o corpo da mãe, sem a necessidade da função paterna. Esse modo de tratamento clínico da inibição intelectual aponta, também, para aquilo que, no final da obra de Melanie Klein, aparece como o essencial do trabalho analítico, a saber, a metamorfose reparadora do corpo da mãe em um objeto total, que constitui o fundamento último da sublimação, visto que permite recompor a relação deserotizada do sujeito com a realidade. Como assinalado, o paradigma da relação imaginária dual com a mãe, fazendo desta um corpo completo e absoluto, deixa a mediação simbólica do Outro da lei fora do circuito da vida e da análise do sujeito.

Ainda que, para Freud, a inibição intelectual não constitua um capítulo específico da clínica psicanalítica, tratado de forma direta, é possível construir os pilares conceituais do problema, sem incorrer no reducionismo kleiniano das relações de objeto que, em última instância, neutraliza qualquer deciframento simbólico do material inconsciente, ao preconizar uma série infinita de interpretações metonímicas baseadas na relação imaginária com a mãe, sem fazer valer o espaço da metáfora, que é o da significação fálica. Segundo uma outra vertente conceitual, verifica-se na formulação freudiana da "inibição do pensamento" (*Denkhemmung*), o privilégio da dimensão simbólica, que se exprime por meio da metaforização do sentido sexual, com o advento do complexo de Édipo. A instituição da lei do pai, tem como efeito a dessexualização do pensamento. Como se viu, o processo de recalcamento da vida pulsional constitui um momento estrutural e fundamental que se impõe a todo sujeito, produzindo uma significação fálica correlativa à criação de um espaço não-sexual, em que o pensamento pode se exercer.

O que se apresentou como a última palavra de Freud acerca da sua concepção clínica de inibição, no texto "Inibição, sintoma e angústia" (1926), exprime seu empenho no sentido de conectar às formas sintomáticas da inibição a dimensão do real da pulsão. Definitivamente, por meio dessa elaboração estritamente clínica da inibição, o que o campo da psiquiatria clássica relega, como a "fraqueza do pensamento" (*Denkshwäche*), torna-se o terreno fértil de uma reflexão sobre a "inibição do pensamento". Esse deslocamento da ênfase da fraqueza para a inibição é um indício, mais do que evidente, da apreensão propriamente metapsicológica dos transtornos da atividade intelectual, que salienta o fato de não se tratar apenas de uma diminuição quantitativa da função intelectual. A contribuição clínica essencial e inédita da compreensão dos transtornos inibitórios pela psicanálise é a consideração do fator ativo que intervém no processo da inibição, de maneira que o sujeito que sofre as conseqüências de uma determinada limitação funcional é o próprio agente de tal ação. É certo que, com a deflagração da ação inibitória, o sujeito perde no tocante à função; porém, em contrapartida, ele obtém um ganho de satisfação pulsional, que se exprime por seu caráter autopunitivo. Em suma, o funcionamento do sujeito inibido consiste numa renúncia em extrair satisfação pela via da significação fálica, o que faz com que o gozo retorne sobre o próprio corpo.

É exatamente esse elemento que se pode depreender das definições de Jacques Lacan sobre a debilidade mental, presentes no último momento de seu ensino. Viu-se, a princípio, que o sujeito da inibição — a exemplo de Hamlet, personagem trágico de Shakespeare — perde de vista as coordenadas que orientam sua ação, por encontrar-se obnubilado pela identificação imaginária ao falo. O luto desse objeto condiciona a ascensão da identificação simbólica e retira o sujeito da paralisação, ou inércia, de seu ato. Torna-se evidente, na interpretação lacaniana desse personagem, a trama decisiva para a inibição intelectual, em que esta se conjuga, de forma paradoxal, com o ato. O que acontece na debilidade mental é algo exatamente da mesma ordem, embora se averigúe a decisão implacável do sujeito débil em desconhecer a castração simbólica, imortalizando, assim, o que anima o seu ser — a recusa do saber inconsciente — ao preço da privação do agir segundo seu desejo. Pôde-se demonstrar no próprio desfecho deste trabalho, o quanto a teoria lacaniana dos discursos elucida o aspecto crucial da posição do débil, que se ancora no valor que assume a dimensão imaginária do significante mestre, em detrimento da sua vertente simbólica essencial.

Precisamente no ponto em que se anuncia como uma parte fundamental da estrutura, a debilidade apresenta, no fundo, a mesma lógica constitutiva da função inibitória. Traduzir a contribuição de Freud a esse respeito, nos termos da estrutura significante, tal como Lacan se propôs fazer para o tratamento da debilidade, equivale a dizer que a inibição se posiciona contra o modo de presença do sujeito diante dos significantes da demanda do Outro e a contrapartida dessa tentativa de contemporização do efeito de afânise não é outra, senão o reforço desse efeito. Não é o caso de se questionar se esse modo de contemporização, ou atenuação, na forma de uma suspensão da identificação fálica, não leva, necessariamente, ao recurso da identificação imaginária? Vale dizer que, na sublimação, a identificação fálica com a qual se deve responder à demanda do Outro é contornada por meio do produto do trabalho, visto que, nele, a conotação fálica se explicita, porque se inscreve na obra, na criação, ou, mesmo, no resultado de um trabalho. Uma outra solução, apontada por Freud, a respeito da inibição,[5] que vai de encontro ao que Lacan avança em relação à debilidade quanto ao saber, é a de se anular a demanda do Outro, sem se privar, contudo, de uma identificação, à medida que o ideal narcísico se atualiza.

Faz-se necessário ressaltar, ainda, a contribuição mais recente e decisiva de Maud Mannoni na tentativa de restituir ao débil o estatuto de sujeito, o que, sem sombra de dúvida, contribuiu, e muito, para que Lacan se dedicasse à clínica da debilidade mental. Da mesma maneira que Melanie Klein antecipa o problema da inibição intelectual, apoiando-se nas elaborações construídas por Freud, Mannoni, aluna de Lacan, é a pioneira em tratar o problema da debilidade, valendo-se da concepção lacaniana do desejo como sendo, fundamentalmente, desejo do Outro. A hipótese segundo a qual a debilidade resulta da fusão de corpos entre mãe e criança demonstra, em última instância, que a debilidade "sobressai de preferência do dizer parental, que de uma obtusão nativa".[6] Lacan destaca o "dizer parental" como a chave para a localização da posição do débil,[7] insistindo na estrutura significante do Outro da linguagem, pouco observada por essa autora. Ela acaba por encaminhar sua reflexão clínica, como também faz Melanie Klein, segundo uma visão que privilegia a relação imaginária fantasmática da criança com sua mãe, a ponto de promover a assimilação da debilidade à psicose. A teoria da fusão de corpos cede lugar, então, à noção de holófrase e, alguns anos mais tarde, à teoria dos discursos, por meio da qual se assiste à formulação, totalmente original, da debilidade como "um mal-estar fundamental do sujeito em relação ao saber".[8] Ora, a relação ao saber é algo que concerne, de modo estrutural, a todo ser falante. Portanto, nem mesmo os sujeitos incontestavelmente tidos como "inteligentes" — como é o caso do que Lacan acena a respeito de Platão,[9] Hegel,[10] Ernest Jones[11] e ele próprio — poderiam escapar da debilidade mental ou, mais precisamente, poderiam resistir a tentar objetivar o saber e adequar o ser aos enunciados do saber, incorrendo no risco de neutralizar, completamente, o que é da ordem da enunciação do sujeito do inconsciente.

Notas

Cap. I – Debilidade, sujeito e segregação

1. A expressão "debilidade mental" foi forjada por Ernest Dupré, em 1909, para designar um estado patológico da atividade motora. Como justifica Pierre Bruno, "Dupré estende ao mental uma qualificação até então reservada ao físico". Saliente-se que o contexto histórico do aparecimento dessa expressão é o "da expansão do período imperial francês ao qual corresponde, como forma de Estado, a terceira República: é uma fase de extensão qualitativamente nova do sistema escolar marcada ... por uma ideologia de missão civilizadora que não deixa de ter implicações racistas". Esse contexto terá sua importância na obra de Alfred Binet, que vai buscar estabelecer os graus de debilidade mental por meio da avaliação da competência intelectual dos individuos. (P. Bruno, "A côté de la plaque", *Ornicar?* 37, p.38.)
2. Nos trabalhos subseqüentes à elaboração da escala de Binet, não se verifica nenhuma abordagem não-deficitária do problema da debilidade mental. Entre os autores mais divulgados, podem-se citar: Vermeylen, que distingue "débeis harmônicos" e "débeis disarmônicos" sobre os planos semiológico e etiológico; N.D.C. Lewis, que propõe a distinção entre um tipo de deficiência "patológica" e um tipo "subcultural"; Richard Strauss, com o qual se afirma a distinção entre "débeis endógenos" e "débeis exógenos". Na França, René Zazzo desenvolve pesquisas psicométricas com débeis e forja o conceito de "heterocronia", para explicar a gênese das condutas das crianças. Mesmo Alexande R. Luria (Escola Russa), que condena o método de testes e nega a natureza hereditária da oligofrenia, não deixa de defender, para a debilidade, uma etiologia lesional. Da mesma forma, Bärbel Inhelder e Jean Piaget (Escola de Genebra), que adotam uma perspectiva genética indicando um paralelismo do processo de construção e integração das noções de conservação na criança normal e débil, acabam postulando, para esta última, uma "fixação" a um estado anterior,

pela imperfeição da construção intelectual. A respeito das concepções etiológicas presentes nos estudos desses autores, ver textos de autoria deles, selecionados e publicados em M. Mirabail, *Les dificultés mentales chez l'enfant*, p.145-67, 174-87 e 192-203.

3. No capítulo subseqüente, discutir-se-ão as singularidades desse encontro da psiquiatria infantil com o campo da educação.
4. Essa expressão é utilizada por Maria Helena Souza Patto em sua tese sobre o fracasso escolar. Segundo a autora: "As publicações que têm no título esta expressão — *criança problema* — são típicas dos anos trinta e operam mudanças na concepção das causas das dificuldades de aprendizagem escolar: se antes elas são decifradas com os instrumentos de uma medicina e de uma psicologia que falam em anormalidades genéticas e orgânicas, agora o são com os instrumentos conceituais da psicologia clínica de inspiração psicanalítica, que buscam no ambiente sociofamiliar as causas dos desajustes infantis. Amplia-se, assim, o espectro de possíveis problemas presentes no aprendiz." (M.H. S. Patto, *A produção do fracasso escolar*, p.43-4.)
5. Ver, a esse respeito, J. Hébrard, "Instruction ou éducation", *Ornicar?* 26-7, p.122-32.
6. No dicionário de pedagogia organizado por Ferdinand Buisson e publicado nesse ano, durante o apogeu da escola ferrista (Jules Ferry), ainda não consta essa expressão.
7. J. Lacan, *O Seminário*, livro 17, p.170.
8. Na parte VII, do texto "Análise terminável e interminável", Freud tende a incluir a análise na lista das profissões conhecidas como "impossíveis", a saber, a educação e o governo,"quanto às quais de antemão se pode estar seguro de chegar a resultados insatisfatórios". Cf. S. Freud, *ESB*, vol. XXIII, p.282.
9. J.-A. Miller e J.-C. Milner, *Évaluation*, p.20.
10. C. Millot, *Freud antipedagogo*, p.150. A respeito do ato de educar como um agir sobre o inconsciente do outro por meio da palavra, Millot cita (p.155) uma fala de Sigmund Freud em *A disposição à neurose obsessiva*: "Afirmei que todo homem possui, em seu próprio inconsciente, o instrumento com o qual é capaz de interpretar as manifestações do inconsciente no outro."
11. M.G. Arroyo, "Fracasso-sucesso", in A. Aramowicz e J. Moll (orgs.), *Para além do fracasso escolar*, p.11-26.
12. Ibid., p.13.
13. Dado levantado a partir de bibliografia e estudos estatísticos recentes e citado no relatório de pesquisa de A.L.B. Santiago e M.G.C. Sena, *A clínica do pedagógico*.
14. S. Cottet. "Lacan medieval".
15. M. Foucault, *A verdade e as formas jurídicas*, p.128.

16. Na obra citada na nota anterior, o autor afirma: "Entendo por Édipo não um estágio de constituição da personalidade, mas um empreendimento de imposição, de *contrainte*, pelo qual o psicanalista representando, aliás, em si a sociedade, triangula o desejo." (p.129.)
17. Ver, a propósito, os estudos de casos publicados em M.H. de S. Patto, op. cit., p.287-339.
18. J. Lacan, *Televisão*, p.58-9.
19. J. Lacan, "Proposição de 9 de outubro de 1967".
20. No registro da demanda escolar, inclui-se, além das dificuldades de aprendizagem, uma gama de queixas variadas, que se expressam como distúrbios de comportamento, falta de limite, dificuldade de socialização, hiperatividade e atraso no desenvolvimento, entre outras.
21. O estudo desses dois casos de crianças com problemas de aprendizagem foi realizado em 1996, por Joana d'Arc Assunção Oliveira, aluna do curso de graduação em pedagogia da Faculdade de Educação da UFMG. Sua proposta era a investigação do "Para além do erro construtivo". Essa pesquisa foi desenvolvida sob minha orientação, no âmbito do programa de Iniciação Científica, financiado pelo CNPq. O relatório final desse estudo inédito constitui a fonte bibliográfica do material utilizado neste capítulo. Os exercícios e exemplos retirados desse relatório são apresentado, então, delimitados no interior de quadros.
22. A esse respeito, Joana d'Arc A. Oliveira, responsável pelo estudo em referência, levou em consideração o método clínico de Jean Piaget, que consiste em questionar a criança, analisar seu pensamento na realização de uma tarefa e orientar-se por suas respostas, para, então, introduzir um tipo de conflito cognitivo que possibilite a desconstrução dos erros detectados. Os procedimentos empregados foram inspirados em pesquisas desenvolvidas na área de dificuldades no aprendizado da leitura e da escrita por Constance Kamil, Daniel Alvarenga, Milton Nascimento e Marco Antônio Oliveira, entre outros, que fazem parte do referencial bibliográfico utilizado nessa pesquisa.

Cap. II – Debilidade e déficit

1. Na década de 1930, o enfoque fenomenológico de Karl Jaspers pôde explicitar, de forma concisa, o emprego que as primeiras classificações psiquiátricas fizeram, ao longo de sua história, da distinção entre a "patologia orgânica" e "patologia funcional": "Chamam-se funcionais as alterações psíquicas para as quais não se podem encontrar causas somáticas e nas quais também o setor somático não oferece, no momento, quaisquer pontos de apoio." Contrastando a patologia funcional com a de fundo orgânico, ele afirma que "o orgânico é o que é tangível morfológica, ana-

tômica, estruturalmente; funcional é o fisiológico que só aparece persistindo o morfológico, nos eventos e nos rendimentos do corpo. Mais ainda: orgânico é o evento irreparável; a doença incurável; funcional é o evento reparável; é curável a doença." (K. Jaspers, *Psicopatologia geral*, vol. II, p.562.)

2. P. Bercherie, *Les fondements de la clinique*, p.139. A propósito dessa distinção, podem-se acompanhar, em Bercherie, todas as modificações semiológicas que foi sofrendo, ao longo da história da psiquiatria, o conceito de "Demência Precoce" proposto por Émil Kraepelin, conceito que repousa na síntese do grupo hebefreno-catatônico e dos delírios crônicos alucinatórios (paranóias fantásticas), capitalizando, assim, o esforço desse psiquiatra alemão para dar conta dos estados terminais das psicoses ditas crônicas. Eugène Bleuler vai prorrogar a síntese kraepeliniana e estendê-la, ao preço de uma completa renovação da análise psicopatológica da psicose, que se expressa na nova denominação que forja para ela, a saber, a *esquizofrenia*.
3. E. Bleuler, "Les schizophrénies".
4. A esse respeito, pode-se consultar "Criança/escola: especial?", de Ana Lydia Santiago, estudo da história da debilidade mental apresentado em três tópicos: pré-história da debilidade mental; primeiros modelos epistemológicos; considerações sobre a adaptação e a ortopedia mental.
5. P. Bercherie, op. cit., p.29.
6. Nessa obra, de 1800, Pinel apresenta uma primeira classificação das vesanias que permanece centrada na "mania", considerada por ele o modelo mais típico e mais freqüente de doença mental. No *Tratado* afirma que as causas da alienação são ou "predisposições", em grande parte hereditárias, ou "ocasionais", em que os acontecimentos externos e as emoções violentas desempenham um papel importante. Pinel não admite uma organogênese cerebral direta e, diante disso, lança mão do conceito de "simpatia", tido como bastante ambíguo por seus alunos, para reforçar que as afecções psíquicas são conseqüência de distúrbios vicerais provocados pelas emoções e pelas paixões. Essa concepção será amplamente criticada como uma espécie de organogênese secundária e confusa. Por isso, costuma-se reportar à segunda edição de seu *Tratado*, de 1809, em que ele retoma a classificação das doenças mentais de outra forma, tomando como base o comportamento e indo da perturbação psíquica mais leve à mais grave. Nessa apresentação, a idiotia encontra-se como uma das espécies de alienação mental dentro da classe das vesanias. A respeito do modelo filosófico de classificação empregado por Pinel ver J. Postel, *Genèse de la psychiatrie*.
7. Pinel citado por J. Postel, op. cit. (Tradução minha.)
8. Idem. (Tradução minha.)

9. Segundo Bercherie, Pinel só vai usar essa expressão de "síntese" alguns anos mais tarde. (P. Bercherie, op. cit., p.30.)
10. P. Pinel, *Traité médico-phisiologique de l'aliénation mentale*. Citado por P. Bercherie, op. cit., p.30.
11. A doença mental, para Pinel, é concebida como uma desorganização das faculdades cerebrais, decorrente de três causas típicas: física, hereditária e moral. Segundo o autor, essas causas não são específicas para os diferentes tipos de loucura – mania, melancolia e idiotismo –, salvo no caso do idiotismo congênito. (Ibid., p.25-39.)
12. Ibid., p. 37.
13. Ibid., p.40-7.
14. E. Esquirol, *Traité des maladies mentales considerées...* t.2, p.284. (Grifo meu.)
15. A idéia de degenerescência, de degradação de um ser vivo, torna-se, no âmbito da psiquiatria, um conceito, nomeado por Bénédict-Augustin Morel (*Tratado das degenerescências,* 1857), que explica o aparecimento de doenças mentais ocasionadas por uma hereditariedade mórbida. A teoria de Morel defende, mais precisamente, a concepção de uma "desviação doentia de um tipo ideal primitivo" — perfeito, criado à imagem de Deus —, provocada pelas más condições de vida, física e moral, e sofrida por gerações sucessivas, que conduziria, assim, à criação de descendentes "degenerados", atingidos por diversas taras e tipos de loucura. Após Morel, esse conceito não deixa de evoluir no curso das elaborações sobre as *teorias da degenerescência*. É com Valentin Magnan, porém, que se assiste à definição definitiva da degenerescência (1895) como "um estado patológico do ser que, comparativamente a seus geradores mais imediatos, é constitucionalmente diminuído no que se refere às suas resistências psicológicas e realiza apenas incompletamente as condições biológicas de luta pela vida... (G. Genil-Perrin, *Histoire des origines.*)
16. Segundo Paul Bercherie, esse procedimento de Magnan segue a orientação traçada por Morel. (P. Bercherie, op. cit., p.133.)
17. V. Magnan e M. Legrain, *Les dégénérés, état mental et syndromes épisodiques.*
18. No texto de Kraepelin, debilidade qualifica, também, o estado de fraqueza do pensamento, para o qual evolui rapidamente a forma hebefrênica da "demência precoce", após uma primeira fase de melancolia, seguida de um estado de mania. De fato, a hebefrenia inclui "todas as formas de demência precoce no curso das quais se desenvolve, seja progressivamente, seja no interior de estados subagudos, um estado de fraqueza psíquica [*Schwächezustand*] mais ou menos pronunciado". (E. Kraepelin, *La psychose irréversible*, p.26.)
19. P. Bercherie, "La clinique psychiatrique de l'enfant", in *Géographie du champ psychanalytique*, p.173-88.

20. Ibid., p.180 e 177.
21. A tendência humanista, na psiquiatria clássica, aparece numa clara contraposição à perspectiva da causalidade mecanicista, aplicada aos estudos das doenças mentais, que, quase sempre, retira conseqüências negativas, ou nocivas, de um determinado dano orgânico do sistema nervoso. Ao contrário, o humanismo conserva como princípio a idéia de fé no homem. O homem vê-se, então, definido como medida de todas as coisas, sendo, assim, fonte de liberdade, valores e significações. O aspecto inovador da emergência do humanismo, em meados do século XIX, é o abandono de uma concepção da "natureza humana" que designa a presença de uma essência estável, provida de atributos determinados, em proveito daquela que enfatiza a "condição humana", a "liberdade", o "potencial". Nesse caso, prevalece o privilégio sobre o devenir humano e sobre a capacidade que o homem manifesta em agir livremente. Isso faz com que tal tendência, no campo da psiquiatria, se exprima preconizando a idéia do bem, da normalidade e da reversibilidade, em detrimento do aspecto patológico, mórbido e irreversível da loucura.
22. Na literatura pedagógica anterior ao século XIX, encontra-se, muito raramente, uma menção explícita à deficiência intelectual. O que parece articular humanismo e patologia mental é a aplicação sobre o plano médico, psicológico e pedagógico do método experimental e os estudos sobre a origem do saber e da inteligência.
23. Y. Pelicier e G. Thuiller, em trabalho recente, identificam Seguin como "educador de idiotas". (Dos autores, ver *Édouard Seguin, "l'instituteur des idiots"*.)
24. E. Esquirol, *Traité des maladies mentales considerées...* t.2, p.284. (Grifo meu.)
25. P. Bercherie, *Géographie du champ psychanalytique*, p.175.
26. E. Seguin, *Traitement moral, hygiénique et éducation...* vol. I, p.107, 167-70.
27. F. Voisin, *L'Idiotie chez l'enfant*. Nessa obra ver, a propósito, o relatório do Professor Bouillaud, p.105-11.
28. A pedopsiquiatria é definida como a especialidade médica interessada em previnir, descobrir e tratar os distúrbios psíquicos apresentados por crianças e adolescentes. Cf. H. Bloch et alii, *Grand dictionnaire de la psychologie*.
29. Itard conhecia a surdez e o mutismo no plano anátomo-fisiológico e desenvolvia trabalhos, não só para suscitar a memória e a atenção de crianças surdas-mudas, mas para ensinar a linguagem. É reconhecido como o primeiro educador de surdos e, após o trabalho com Victor, o primeiro pedagogo da oligofrenia (L. Malson, "Les enfants sauvages", *U.G.E.* 10/18, p.120.)
30. Um outro aspecto original do trabalho de Itard com o menino Victor é o fato de ele dar início à pedagogia experimenal: a análise psicológica que sustenta sua metodologia vai constituir a contraprova experimental de

suas hipóteses e de sua técnica. Assim, os trabalhos de Itard e, também, os de Seguin estão na origem da educação especial, na França — desenvolvida por Delasiauve (1865) e Bourneville (1865) —, e na inspiração do que se vai designar, mais tarde, pedagogia nova. Maria Montessori (1926), por exemplo, traduz esses trabalhos no italiano e apresenta-os como método pedagógico. Sobre esse ponto, ver L. Malson, "Les enfants sauvages", op.cit., p.121.

31. A esse respeito ver o capítulo II, de autoria de Gaby Netchine, de R. Zazzo (org.), *Les débiles mentales*, à p.95: "Seguin não define, na prática, nem o retardo, nem o patamar a partir do qual esse retardo não é mais apreendido. Ele reclama do positivismo, porém utiliza os princípios do positivismo, mas de maneira teórica, no plano das definições. O retardo é dado como um estado quantitativo diferente da normalidade, mas esta última não é definida. Uma crítica semelhante é aplicada por Canguilhem a A. Comte. Este afirma a continuidade quantitativa do normal ao patológico, contudo não propõe nenhum critério que permita reconhecer-se que um fenômeno é normal, de maneira que, finalmente, o normal e o patológico permaneçam como conceitos qualitativos." (Tradução minha.)
32. Alfred Binet formou-se em Direito e defendeu sua tese de doutorado sobre as *contribuições ao estudo do sistema nervoso subintestinal dos insetos*. Publicava intensamente e sobre os mais variados temas, tendo escrito, inclusive, algumas peças de teatro. Em 1895, com Henri Beaunis, que era diretor de um laboratório de psicologia fisiológica, fundou a revista *L'Année psychologique*, na qual publicará, entre 1905 e 1911, com Théodore Simon, os momentos da construção do seu teste de inteligência. Curiosamente, a tarefa de elaborar um teste foi atribuída a Alfred Binet e não aos médicos filósofos Pierre Janet e George Dumas, responsáveis, na época, pela nova cadeira de psicologia que acabara de ser criada na Sorbonne e no Collège de France e que inauguram uma tradição fecunda no campo da psicologia infantil.
33. A. Binet, "Les institutrices de la Salpêtrière", *Année Psychologique* 11, p.111.
34. Ibid., p.194-6 e 198, 199.
35. Ibid., p.198.
36. Idem. (Tradução minha.)
37. Nota-se, pela leitura dos tratados de psiquiatria infantil publicados no final do século XIX e no início do século XX, que a orientação passa da análise dos estados para a análise das doenças e de suas causas; a forma adquirida do retardo mental é desdobrada, considerando-se a possibilidade da demência precoce, o que culmina nos estudos das esquizofrenias na infância. Numa vertente bastante distinta, situa-se, portanto, a extensa contribuição de Binet e Simon no campo do retardo mental, com a elaboração do teste de inteligência.

38. A. Binet, op. cit., p.153.
39. Esse tema nomeia, em Kraepelin, a classe dos débeis, tal como definida na p.58-59 deste trabalho.
40. Binet confere um estatuto privilegiado aos aferentes sensoriais em detrimento dos deferentes motores. É verdade que a maior parte dos trabalhos psicológicos da época se centravam nas sensações: audição, visão, tato etc. Para se estudar a fadiga escolar, por exemplo, mensuravam-se as variações da sensibilidade táctil. Essa perspectiva leva-o a propor um teste de medida de inteligência que considere a ação da criança (movimento da cabeça, preenção, procura de um objeto, execução de uma ordem). Essa orientação parece revelar-se fecunda em Henri Wallon (*De l'acte à la pensée*) e em Jean Piaget (*Réussir et comprendre*).
41. "Da mesma forma que a ortopedia física endireita uma espinha dorsal, a ortopedia mental endireita, cultiva, fortifica a atenção, a memória, o julgamento, a vontade. Não se procura ensinar às crianças uma noção, uma lembrança, e sim colocar suas faculdades mentais em forma." A. Binet, "La nouvelle méthode pour l'éducation des anormaux: l'orthopédie mentale", in *Les idées modernes sur les enfants*, p.150-2. (Tradução minha.)
42. A. Binet e Th. Simon, *Les enfants anormaux*, p.111-3.
43. Idem.
44. R. Zazzo, op.cit., p.23-6.
45. A relativa divisão dos graus de dificuldade mental da criança é acompanhada da formação de educadores especializados em psicomotricidade e psicopedagogia, de um lado, e, de outro, do desenvolvimento de sua capacidade para observar, diagnosticar, elaborar projetos, efetivar práticas diversificadas de reeducação, ou seja, competências no plano da adaptação e da integração escolar. Com esse processo, assiste-se à substituição da noção de classe especial pela de classe de adaptação, cuja idéia predominante é a de acompanhar a criança e suprir as lacunas de seu saber, ajudando-as a construir ferramentas — a linguagem, a leitura e o estabelecimento das prontidões às aquisições escolares, tais como: disciplinar o olhar, antecipar, memorizar, fixar a atenção, entre outros —, para que ela tenha acesso ao "status de escolar". A esse respeito e no que concerne as novas noções de crianças com dificuldades a partir das avaliações psicológicas e suas implicações no sistema educativo, ver M. Dupuy, "La rééducation en question...".

Cap. III – Antecedentes da clínica da inibição intelectual

1. Na perspectiva da orientação lacaniana, o material clínico com o qual o psicanalista trabalha cotidianamente pode se distribuir entre o que é da ordem do fenômeno e o que é da ordem da estrutura.

2. S. Freud, "Leonardo da Vinci e uma lembrança de sua infância", in *ESB*, vol. XI, p.73-4.
3. S. Freud, "Manuscrit A", in *La naissance de la psychanalyse*, p.59-60. Assinala-se que esse documento não se encontra datado, porém avalia-se que foi escrito, provavelmente, em 1892.
4. S. Freud, *ESB*, vol. XX, p.107-201.
5. S. Freud, "Leonardo da Vinci e uma lembrança de sua infância". Segundo Freud, "a ânsia de saber encontra-se a serviço dos interesses sexuais (*Wissbegierde im Dienste sexueller Interessen*)."
6. S. Freud, *ESB*, vol. VII, p.135-237.
7. Os textos de Freud em que se encontram as referências precisas sobre o caráter preventivo da educação em relação à inibição intelectual são "O esclarecimanto sexual das crianças" (1907), "Moral sexual 'civilizada' e doença nervosa moderna" (1908) e "Sobre as teorias sexuais das crianças" (1908).
8. Sobre o tema da função intelectual, também se encontra, na obra de Freud, tanto na primeira, quanto na segunda tópica, indicações estritamente associadas com sua elaboração sobre o ato de julgar. A esse respeito, ver C. Alberti-Lombardo, *La fonction intelectuelle du jugemente chez Freud.*
9. S. Freud, in *ESB*, vol. X, p.15-152.
10. S. Freud, "Sobre os critérios para destacar...", in *ESB*, vol. III, p.107-35.
11. Ibid., p.134-5.
12. S. Freud, in *ESB*, vol. XX, p.107-207.
13. No caso Hans, a formulação da angústia aparece inteiramente determinada pelo mecanismo do recalque. Essa elaboração será revisada por Freud em sua última teoria da angústia, de 1926, presente no texto já referido "Inibição, sintoma e angústia".
14. J. Lacan, *O seminário,* livro 11, p.14.
15. A referência se faz, nesse caso, aos trabalhos de Anna Freud e Melanie Klein, que mais se destacam durante as décadas de 1920 e 1930, relacionadas ao trato da psicanálise infantil.
16. Essa intervenção, que aconteceu em Haia no período de 8 a 12 de setembro de 1920, foi publicada com o título "De la technique de l'analyse d'enfants". Nesse artigo, encontra-se, inicialmente, o testemunho de incertitudes e hesitações experimentadas na prática com crianças. Em seguida, a autora postula uma técnica de análise particular, "uma análise pedagógica e terapêutica que não se contenta com o tratamento do sintoma e que deve inculcar à criança valores morais, estéticos e sociais". (p.197).
17. Os primeiros artigos de Melanie Klein, notadamente os de 1921 e 1923, demonstram esse interesse pela inibição intelectual como manifestação observável dos distúrbios da vida libidinal. Nessa perspectiva, a educação

é vislumbrada como terreno de observação e intervenção. Ver "O desenvolvimento de uma criança" e "O papel da escola no desenvolvimento libidinal da criança".

18. No final do século XIX e início do XX, é por essa concepção naturalista, consensualmente usada no mundo médico e científico, que são catalogados os comportamentos e as atividades sexuais, comumente designadas como critérios da sexualidade dita normal. A normalidade define-se pela sexualidade genital do adulto, ou seja, refere-se à realização do ato sexual. Considera-se como desvio ou aberração todo e qualquer outro comportamento sexual que escapa a esse enquadre típico.
19. Antes de Freud, e mesmo no seu tempo, os tratados sobre a sexualidade limitavam-se a listar todas as possibilidades sexuais perversas. A famosa *Psichopathia sexualis,* de Kraft-Ebing, ou os trabalhos de Havellock Ellis, por exemplo, apresentam descrições de infinitos tipos de perversões, que se situam, exclusivamente, no campo da patogenia incompreensível, e não se incorporam, como faz Freud, a uma teoria sobre o funcionamento psíquico. (S. Freud, *Trois essais sur la théorie sexuelle,* p.35-89. [Ed. bras.: *ESB*, vol. VII, p.135-75.])
20. A partir da definição da sexualidade como as diversas formas da incidência da satisfação sexual no plano da realidade psíquica, a clínica das perversões é reduzida às permutações sobre quatro objetos, a saber, o objeto oral, o anal, o olhar — sob as modalidades de ver e ser visto — e, por último, a pulsão sadomasoquista, que Jacques Lacan, mais tarde, remaneja, isolando o objeto voz, sob as modalidades da ordem sádica e da ordem masoquista. Freud elabora sua teoria do desenvolvimento da libido — expressão freudiana para significar a pulsão — descrevendo, justamente, as modalidades de referência da criança a esses quatro objetos. Essas modalidades seriam definidas durante os primeiros cinco anos de vida, definindo a erogenização do corpo da criança e, posteriormente, constituiriam as formas de gozo do adulto.
21. S. Freud, *Trois essais...*, p.118-9. [Ed. bras.: *ESB*, vol. VII.] Comumente, a expressão adotada para adjetivar a sexualidade é "perversa polimorfa". No entanto, prefere utilizar, nesse estudo, essa outra, citada por Freud na nota *b*, que, segundo ele, traduz melhor a qualidade da perversão que se desejava acentuar.
22. J. Lacan, *O seminário,* livro 11.
23. S. Freud, *Trois essais...*, p.88-9 [Ed. bras.: *ESB*, vol. VII, p.174-5].
24. Ibid., p.89. (Tradução e grifos meus.) [Ed. bras.: *ESB*, vol. VII, p.175.]
25. Idem.
26. Deve-se assinalar que a função da observação constitui um fator essencial na produção do conhecimento científico. Ou seja, a descrição de fatos pela via da observação é concebida como uma etapa crucial do método propriamente experimental proposto, por exemplo, por um Claude Ber-

nard. Nessa concepção metodológica, opõe-se o momento da observação ao momento da experimentação, sem se negar a complementariedade de suas finalidades específicas. Delimita-se, então, nesses dois momentos da pesquisa científica, dois graus distintos da produção do conhecimento: enquanto a observação está para a *descoberta*; a experimentação se refere, precisamente, à *prova*. A propósito da observação, esclarece-se que mesmo não estando pautada por hipóteses explícitas, é ela que muitas vezes torna possível a descoberta de fatos inéditos mediante a descrição detalhada deles. Assim, tais fatos podem ser expressos sob a forma de relações entre as variáveis, que o método da observação estabelece como covariantes, sem poderem se pronunciar, também, sobre suas relações causais. Com relação à experimentação, preconiza-se a tarefa da prova, em que se sobressai a pesquisa comparada das situações experimentais críticas, tendo em vista a comprovação das relações de causalidade entre as diversas variáveis. J.-M. Hoc, "Experimentation en psychologie", in A. Jacob (org.), *Les notions philosophiques*, p.929.

27. S. Freud, *Trois essais...*, p.88. [Ed. bras.: *ESB*, vol. VII, p.174.]
28. Ibid., p.89. [Ed. bras.: *ESB*, vol. VII, p.175.]
29. S. Freud, "Analyse d'une phobie chez un petit garçon de cinq ans (Le petit Hans)", in *Cinq psychanalyse*, p.94. (Tradução e grifos meus). [Ed. bras.: *ESB*, vol. X, p.15-6.]
30. S. Freud, *Trois essais...*, p.94. [Ed. bras.: *ESB*, vol. VII, p.178.]
31. Ibid., p.95. [Ed. bras.: *ESB*, vol. VII, p.177-8.] Nota acrescentada por Freud em 1915.
32. Hermine é iniciada na psicanálise e conhece Freud por intermédio de Isidor Sadger, com quem começa um tratamento em 1908. Em 1911, ela publica seu primeiro estudo psicanalítico, realizado a partir da observação de Rudolf — intitulado "Análise de um sonho de um menino de cinco anos e meio" — , e depois dois outros. Porém, nos "Três ensaios...", Freud refere-se, precisamente, à publicação "A vida e a alma infantil" (1913), em que essa autora também ressalta, no texto de psicólogos do desenvolvimento infantil, elementos demonstrativos da sexualidade da criança, que teriam passado desapercebidos a esses autores. Ver H. von Hug-Hellmuth, *Essais psychanalytiques*, p.8-14 e 147-50.
33. Sobre esse título atribuído a Hermine von Hug-Hellmuth por Freud, ver nota 2 em *Trois essais...*, p.94-5. Dominique Soubrenie, tradutora e apresentadora dos textos de Hermine Hug-Hellmuth (reunidos na publicação *Essais psychanalytiques*), destaca o reconhecimento desse lugar de Hermine como pioneira da clínica com crianças, baseando-se na correspondência de Freud a Hug-Hellmuth (ver p.18, 173-4 e 263-79). Podem-se citar, ainda, as biografias freudianas de Jones e Roazen, que também a citam como primeira terapeuta de crianças pela via do jogo. E. Jones, *La vie et l'œuvre de Sigmund Freud*; P. Roazen, *La saga freudienne*.

34. S. Freud, "Analyse d'une phobie chez un petit garçon de 5 ans (Le petit Hans)", in *Cinq psychanalyse*, p.94. [Ed. bras.: *ESB*, vol. X, p.17.]
35. Idem.
36. Idem. (Comentário de Freud na introdução do relato do caso de Hans.)
37. Idem.
38. Ibid., p.96. [Ed. bras.: *ESB*, vol. X, p.19.]
39. Freud define a verdade da castração como uma percepção referente àquilo que ele designa experiência traumática paradigmática, a saber, a percepção visual da privação anatômica na mulher. Lacan traduz essa apreensão imaginária da castração em Freud, ressaltando a lógica do significante. Segundo ele, a castração é um dado de estrutura imposto a todo ser que se define como ser falante: o momento de entrada do sujeito no mundo da linguagem é marcado por uma perda de gozo no corpo. Esse acontecimento estrutural será simbolizado pelo -φ, símbolo da castração imaginária. Assinala-se, contudo, que, no cerne dessa desertificação de gozo estrutural, desse esvaziamento de gozo no corpo, o eu não deixa de gozar. Portanto, no cerne mesmo da impotência do corpo para o gozo, o eu goza do gozo fálico. Isso constitui o que Lacan chamou de enigma da castração. Cada sujeito vai elaborar sua resposta a esse enigma que se introduz entre gozo e castração. Essa resposta, em última análise, consiste na relação de cada um com a pulsão, uma modalidade particular de gozo, que se evidencia, seja no sintoma, seja na fantasia fundamental. A esse respeito, ver J.-A. Miller, "Le vrai, le faux et le reste", *La Cause Freudienne* 28, p.9-14.
40. A posição do sujeito para com seu sexo — posição feminina ou masculina — só se decide a partir de um momento de crise, tal como o caso Hans exemplifica, cujo desfecho é o apelo ao pai e a fixação do complexo de Édipo. Nesse momento, que pode ser traduzido pela busca de uma resposta fálica para a castração estrutural, as relações pré-genitais que o sujeito experimentou com o Outro da linguagem tornam-se inconscientes, fornecendo essa orientação tanto à escolha de objeto, quanto à modalidade de satisfação.
41. S. Freud, *Trois essais...*, p.95-7.
42. Eventualmente, a reação do adulto, diante da sexualidade infantil, dá provas do horror da incidência do real do gozo sobre sua própria experiência. É o que se evidencia no caso inusitado de uma educadora que, numa reação excessiva e incontrolada, espanca as duas filhas ao surpreendê-las em um jogo erótico na hora do banho. Esse é apenas um dos exemplos dos inúmeros casos relatados pelos participantes dos cursos de especialização para professoras de pré-escola oferecidos, regularmente, pela Secretaria de Educação do Estado de Minas Gerais.
43. S. Freud, *Trois essais...*, p.97.

44. Na teoria freudiana, o infantil é, também, aquilo que se designa com o termo "fixação", ou seja, traços da vida pulsional pré-genital que constituem a matriz das primeiras relações de gozo impostas ao sujeito pelo Outro materno. Com o advento do Édipo, que fornece uma solução para a crise infantil pela via do pai, essas fixações não são, porém, eliminadas. A solução edípica passa ao inconsciente como fantasia fundamental, incluindo esses traços como índices de gozo que, assim, tendem à repetição para além do princípio do prazer.
45. J. Lacan, "Função e campo da fala e da linguagem", in *Escritos*, p.304.
46. J. Lacan, "A ciência e a verdade", in *Escritos*, p.869-70.
47. Ibid., p.871.
48. Idem. Faz-se, no caso, referência aos ideais dos fisiologistas Brücke, Helmholtz e Du Bois-Raymond.
49. S. Freud, *Psychopathologie de la vie cotidienne*, p.58. (Tradução minha.)
50. R.A. Spitz, *O primeiro ano de vida*. É bem verdade que o autor retoma o conceito de desenvolvimento, porém estabelecendo uma distinção entre desenvolvimento biológico e psicológico. O biológico é definido, a partir da embriologia, como pré-funcional, pré-adaptado, cumulativo, progressivo e autônomo, e, além disso, submetido à influência de fatores constitucionais. O desenvolvimento psicológico, por sua vez, engloba e inclui todos os fatores que concernem às modificações impostas pelo meio.
51. Ibid., p.23.
52. Seu procedimento consiste em observar fatos, registrá-los por meio de material fotográfico e filmagens, quantificá-los empregando procedimentos estatísticos e testes psicológicos. Busca, ainda, determinar a possibilidade de criação de novos fenômenos psíquicos observáveis, empregando complexa metodologia experimental. Em suma, seu intuito é investigar e determinar as regularidades, com o objetivo de induzir e formular leis sobre o desenvolvimento psíquico, cuja exatidão é vista por ele mesmo como apenas relativa.
53. R.A. Spitz, op.cit., p.167-77.
54. J. Lacan, "A ciência e a verdade", op.cit., p.873.

Cap. IV – Melanie Klein e Freud

1. M. Klein, "Uma contribuição à teoria da inibição intelectual", in *Contribuições à psicanálise*, p.319-33.
2. Ibid., p.319. (Grifo meu.)
3. Desde 1923, a analista postula, a partir de seu trabalho clínico com crianças, a existência de uma estreita ligação entre inibição e angústia. Constata que o apaziguamento da angústia decorrente da elaboração dos conteúdos inconscientes, tem como efeito a suspensão das inibições

neuróticas, de maneira geral. (M. Klein, "A análise infantil", in *Contribuições à psicanálise*, p.112-4.

4. Já nos primeiros escritos sobre as inibições, Melanie Klein insiste em demonstrar, com base em breves fragmentos clínicos, a significação libidinal dos conteúdos escolares — tais como a gramática, o cálculo e a aritmética, entre outros —, e o universo simbólico genital a que correspondem. (M. Klein, "O papel da escola no desenvolvimento libidinal da criança", in *Contribuições à psicanálise*, p.87-109.)
5. É verdade que Melanie Klein, ela mesma, se considera freudiana. Contudo, na medida em que sua investigação clínica avança, ela é levada a conclusões opostas à doutrina de Freud, principalmente no tocante à sexualidade feminina e à função paterna, se não se quiser lembrar da sua ousadia, em relação aos freudianos ortodoxos, no trato da pulsão de morte. Cf. S. Cottet, "Melanie Klein et la guerre du fantasme", in N. Wright, *Madame Klein*, p.103-16.
6. Sandor Ferenczi foi não só o primeiro analista de Melanie Klein, mas também quem a incentivou a analisar crianças e a aplicar a "técnica ativa", que visava, pela via da interpretação, atingir a libido vinculada às manifestações sintomáticas.
7. M. Klein, "Simpósio sobre a análise infantil", in *Contribuições à psicanálise*, p.204.
8. Em oposição direta a Melanie Klein, Anna Freud, sua maior rival no domínio da psicanálise de crianças, sustenta um tipo de continuidade entre educação e psicanálise, considerando que a libido da criança se encontra muito ligada aos pais e que a primeira edição dessa libido ainda não se esgotou, tornando inviável a instalação da neurose de transferência. (A. Freud, "A introdução da técnica da análise com crianças", in *O tratamento psicanalítico de crianças*, p.19-84.) Melanie Klein, ao contrário, afirma que a criança, pela angústia e dependência que sente, entra imediatamente na tranferência, o que se verifica pela facilidade com que se desembaraça das figuras internas fantasiadas dos pais — as famosas "imagos".
9. S. Cottet, op.cit., p.103-16.
10. M. Klein, "Simpósio sobre a análise infantil", op.cit., p.203.
11. Ibid., p.204.
12. Melanie Klein estabelece, efetivamente, uma equivalência entre a associação livre e qualquer atividade lúdica da criança durante a sessão de análise. Discorda de Anna Freud, para quem tanto o jogo quanto os comentários — a exemplo dos de John, no que concerne a suas dificuldades na aprendizagem escolar — devem ser tomados, antes de tudo, como relatos oriundos das situações da vida diária da criança e da observação real de sua experiência cotidiana. (A. Freud, "The means employed in child-analysis".)

13. M. Klein, "Simpósio sobre a análise infantil", op.cit., p.204.
14. Para os lingüistas que desenvolvem pesquisas na área das dificuldades de aprendizagem, essa relação entre o significante e o significado — claramente exposta no algoritmo saussuriano —, não fundamenta nem é significativa para o processo de aquisição do código escrito de uma língua.
15. M. Klein, "Uma contribuição à teoria da inibição intelectual", op.cit., p.325.
16. No que concerne à técnica kleiniana de análise de crianças, não é somente o jogo que abre acesso à angústia e ao sentimento de culpabilidade do paciente. Suas representações gráficas e suas condutas também constituem material analítico. (M. Klein, "A importância da formação de símbolos no desenvolvimento do ego", in *Contribuições à psicanálise*, p.308.)
17. Ver a nota 3 deste capítulo.
18. M. Klein, "Uma contribuição à teoria da inibição intelectual", op.cit., p.321.
19. A. Freud, *O tratamento psicanalítico de crianças*, p.204: "Se uma criança derruba um poste de iluminação ou um dos personagens do jogo, ela [Melanie Klein] interpreta esse jogo como sendo, provavelmente, uma conseqüência das suas tendências agressivas contra o pai e se a criança faz colidir dois carros, analisa o jogo como implicando o coito entre os pais."
20. Ver, no Quadro II, na coluna das Atitudes, o segundo e o terceiro exemplos.
21. M. Klein, "Uma contribuição à teoria da inibição intelectual", op.cit., p.324.
22. Idem.
23. M. Klein, "A importância da formação de símbolos no desenvolvimento do eu", op.cit., p.296.
24. Jacques Lacan, na lição de 9 de março de 1955 de seus seminários, discute a noção de símbolo em Freud no que concerne ao verdadeiro valor inconsciente do sonho. Para Lacan, "não há outra palavra-chave do sonho que a própria natureza do simbólico". E define o simbólico em Freud, esclarecendo que "os símbolos nunca tem senão valor de símbolos". J. Lacan, *O seminário*, livro 2, p.203-4.
25. O texto de Lacan de 1953 — "Função e campo da fala e da linguagem em psicanálise" —, precisamente na sua segunda parte, intitulada "Símbolo e liguagem como estrutura e limite do campo psicanalítico", inaugura uma discussão sobre o simbolismo na psicanálise, tema que, como ele próprio assinala, permanecera intocado desde as elaborações de Klein. Em seguida, esse assunto é desenvolvido em J. Lacan, "À memória de Ernest Jones: sobre sua teoria do simbolismo", in *Escritos*, p.704.

26. M. Klein, "A importância da formação de símbolos no desenvolvimento do ego", op.cit., p.295.
27. M. Klein, "Primeiras fases do complexo de Édipo", in *Contribuições à psicanálise*, p.253.
28. M. Klein, "A importância da formação de símbolos no desenvolvimento do ego", op.cit., p.295-6. (Grifo meu.)
29. Idem.
30. Ver, a esse respeito, J. Santiago, *A droga do toxicômano*, p.172. E ainda o texto "Diretrizes para um congresso sobre a sexualidade feminina", em que Lacan interroga essa noção de "pais combinados" introduzindo a questão de saber se esse híbrido é uma imagem ou um símbolo. No presente estudo, ele é considerado como um símbolo, que, contudo, nas produções fantasmáticas, movimenta-se por meio das imagens. (*Escritos*, p.737-9.)
31. Lacan, em "A direção do tratamento...", assinala que Karl Abraham foi o primeiro a enfatizar o objeto na sua relação com a libido (in *Escritos*, p.593-4). O conceito de "objeto parcial" — sua principal inovação na psicanálise — aparece pela primeira vez em 1924, no famoso artigo "Commencement et développement de l'amour" (in K. Abraham, *Oeuvres complètes*, vol. II, p.604.) Nessa data, Melanie Klein é sua analisante e aluna, a quem ele encoraja a desenvolver a técnica do jogo. A partir da prática com crianças, ela, com efeito, dará continuidade às descobertas de Abraham, reconhecendo essa sua empreitada até nos seus últimos escritos. (Cf. *Inveja e gratidão*, p.208.) No entanto, a concepção inicial de objeto, em Abraham, ofusca-se diante da idéia de um desenvolvimento fundado sobre a capacidade de amor objetal e, assim, o qualificativo de parcial é substituído por um ideal de globalidade. A esse respeito ver M.-H. Brousse, *La relation mère-enfant*.
32. M. Klein, "A importância da formação de símbolos no desenvolvimento do ego", op.cit., p.296.
33. Durante os estágios precoces, a primeira defesa estabelecida pelo eu se opõe às pulsões *destrutivas*, ou seja, ao próprio sadismo do sujeito e ao objeto atacado, concebidos, ambos, como fonte de perigo. O recalque só é acionado no curso dos estágios ulteriores do conflito edípico, como uma defesa contra as pulsões libidinais. Cabe ressaltar que essa formulação concerne somente ao desenvolvimento das pessoas normais e neuróticas. No caso da demência precoce e da paranóia, o que ocorre é uma fixação da libido no primeiro estágio sádico, que impede uma evolução no nível dos investimentos. Ver, sobre esse assunto, o texto "A importância da formação de símbolos no desenvolvimento do ego", op.cit., p.312.
34. Ibid., p.246.
35. Ibid., p.297. (Grifo meu.)

36. M. Klein, "A análise infantil", op.cit., p.123.
37. Idem.
38. Cabe ressaltar que, no início da década de 1930, o conceito de identificação não comportava os mecanismos da clivagem e da idealização, que só se delimitam mais tarde, em 1946, com a elaboração da posição esquizoparanóide. Como a primeira, a "identificação projetiva" é, também, uma defesa do eu primitivo contra a ameaça de desintegração. No entanto seu agente provocador é o conflito entre o bom e o mau objeto, entre as partes boas e más do *self*, que foram excindidas e projetadas para dentro dos objetos. ("Notas sobre alguns mecanismos esquizóides", in *Inveja e gratidão*, p.28-32.)
39. S. Cottet, op.cit., p.113-4.
40. Expressão utilizada no texto "A análise infantil", onde se encontra, também, a sua descrição. Op.cit., p.122.
41. Nessa concepção de Melanie Klein encontra-se presente a idéia de "série complementar", de Freud, segundo a qual a etiologia da neurose é determinada, de maneira particular, em cada caso, segundo a série combinatória de fatores endógenos e exógenos. Ver M. Klein, "A análise infantil", op.cit. p.128.
42. Ibid., p.117.
43. Ibid., p.116.
44. Ibid., p.124.
45. Idem.
46. Ibid., p.115.
47. Idem.
48. Ibid., p.118.
49. Melanie Klein cita, sobretudo, dois dos artigos da *Metapsicologia* — "O recalque" e "O inconsciente" —, mas refere-se, também, várias vezes, ao texto *Introdução à psicanálise*, publicado na *ESB* sob o título *Conferências introdutórias sobre psicanálise*. (M. Klein, "A análise infantil" op.cit., p.111-41.)
50. Ibid., p.111-8.
51. Idem.
52. Ibid., p.116.
53. Ibid., p.114-6.
54. Ibid., p.117.
55. A esse respeito, Klein diferencia sua postulação da posição de Ferenczi e Abraham. Enquanto, para o primeiro, existe "um tipo de precursor fisiológico do supereu" ligado às tendências anais e uretrais — que ele chama "moral esfincteriana" —, o segundo sustenta que a angústia aparece no nível canibalístico, ao passo que o sentimento de culpa surge na fase subseqüente ao primeiro estágio sádico anal.
56. M. Klein, "Primeiras fases do complexo de Édipo", op.cit., p.253-4.

57. Idem.
58. Idem.
59. Ibid., p.225.
60. Idem.
61. Ibid., p.256. Melanie Klein refere-se, nesse caso, a manifestações surgidas na tenra infância, antes dos cinco anos de idade, que podem ser diretamente observadas nas crianças.
62. Ibid., p.256. (O grifo é da autora.)
63. J. Lacan, "Diretrizes para um congresso sobre a sexualidade feminina", op.cit., p.737.
64. M. Klein, "Simpósio sobre a análise infantil", op.cit., p.257.
65. M. Klein, "Uma contribuição à teoria da inibição intelectual", op.cit., p.325.
66. A leitura retroativa do caso John a partir das últimas contribuições de Klein foi proposta por Sérgio de Castro em uma conferência inédita, proferida em seminário promovido pelo Núcleo de Pesquisa em Psicanálise com Crianças do Instituto de Psicanálise e Saúde Mental de Minas Gerais, em 2001, cujo objeto de estudo foi o comentário deste capítulo IV.
67. Advindo do campo da fisiologia, o termo "inibição" é incorporado à neurologia por transcrição do inglês feita pelo fisiologista e médico francês Brown-Séquard, em 1870. Ele o utiliza no estudo de doenças dos sistema nervoso, para caracterizar uma ação nervosa que impede o funcionamento de um orgão. (C.E. Brow-Séquard, *Larousse*, 2º suppl., 1890). A descoberta da "ação inibitória", contudo, é atribuída aos irmãos Weber, que em 1845 empregam o termo "inibição" para designar o desaceleramento do coração sob a influência de uma excitação periférica do nervo vago. (*Archives de médecine*. Archives anexe d'anal et physiol., Mandl et Claude Bernard, jan 1846, p.12). Com o sentido de ação de defesa, de oposição e, mesmo, de proibição, o primeiro emprego desse termo é notificado no domínio jurídico, no século XIV.
68. Como assinala Jacques Lacan: "A oposição do princípio de prazer ao princípio de realidade foi rearticulada ao longo de toda a obra de Freud — 1895, o *Entwurf* — 1900, o capítulo VII da *Traumdeutung*, com a primeira rearticulação pública dos processos ditos primário e secundário, um governado pelo princípio do prazer e o outro pelo da realidade — 1914, retomada no artigo ... *Formulierungen über die zwei Prinzipien des psychischen Geschehens*, que se poderia traduzir, da estrutura psíquica — 1930, esse *Mal-estar da civilização*... ." J. Lacan, *O seminário*, livro 7, p.39.
69. Segundo Lacan, no curso da elaboração de seu *Projeto*, Freud é levado a introduzir duas hipóteses suplementares — a da inibição e a da informação —, que servem para restaurar o sistema da consciência, transfor-

má-lo em um sistema corretor da realidade, diante das atribuições variadas de sentido produzidas pelo inconsciente. J. Lacan, *O seminário*, livro 2, p.141.

70. A primeira descrição dessa experiência hipotética de satisfação encontra-se em "Projeto para uma psicologia científica", *ESB*, vol. I, p.421-4. Ela também é retomada no capítulo VII de *A interpretação dos sonhos*.
71. J. Lacan, *O seminário,* livro 4, p.15.
72. Como se sabe, Freud apresenta duas teorias do aparelho psíquico do ponto de vista tópico, dinâmico e econômico. Na primeira, descreve o Inconsciente, a Consciência e o Pré-consciente. Na segunda, as instâncias do eu ou ego, do Id e do supereu. Não se considera, nesse estudo, que se trata de teorias distintas, mas que a segunda complementa a primeira em diversos aspectos.
73. S. Freud, "Esquisse d'une psychologie scientifique", in *La naissance de la psychanalyse*, p.345. [Ed. bras.: *ESB*, vol. I, p.433.]
74. Idem. O termo *Trieb* (pulsão) é analisado diretamente por Freud apenas em 1905, nos "Três ensaios...", mas a concepção elabora-se desde o *Projeto*. De fato, o que leva Freud à pulsão é a experiência da excitação (*Reiz*) concebida sobre o modelo da irritação, que exige uma operação suspensiva. O modelo da descarga, a primeira reação à excitação, sendo a fuga (*Reizflucht*), encontra-se impedida, quando o sistema neurônico conserva excitações das quais não pode se livrar. Então, essas excitações são conservadas no interior do organismo, constituindo as "excitações endógenas". Freud apresenta-as como "grandes necessidades, a fome, a respiração, a sexualidade", "exigências da vida", que, para serem suprimidas, exigem o recurso ao mundo exterior, onde se realizará uma "ação específica", que constitui a "função secundária".
75. S. Freud, "Três ensaios sobre a sexualidade", in *ESB*, vol. VII, p.171.
76. Idem. Essa definição da pulsão também é evocada na seção III de seu exame do caso Schereber e em "Os instintos e suas vicissitudes", in *ESB*, vol. XIV, p.141-2.
77. S. Freud, *Métapsychologie*, p.18. (Tradução minha.) Optou-se por citar o texto em francês porque, na versão brasileira, o conceito de pulsão é substituído pelo de instinto. Ver S. Freud, "Artigos sobre metapsicologia", in *ESB*, vol. XIV, p.143 e 147. Adotar-se-á essa mesma solução de traduzir a versão francesa do texto de Freud, a seguir, tendo-se em vista a ênfase de termos e conceitos.
78. Ibid., p.147.
79. Ibid., p.143.
80. Ibid., p.142-6.
81. S. Freud, "Sobre o narcisismo: uma introdução", in *ESB*, vol. XIV, p.89-119.

82. Essa terceira tese de Freud sobre a inibição começa a ser desenvolvida no texto "Três ensaios..." e é apresentada, de forma mais acabada, em "Inibições, sintomas e ansiedade".
83. A esse respeito, pode-se citar o estudo "Leonardo da Vinci e uma lembrança de sua infância", no qual Freud enfatiza uma inibição acentuada do objetivo da pulsão, configurando um verdadeiro depauperamento da função sexual, uma suspensão praticamente completa da vida amorosa de Da Vinci e da sua relação com o outro sexo, em detrimento do trabalho de criação, que fica, então, caracterizado por uma capacidade surpreendente de sublimação. Esse estudo serve de base para a concepção freudiana do que seria um processo sublimatório ideal.
84. S. Freud, "Manuscrit A", in *La naissance de la psychanalyse*, p.59-60. [Ed. bras.: *ESB*, vol. I, p.254-7.]
85. S. Freud, "Lettre nº46 (20 mai 1896)", in *La naissance de la psychanalyse*, p.148. [Ed. bras.: *ESB*, vol. I, p.311-6.]
86. É no texto "Um caso de cura pelo hipnotismo com alguns comentários sobre a origem dos sintomas histéricos através da 'contravontade'" que Freud — apresentando como hipótese etiológica dos sintomas neuróticos o enfraquecimento da função da consciência para acionar a inibição —, designa de "representação de contraste" as idéias que se referem ao sexual e contrariam as "representações de projeto", ou seja, aquelas que se referem às ações e realizações do sujeito na vida real. A imagem ideal construída pelo Eu parece inconciliável com as tendências e os desejos inconscientes do sujeito. Em outros escritos, essa oposição equivale à oposição dos conceitos, já mencionados, de processo primário e secundário, Inconsciente e Consciente/Pré-consciente, o eu e a sexualidade. Ver *Résultats, idées et problèmes I*, p.31-43. [Ed. bras.: *ESB*, vol. I, p.176-8.]
87. Outros processos de defesa relativos à atividade pulsional são isolados por Freud, tais como os destinos da pulsão — que decorrem da ação do recalque sobre a sexualidade infantil e definem as modalidades de relação do sujeito com a vida intelectual —, o retorno da pulsão sobre si mesma, a inversão da pulsão em seu contrário e a sublimação, que merecerão atenção mais adiante, neste capítulo.
88. S. Freud, "Manuscrit K (1º jan 1896)", *La naissance de la psychanalyse*, p.130. (Tradução minha.) [Ed. bras.: *ESB*, vol. I, p.300-1.]
89. S. Freud, "Carta nº52 (6 dez 1896)", in *La naissance de la psychanalyse*, p.153 e 156. (Tradução minha.) [Ed. bras.: *ESB*, vol. I, p.317-24.]
90. Levar-se-ão em consideração, também, todos os textos que precisam a questão da sexualidade infantil redigidos após os "Três ensaios..." e citados, em notas: "O esclarecimento sexual dados às crianças" (1907); "Sobre as teorias sexuais das crianças" (1908); "Romances familiares" (1908); "Análise da fobia de um menino de cinco anos" (1909); "Leo-

nardo da Vinci e uma lembrança de sua infância" (1910); "A organização genital infantil: uma interpolação na teoria da sexualidade" (1923); e "A dissolução do complexo de Édipo" (1924).

91. Essas zonas corporais, também denominadas "zonas erógenas", tornam-se objetivos da pulsão por serem investidas de libido sexual durante o tempo da maternagem. Deve-se notar que elas equivalem ao que, mais tarde, Freud estabelece como as quatro modalidades de objeto, por intermédio dos quais a pulsão obtém satisfação. Assim, "o uso sexual da membrana mucosa dos lábios e da boca", refere-se ao objeto oral; "o uso sexual do orifício anal", o objeto escremento; o olhar — que toma a forma do ver e do dar-se a ver —, e a voz — na forma da ordem sádica e masoquista.
92. S. Freud, "La sexualité infantile", in *Trois essais sur la théorie sexuelle*, p.99. [Ed. bras.: *ESB*, vol. VII, p.181.]
93. Ibid., p.100-1. (Grifo do autor.) [Ed. bras.: *ESB*, vol. VII, p.182-3.]
94. Idem.
95. Idem.
96. Ibid., p.102. [Ed. bras.: *ESB*, vol. VII, p.183-4.]
97. Em *O ego e o Id*, quando evoca a dessexualização da pulsão na sublimação, Freud faz menção a um tipo de identificação pela via da "transposição da libido de objeto em libido narcísica". Isso esclarece que a inibição, na sublimação, promove um contorno da identificação fálica, reenviando o sujeito à identificação narcísica. A obra, a criação, suporta o peso fálico, deixando o sujeito em um estado de suspensão, que lhe oferece a possibilidade de contemporizar a exigência da pulsão de responder à demanda — da mãe ou de qualquer Outro que venha a ocupar esse lugar — com o único objeto que possa colmatá-la: o falo. S. Freud, "O ego e o Id", in *ESB*, vol. XIX, p.44-5 e 61-3.
98. S. Freud, "La sexualité infantile", op.cit., p.122-3. [Ed. bras.: *ESB*, vol. VII, p.199.]
99. Idem.
100. Como já assinalado anteriormente, a pulsão é um "representante psíquico" e, enquanto tal, é incapaz de ser aprendida diretamente: "Uma pulsão não pode jamais tornar-se objeto da consciência", diz Freud em 1915. "Se a pulsão não se encontra ligada a uma representação ou não aparece sob a forma de um afeto, não poderemos saber nada sobre ela." O que permite apreender a pulsão, são os seus pontos de fixação e seus efeitos: impulso, objetivo, objeto e fonte. É graças a diversidade de suas fontes, que as pulsões poderão ser consideradas distintas. Contudo essa distinção é sempre colocada sobre o signo de um dualismo pulsional — conservação/sexualidade, Eros/Thánatos —, que não inclui, em nenhum momento, a questão do saber.

101. S. Freud, "La sexualité infantile", op.cit., p.123. [Ed. bras.: *ESB*, vol. VII, p.200.]
102. Idem. (Tradução minha.) A mesma afirmação encontra-se em: "Les théories sexuelles infantiles", in *La vie sexuelle*, p.16. [Ed. bras.: *ESB*, vol. IX, p.215.]: "Não é de forma alguma de uma maneira espontânea, como se tratasse de uma necessidade inata de causalidade, que se desperta, neste caso, o impulso de saber [*Wissentrieb*] das crianças, mas sob o aguilhão das pulsões egoístas que as dominam, quando se encontram — digamos, após a conclusão de seu segundo ano — diante da chegada de uma nova criança."
103. É enquanto componente da pulsão que o objeto aparece nesse texto de 1905. Uma definição conclusiva é encontrada apenas dez anos mais tarde, no texto "Pulsão e destino das pulsões". O objeto da pulsão é, então, definido como o meio pelo qual a pulsão tenta atingir seu objetivo, que é a obtenção de um certo tipo de satisfação. Assinale-se que Freud distingue, na verdade, quatro tipos de objeto: o "objeto perdido", expressão utilizada para referir-se ao gozo mítico, original; o objeto amoroso, isolado no texto "Sobre o narcisismo, uma introdução"; o objeto do desejo e o objeto da pulsão. Para o objeto fálico, reserva-se um lugar à parte. Ele deve ser entendido, não propriamente como o pênis, mas como o falo, símbolo do objeto que falta à mãe e que, referido ao pai, num segundo momento do Édipo, fornece a significação que orienta o desejo do sujeito.
104. S. Freud, "Les théories sexuelles infantiles", op.cit., p.18-9. [Ed. bras.: *ESB*, vol. IX, p.218.]
105. Freud justifica o fato de as mesmas concepções errôneas serem encontradas em todas as crianças, na própria fonte da investigação, que se origina nas componentes da pulsão sexual. Ibid., p.19. [Ed. bras.: *ESB*, vol. IX, p.219.]
106. Idem.
107. Idem. (Esse comentário é praticamente o mesmo feito pelo pequeno Hans, que Freud cita em seu texto de 1909 sobre o caso.)
108. Ibid., p.21-2. [Ed. bras.: *ESB*, vol. IX, p.221.]
109. Ibid., p.18-9. [Ed. bras.: *ESB*, vol. IX, p.222-3.]
110. S. Freud, "La sexualité infantile", op.cit., p.126-7. [Ed. bras.: *ESB*, vol. IX, p.202.]
111. S. Freud, "Les théories sexuelles infantiles", op.cit., p.21. [Ed. bras.: *ESB*, vol. IX, p.222.]
112. Na sua *Metapsicologia*, Freud identifica quatro destinos possíveis para a pulsão, a saber, a reversão da pulsão em seu contrário, o retorno sobre a própria pessoa, o recalque e a sublimação. Os dois primeiros destinos constituem, também, formas de defesa do aparelho psíquico antes de consumada sua organização, que comporta a incidência do recalcamen-

to em dois tempos: o recalque originário e o recalque propriamente dito. É esse segundo recalque que incide sobre a pulsão sexual, afastando da consciência a significação sexual do inconsciente. A tendência do recalque secundário define-se a partir do primeiro recalque. É por isso que, nesse momento, a *Wissentrieb,* ou a atividade intelectual consciente do sujeito, fica caracterizada pelo modo de satisfação da pulsão, seja o sublimado, sejam suas outras formas, tal como a autopunição, por exemplo. A esse respeito, ver S. Freud, "Artigos sobre metapsicologia", op.cit., p.137-90.

113. S. Freud, "Leonardo da Vinci e uma lembrança...", in *ESB*, vol. XI, p.72-5.
114. Idem. Em Freud, a única ocorrência da expressão "pensamento débil", que, em alemão, também possui o sentido de "debilidade mental", encontra-se em seu estudo sobre Leonardo da Vinci, para caracterizar a forma extrema de inibição neurótica. Ver *Freud Gesammelte Schriften*, vol. IX, p.390. Na versão brasileira, o termo foi traduzido por "enfraquecimento intelectual" e, na francesa, por "fraqueza do pensamento".
115. S. Freud, "Leonardo da Vinci...". Tradução minha, a partir da edição francesa (Gallimard, 1987, p.84). [Ed. bras: *ESB*, vol. XI, p.74.]
116. O termo função, do latim *functio*, designa, em um sentido geral, um conjunto de atos ou operações a serem executados sob certas condições estáveis e determinadas. Em biologia, "função" designa o papel destinado a um órgão em um sistema integrado, que constitui o organismo. Esse papel consiste em uma propriedade específica, em um processo sob a dependência desse órgão, em um ato ou uma seqüência de atos atribuíveis a um dispositivo orgânico. Certamente a função no sentido estrito é apenas o efeito resultante de uma estrutura ou de um dispositivo. Resta o fato de o efeito funcional contribuir para a identificação da estrutura e poder servir para o desvelamento heurístico do tipo de dispositivo inerente à estrutura. In *Encyclopédie philosophique universelle*, vol. II.
117. S. Freud, *Inhibition, symptôme et angoisse*, p.1-5. [Ed. bras.: *ESB*, vol. XX, p.107-11.]
118. Ibid., p.3. [Ed. bras.: *ESB*, vol. XX, p.109.] A respeito da inibição no trabalho, ver, também, o caso do pintor Christoph Haizmann, que se torna incapaz de exercer sua arte após a morte de seu pai. Freud supõe que a inibição do pintor no trabalho seria a expressão de uma "obediência adiada" — devido à oposição do pai à profissão de pintor—, que torna Haizmann dependente e incapaz de ganhar a vida. Essa situação, além de compelir o pintor a buscar um protetor, expressa, ainda, o remorso e uma punição bem sucedida, por ter contrariado o pai. S. Freud, "Uma neurose demoníaca do século XVII", in *ESB*, vol. XIX, p.91-133.
119. S. Freud, *Inhibition, symptôme et angoisse*, p.3. [Ed. bras.: *ESB*, vol. XX, p.110.]

120. Idem.
121. Idem.
122. Ibid., p.5. [Ed. bras.: *ESB*, vol. XX, p.111.] Freud identifica, também, as chamadas "inibições globais", ou seja, estados depressivos decorrentes de um empobrecimento de energia, nos quais o eu se encontra quando é obrigado a realizar o trabalho de um luto.
123. S. Freud, "Dostoiévski e o parricídio", in *ESB*, vol. XXI, p.205-23.
124. S. Cottet, "Sur l'inhibition intellectuelle"
125. Idem.
126. S. Freud, "O problema econômico do masoquismo", in *ESB*, vol. XIX, p.201-2.
127. Em "Alguns tipos de caráter tais como se deduzem do trabalho psicanalítico", Freud chama a atenção para esse tipo singular de sujeitos "*arruinados pelo êxito*", como forma de autopunição, relacionada a possibilidade de realizar um desejo. Entre os exemplos, cita o caso de sujeitos que adoecem no momento que atingem uma determinada realização. (*ESB*, vol. XIV, p.357-74.)

Cap. V – Lacan: da inibição à debilidade mental

1. Por reação terapêutica negativa, entende-se um tipo de resistência ao tratamento analítico, que, como na inibição intelectual, estaria ligado a uma culpabilidade inconsciente e inerente a um modo masoquista de satisfação. O sujeito não apenas encontra um benefício no sintoma, mas esforça-se para manter o sofrimento, em detrimento da cura. Freud fala das reações negativas, pela primeira vez, em "História de uma neurose infantil". Contudo, seu texto que apresenta uma análise completa do problema é "O ego e o id". Em seguida, a questão é retomada em "O problema econômico do masoquismo", "Inibição, sintoma e angústia" e, por último, já referida ao conceito de pulsão de morte, em "Análise terminável e interminável".
2. F. Sauvagnat, "La mise en place de la distinction entre acting out et passage à l'act", in *Le souci de l'être*, p.111.
3. A inibição não era considerada verdadeiramente como um sintoma e o ato dizia respeito, em especial, àquelas ações cometidas pelo sujeito, mas não reconhecidas enquanto tal, ou àquelas inscritas no domínio judiciário, notadamente os crimes caracterizados como neurótico-obsessivos. (F. Sauvagnat, op.cit., p.112-3.)
4. Citam-se, a respeito dessas hipóteses etiopatológicas, sobretudo os pós-freudianos: Theodor Reik, Edouard Glover e Melitta Schimidenberg.
5. F. Sauvagnat, "L'acting out como problème dans la théorie psychanalytique".

6. J.-A. Miller, "Jacques Lacan: remarques sur son concept de passage à l'acte."
7. Etimologicamente, a palavra "desejo" resulta da substantivação do ato de "desejar", proveniente do latim *desiderare*, que significa "lamentar a ausência de alguém ou de alguma coisa". Esse termo não traduz exatamente o *Wunsch* alemão, que comporta uma nuance de cobiça e uma carga libidinal acentuada, que o aproxima do *Lust*, "prazer".
8. S. Freud, *A interpretação dos sonhos*, in *ESB*, vol. V, p.660. Retomado em J. Lacan, *O seminário*, livro 4. A esse respeito, ver, nessa obra, sobretudo a primeira parte, "Teoria da falta de objeto", p.9-75.
9. Formulação proposta por Jacques-Alain Miller em *Lacan elucidado*, p.448.
10. Essa concepção baseia-se na teoria do desenvolvimento da libido proposta por Karl Abraham, em 1924, e preconiza que o desenvolvimento das relações objetais, ao ir da etapa pré-genital à genital, das experiências pulsionais para o exterior, ofereceria ao sujeito uma adequação perfeita à realidade. A crítica fundamental de Lacan em relação a essa concepção é a confusão instituída entre os problemas de adaptação e o estabelecimento da realidade. Para ele, existe uma distância entre o objeto implicado na construção da realidade e o estabelecimento de uma relação com um objeto amoroso, em um registro afetivo. (J. Lacan, *O seminário*, livro 4, p.19.)
11. O conceito de "estádio do espelho", para Lacan, tem um valor decisivo na estruturação do sujeito, na medida em que permite à criança constituir uma identificação primordial, uma imagem [*Urbild*] ideal, que lhe permite deixa a relação fusional original com a mãe e a experiência fragmentada do corpo, que caracterizam sua condição biológica inicial de ser prematuro e dependente. Entre seis e oito meses de idade, o júbilo da criança diante de sua imagem no espelho, é o que atesta a assunção de uma imagem unitária sobre um corpo ainda pouco autônomo. Porque a forma que o sujeito vê no espelho não coincide com a experiência que ele tem de seu corpo, ele pede ao Outro uma confirmação dessa imagem. O olhar do Outro, então, confirma essa imagem e, também, incorpora-se definitivamente nela. Assim, a matriz do Eu constitui-se incluindo uma identificação imaginária, um elemento simbólico relativo ao que essa imagem representa no desejo do Outro e uma componente pulsional, dada pelo real do olhar. (J. Lacan, "O estádio do espelho como formador da função do eu", in *Escritos*, p.96-103.)
12. J. Lacan, *O seminário*, livro 6, *O desejo e sua interpretação* (1958-1959). Lição do dia 6 de novembro de 1959. Inédito.
13. Observa-se que a maneira como os quatros objetos freudianos se encontram combinados no movimento pós-freudiano fornece um critério de diferenciação no interior desse movimento, ou seja, cada analista vai es-

tabelecer um tipo diferente de relação entre eles. O que parece constituir o eixo do pensamento de Karl Abraham e Melanie Klein, por exemplo, é essa polaridade entre o objeto da pulsão e o objeto do amor no conceito de objeto parcial.

14. J. Lacan, *O seminário*, livro 5.
15. J. Lacan, *O seminário*, livro 7, p.248.
16. J. Lacan, "Posição do inconsciente", in *Escritos*, p.846-7.
17. J. Lacan, "O aturdito", in *Outros escritos*.
18. Essa primeira definição do objeto (a), por Lacan, encontra-se em seu seminário *O desejo e sua interpretação* (1958-1959), lição do dia 29 de abril de 1959 (inédito). Um ano mais tarde, de forma mais elaborada, o *a* é definido como expoente do desejo do sujeito, no Outro. (J. Lacan, "Observações sobre o relatório de Daniel Lagache: 'Psicanálise e estrutura da personalidade'", in *Escritos*, p.689.)
19. Nesse caso, a referência faz-se à imagem da ausência de necessidades de qualquer ordem, que poderia ser exemplificada pela situação do bebê no ventre da mãe, complementado por seus envoltórios embrionários, sem precisar de nenhum objeto externo para se satisfazer. Mesmo nesse tempo, porém o bebê depende de certas condições para sobreviver. Freud não deixa de assinalar, em diversas ocasiões, que a completude é um tempo mítico de gozo, pois, de fato, apenas no estado inorgânico ou na morte, o organismo não necessita de nada. Portanto a imagem do passado resume-se a uma miragem: algo desejável, mas irrealizável. Eis o fundamento da indestrutibilidade do desejo.
20. J. Lacan, *O seminário*, livro 5, p.188.
21. J.-A. Miller, "O falo barrado", in *Lacan elucidado*, p.465.
22. J. Lacan, *O seminário*, livro 5, p.200.
23. J. Lacan, "A ciência e a verdade", in *Escritos*, p.892.
24. Idem. No original francês, à página 877, lê-se: "D'un cotê, extrayons le (pas-de) du (pas-de-pénis), à mettre entre parenthèses, pour transférer au pas-de-savoir, qui est le pas-hésitation de la névrose."
25. Ver os capítulos IX ("A metáfora paterna"), X ("Os três tempos do Édipo (I)") e XI ("Os três tempos do Édipo (II)") de J. Lacan, *O seminário*, livro 5, p.166-220.
26. O que constitui o ideal-do-eu, na saída do Édipo, é uma identificação ao pai, que, para o menino, consiste em identificar-se a ele enquanto possuidor do pênis e, para a menina, em reconhecer o homem como aquele que o possui. (J. Lacan, *O seminário*, livro 5, p.203.)
27. J. Lacan, *O seminário*, livro 4, p.11.
28. J. Lacan, "Nota sobre a criança".
29. Idem.
30. Idem. Nesse texto, Lacan define o sintoma da criança como o representante da verdade do par parental.

31. J. Lacan, *O seminário*, livro 10.
32. Parafraseando Freud, que a respeito da realização do desejo no sonho afirma: "O sonho nos conduz ao futuro, pois mostra-nos nossos desejos realizados; mas esse futuro, presente para o sonhador, é modelado por um desejo indestrutível, à imagem do passado." (S. Freud, *L'Interprétation des rêves*, p.527. Tradução minha. [Ed. bras.: *ESB*, vol. V, p. 660.])
33. J. Lacan, *O seminário*, livro 8, p.201. Retomado na lição do dia 25 de junho de 1963, do seminário *A angústia*.
34. Ibid., p.204.
35. J. Lacan, *O seminário*, livro 10, lição de 3 de julho de 1963.
36. J. Piaget, *A linguagem e o pensamento na criança*, p.145-93.
37. J. Lacan, "A ciência e a verdade", op.cit., p.874.
38. J. Lacan, *O seminário*, livro 10, lição de 12 de junho de 1963.
39. J. Lacan, *O seminário*, livro 10, lição de 25 de junho de 1963.
40. O título completo da peça que se tornou mundialmente conhecida é *Hamlet: história trágica do príncipe da Dinamarca*. A peça foi registrada no *Stationers' Register* em 26 de julho de 1602 e impressa em 1603. Acredita-se que a data de composição fique entre 1598-1601, aproximadamente. Ver dados históricos em W. Shakespeare, *Hamlet, príncipe da Dinamarca*, p.197.
41. S. Freud, *A interpretação dos sonhos*, op.cit., p.280-2.
42. Idem.
43. J. Lacan, "Hamlet, por Lacan", *Ornicar?* 24, p.15.
44. J. Lacan, "Hamlet por Lacan", in *Textos psicanalíticos 1*, p.81-2.
45. J.-A. Miller, "A criança entre a mulher e a mãe", *Opção lacaniana* 21, 7-12.
46. W. Shakespeare, op.cit., Ato 3, Cena IV, 273-9.
47. J. Lacan, "Hamlet, por Lacan", p.23.
48. Lacan assinala que a tragédia de Hamlet é uma tragédia do luto, pois, durante a peça, o que o personagem deve conseguir realizar é o luto do pai. Nota-se que o luto incide sempre sobre um objeto, mas, para que o trabalho do luto possa começar, é preciso que o objeto perdido seja constituído enquanto tal. Assim, não basta que Hamlet sofra a perda do pai para o trabalho ter início, pois, por mais que seu pai seja um objeto identificável, ele deve saber o valor real que ele tem. Esse desconhecimento do valor do objeto é o que Freud destaca como estados melancólicos. A esse respeito, ver, também, S. Freud, "Luto e melancolia", in *ESB*, vol. XIV, p.275-307.
49. W. Shakespeare, op.cit., Ato 5, Cena I, p.310.
50. Trata-se, também, da primeira abordagem propriamente clínica da debilidade mental. No âmbito da clínica, não se pode deixar de mencionar todo o esforço da psicologia, após a Segunda Guerra Mundial, em traçar,

fora do campo cognitivo, as características da personalidade dos débeis. A descrição pormenorizada do desenvolvimento afetivo desses sujeitos e o confronto desse desenvolvimento com a dimensão cognitiva verificada ao teste de inteligência foi o procedimento pelo qual se pretendeu discernir os traços mais relevantes da personalidade dos débeis. Pode-se reconhecer, nesse empreendimento, a visada da psicologia de estabelecer referências consistentes para uma abordagem clínica da debilidade. Entretanto, como se observa nos trabalhos de René Zazzo, com sua hipótese da heterocronia, a clínica, sustentada no diagnóstico do quociente intelectual, resta solidária a uma perspectiva de adaptação do sujeito frente a seu desenvolvimento marcado pelo déficit. Todas as características repertoriadas em quem se encontra, de saída, identificado à debilidade mental são avaliadas, em última instância, a partir do parâmetro da organização do desenvolvimento normal. Esse referencial do desenvolvimento, na medida em que se trata de um saber externo, construído *a priori*, é incompatível com a clínica do sujeito, ou seja, com a clínica que contempla elementos da subjetividade, não apenas interferindo, como também podendo contribuir para a própria determinação da posição débil. A respeito da heterocronia, ver J. de Ajuriaguerra, *Manual de psiquiatria infantil*, p.569-70.

51. A psicanálise diferencia-se da ciência nesse ponto, pois a condição mesma do estabelecimento de uma ciência é a redução do simbolismo que pesa sobre um determinado objeto. A ciência moderna, por exemplo, desenvolve-se apenas a partir do momento em que o corpo humano é esvaziado de toda subjetividade, perde seu estatuto de objeto sagrado, intocável, receptáculo da alma, para tornar-se um objeto de estudo. O que a psicanálise promove de inédito, a esse respeito, é a reintrodução da subjetividade do pesquisador nesse objeto esvaziado de sentido, a exemplo do próprio Freud, que constrói sua teoria sem excluir-se dela. Ver J. Lacan, "A ciência e a verdade", op.cit., p.869-92.
52. Freud indica claramente uma via mais ampliada para a abordagem das doenças orgânicas, estabelecendo, para a epilepsia, uma relação de causa/efeito entre os ataques convulsivos e a diminuição de todas as capacidades mentais. Essa relação estende-se às curtas ausências — freqüentemente associadas ou substituindo grandes crises —, no curso das quais o paciente, como se estivesse sob a dominação do inconsciente, faz alguma coisa que lhe é totalmente estranha. Ver S. Freud, "Dostoiévski e o parricídio", in *ESB*, vol. XXI, p.205-27.
53. M. Mannoni, *A criança retardada e a mãe*, p.104-6.
54. Como se assinalou antes, os resultados contraditórios ao teste indicam a presença de conflitos familiares na origem dos distúrbios infantis. É a partir do momento em que as idéias psicanalíticas, situando na infância o núcleo conflitivo da neurose do adulto, passam a exercer uma influên-

cia dominante sobre as investigações psicopatológicas da clínica infantil, que os elementos da configuração familiar vão adquirir uma ênfase decisiva na explicação das patologias.

55. Ver, a esse propósito, M. Mannoni, "Réactions de la famille à la débilité".
56. M. Mannoni, *A criança retardada e a mãe*, p.100.
57. Esse estudo de Maud Mannoni consistiu na análise de 80 casos de crianças com Q.I. abaixo da média. Foi apresentado no Congresso dos Centros Psicopedagógicos, em Paris, junho de 1954, e publicado em *Bulletin de l'A.P.B.*, abr 1955.
58. M. Mannoni, "Problèmes posés par la psychothérapie des 'débiles'", *La Psychanalyse* 5, p.281-304.
59. Sob esse prisma, mesmo no caso de crianças mongolóides, em que não há dúvida sobre a origem orgânica do déficit, o que vai interessar à clínica psicanalítica são os efeitos da identificação do sujeito a seu déficit.
60. A respeito do discurso das crianças débeis, Mannoni assinala o caráter detalhado do relato, sem nenhuma tonalidade afetiva, com apenas algumas poucas variações, na forma de um menu das atividades feitas, como se entregasse de bandeja, ao outro, apenas a sua bobeira: "Esta manhã fui à feira, daqui a pouco vou almoçar na cidade com a mamãe, tirei 10 em leitura. O meu irmãozinho está andando." M. Mannoni, *A criança retardada e a mãe*, p.29.
61. P. Bruno, "A côté de la plaque", *Ornicar?* 37, p.40: "O mérito de Maud Mannoni é incontestavelmente de ter suspenso, por um ato, o interdito de acesso do débil ao tratamento psicanalítico."
62. J. Lacan, "Nota sobre a criança", *Outros escritos*, p.369-70.
63. M. Mannoni, *A criança retardada e a mãe*, p.105.
64. Ibid., p.6.
65. Ver, a esse respeito, M. Mahler, *Psychose infantile*, p.58, 125-8.
66. M. Mannoni, *A criança retardada e a mãe*, p.42. A opção por apresentar a relação fantasmática em etapas é minha.
67. J.-A. Miller, "A criança entre a mulher e a mãe", op.cit., p.7-12.
68. Ibid., p.8.
69. Segundo Miller, Lacan, em seu artigo "Nota sobre a criança", divide os sintomas da criança entre aqueles que dizem respeito ao par parental e aqueles que se atêm, sobretudo, à relação dual da criança e da mãe. Neste segundo caso, o sintoma refere-se essencialmente à fantasia da mãe e, dependendo do quanto for compacta essa referência à fantasia, pode-se originar, no sujeito, o sintoma somático, a perversidade e, mesmo, a psicose.
70. J.-A. Miller, "A criança entre a mulher e a mãe", op.cit., p.8.
71. J. Lacan, *O seminário*, livro 20, p.17.
72. M. Mannoni, *A criança retardada e a mãe*, p.105.
73. J.-A. Miller, "A criança entre a mulher e a mãe", op.cit., p.7-8.

74. Na mesma perspectiva de Freud em seus estudos sobre a vida amorosa, Lacan, a partir da função fálica, indica, do lado masculino, a divergência entre o amor e o desejo e, do lado da mulher, a convergência do amor com o desejo. Ver J. Lacan, "A significação do falo", in *Escritos*, p.701-2.
75. J. Lacan, "Nota sobre a criança", op.cit., p.369.
76. J. Lacan, *O seminário*, livro 11, lição de 10 de junho de 1964, p.225.
77. Ibid., p.224-5.
78. O adjetivo "holofrástico" aparece na literatura por volta de 1866. É um termo da gramática, usado para designar "línguas onde a frase inteira, sujeito, verbo, regime e, mesmo, o incidente é aglutinado como em uma só palavra." Já o substantivo "holófrase", é um pouco mais tardio e apesar da noção de palavra-frase ser bem difundida, vários dicionários, inclusive de lingüística, ignoram o termo. A respeito da holófrase, tanto em relação a sua definição no campo da lingüística, quanto à sua utilização por Jacques Lacan, no campo da psicanálise, ver A. Stevens, "L'holofrase, entre psychose et psychosomatique", *Ornicar?* 42, p.45-79.
79. J. Lacan, *O desejo e sua interpretação*, lição do dia 3 de dezembro de 1958. Inédito.
80. Idem.
81. Segundo Pierre Bruno, deve-se considerar essa identificação do sujeito com sua mensagem como um momento lógico do sujeito, um tempo mítico, pois nem mesmo na psicose é possível reduzir o sujeito à mensagem. O que vai fornecer a medida precisa da holófrase é a experiência pavloviana, evocada por Lacan um pouco mais tarde, no seu *Seminário*, livro 11 (p.224): considera-se, inicialmente, que o S1 designa o estímulo condicionado (campainha) e S2, o estímulo incondicionado (carne); na experiência, o experimentador subtrai o S2 e essa subtração refere-se a seu desejo, enquanto experimentador, de condicionar o cachorro e comprovar sua teoria; para o animal, S1 e S2 são uma holófrase, pois, não sendo ser-falante, ele não se encontra em condição de interrogar o S2 do desejo do Outro. (Ver P. Bruno, "A côté de la plaque", op.cit., p.41.)
82. J. Lacan, *O seminário*, livro 11, p.224-5.
83. A esse respeito, ver J. Lacan, *O seminário*, livro 3, cap.XIV: "O significante, como tal, não significa nada", p.209-22.
84. Ibid., p.223.
85. J. Lacan, *O seminário*, livro 5, p.187.
86. Jacques-Alain Miller explicita a forclusão do Nome-do-Pai na psicose, a partir dessa necessidade de armação significante mínima, evocando, no seminário sobre as psicoses, o exemplo do tamborete a que falta um pé, para ressaltar que Lacan se refere à psicose não em termo de déficit ou de dissociação de uma função, mas em termos de falta de significante. Assim, como todo sujeito, o psicótico é efeito do significante, porém do

significante que falta. Ver o seu "Esquizofrenia y paranoia", in *Psicoses y psicoanalisis*, p.7-30.

87. J. Lacan, *O seminário*, livro 11, p.224-5.
88. E. Laurent, "La psychose chez l'enfant dans l'enseignement de Jacques Lacan". A esse respeito, o autor assinala a dificuldade de se pensar uma mesma ferida — "q'une seule blessure" — para dois corpos, referindo-se à incidência da castração.
89. J. Lacan, *O seminário*, livro 11, p.224-5.
90. Ibid., p.225.
91. J. Lacan, *O seminário*, livro 11, p.236.
92. Lacan, no seu seminário *As psicoses,* busca, no caso do Presidente Schreber, comentado por Freud, o exemplo de crença delirante, que é um tipo de fenômeno elementar das psicoses. Trata-se da concepção que o nevropata constrói para si mesmo sobre a transformação do mundo e que constitui o cerne de seu delírio, a saber, o assassinato d'alma, designado, por ele, *Seelenmord*. Nem o próprio sujeito compreende o que formula, mas não tem nenhuma dúvida a respeito, eximindo-se de qualquer referência real. A respeito dos testemunhos delirantes dessas construções, Lacan assinala, ainda, a inexistência da dimensão poética, uma vez que Schreber não introduz o leitor na via de uma experiência, da qual se reconhece uma nova ordem de relação simbólica com o mundo. Cf. J. Lacan, *O seminário*, livro 3, p.90-5.
93. J. Lacan, *O seminário*, livro 11, p.224-5.
94. E. Laurent, op.cit., p.3-19. Nesse texto, Laurent assinala que o esquema de Lacan, ligando ao par de significantes primordiais outros três elementos — X, série dos sentidos e série das identificações —, deve ser tomado como o primeiro elemento de uma série, que tem prosseguimento em um outro esquema figurado na página 235 do mesmo *Seminário*, livro 11, e na pespectiva da construção dos quatro discursos, alguns anos mais tarde, sobretudo o discurso do mestre.
95. Por meio do relato do tratamento de uma criança débil, Pierre Bruno destaca a maneira como seu paciente não reconhece ou denega alguns significantes de sua fala, recusando, por vezes, o que acabara de dizer ou, outras vezes, o que seus desenhos sugerem de maneira evidente. Assim, o menino desenha um homem e uma mulher brigando e comenta: "Um homem e uma mulher"; em seguida, corrige: "Dois homens". A seu ver, nessa recusa radical à enunciação, o paciente não deixa de destacar o significante suprimido ou evitado. "Ele destaca o que quer esconder." Bruno compara esse fenômeno ao processo de redução do *Witz*, que consiste em anular o efeito de sentido de um trocadilho, modificando um significante, mas conservando a significação global. Nesse sentido, o débil é definido como um adepto da redução, dedicando-se a fazer

com que um enunciado seja apenas um enunciado. (P. Bruno, "Examen de la débilité".)

96. Os dados do caso AM foram extraídos de notas tomadas durante duas exposições de Pierre Bruno sobre o assunto, ambas na França: uma, no âmbito de seu seminário de doutorado na Universidade de Paris-VII, e a outra na École de la Cause Freudienne, em uma atividade de investigação clínica sobre psicanálise com crianças.
97. J. Lacan, *O seminário*, livro 17.
98. J. Lacan, *O seminário*, livro 8, p.340.
99. Ibid., p.345.
100. J. Lacan, "... ou pior".
101. Idem.
102. Matema proposto por Eric Laurent em "Psicose e debilidade", in *Versões da clínica psicanalítica*, p.170.
103. J. Lacan, "... ou pior".
104. A esse respeito, ver J. Santiago, "Jacques Lacan: a estrutura dos estruturalistas e a sua", in *Estruturalismo, memória e repercussões*, p.217-24.
105. J. Lacan, *O seminário*, livro 11, p.207.
106. J. Lacan, *O seminário*, livro 17, p.87.
107. Ibid., p.86. Ver também, J. Lacan, "Radiofonia".
108. J. Lacan, ... *ou pire*. (Tradução minha.)
109. P. Bruno, "A côté de la plaque", op.cit., p.39.
110. J. Lacan, "R.S.I.", *Ornicar?* 3, p.95. (Tradução minha.)
111. No seminário *D'un autre à l'Autre* (inédito), na lição do dia 12 de fevereiro de 1969, Lacan qualifica o débil mental de astuto, graças à relação que estabelece com a verdade.
112. Platão, *O simpósio, ou Do amor*, p.49-52.
113. J. Lacan, "L'insu que sait de l'une-bévue s'aile à mourre", *Ornicar?* 14, p.7.
114. É preciso observar que o último ensino de Lacan diz respeito, sobretudo, a seus quatro últimos seminários: *R.S.I.* (1974-1975), *Le sinthome* (1975-1976), *L'Insu qui sait de l'unebévue s'aile à mourre* (1976-1977) et *La topologie et le temps* (1978-1979).
115. J.-A. Miller, "Le dernier enseignement de Lacan", *La Cause Freudienne* 51, p.7-32.
116. O curso intitulado "O lugar e o laço" versa sobre aquilo que constitui as causas, os lugares e os efeitos da formação do analista. A lição em que se comenta a substituição do conceito de debilidade pelo de inconsciente foi estabelecida e publicada na revista da École de la Cause Freudienne. J.-A. Miller, "Le réel est sans loi", *La Cause Freudienne* 49, p.7-19.
117. J. Lacan, "O seminário sobre 'A carta roubada'".
118. J.-A. Miller, "Le réel est sans loi", op.cit., p.12.
119. Ibid., p.17.

120. Ibid., p.12.

Conclusão

1. Ver o capítulo II deste livro, "Debilidade e déficit: origens da questão no saber psiquiátrico".
2. P. Federn, "The Ego in Schizophrenia", in *Ego Psychology and the psychoses.*
3. É importante ressaltar a influência kleiniana na abordagem da inibição intelectual, como se pode verificar, por exemplo, na maior parte do extenso número de trabalhos sobre o tema apresentados durante o Congrès des Psychanalystes, em 1972. ("Points de vue psychanalytiques sur l'inhibition intellectuelle", *Revue française de psychanalyse* 56, 1972, t. XXXII, p.717-995.)
4. S. Cottet, "Melanie Klein et la guerre du fantasme".
5. S. Freud, *O Ego e o Id*, in *ESB*, vol. XIX, p.44-5 e 61-3.
6. J. Lacan, "O aturdito".
7. J. Lacan, *D'un autre à l'Autre* (inédito), lição de 12 de fevereiro de 1969.
8. Idem.
9. "Platon était un peu débile — il ne pouvait pas savoir", diz Lacan, referindo-se ao modo como Platão responde à questão de saber o que é o real. (J. Lacan, ... *ou pire.*)
10. Ao qualificar o débil de "astuto", Lacan faz alusão à "astúcia da razão", de Hegel. (J. Lacan, *D'un autre à l'Autre*, op.cit.)
11. J. Lacan, "O aturdito".

Bibliografia

ABRAHAM, Karl. "Commencement et développement de l'amour", in *Oeuvres Complètes*, vol.II. Paris, Payot, 1966.

AJURIAGUERRA, Julián de. *Manual de psiquiatria infantil*. Rio de Janeiro, Masson do Brasil, 1978, 2ª ed.

ALBERTI-LOMBARDO, Christiane. *La fonction intelectuelle du jugement chez Freud*. Universidade de Toulouse le Mirail, França, 1992. Tese de Doutorado.

ARROYO, Miguel G. "Fracasso-sucesso: o peso da cultura escolar e do ordenamento da educação básica", in ARAMOWICZ, Anete e Jaqueline MOLL (orgs.). *Para além do fracasso escolar*. São Paulo: Papirus, 1997.

BERCHERIE, Paul. *Les fondements de la clinique: histoire et structure du savoir psychiatrique*. Paris: Navarin, 1980.

_____. *Géographie du champ psychanalytique*. Paris: Navarin, 1988.

BINET, Alfred. *Les idées modernes sur les enfants*. Paris: Flammarion, 1909.

_____. "Les institutrices de la Salpêtrière: Notes sur l'éducation des enfants arriérés à l'École de la Salpêtrière", in *L'Année Psychologique*, vol. XI. Paris, 1905.

_____. "L'âge mental", in *L'Année Psychologique*, vol. XIV. Paris, 1908.

BINET, Alfred e Théodore SIMON. *Les enfants anormaux*. Toulouse: Privat, 1978.

BLEULER, Eugène. "Les schizophrénies", in *L'Invention de l'autisme*. Col. Analytica, vol. 52, Paris: Navarin, 1988.

BLOCH, Henriette et alii. *Grand dictionnaire de la psychologie*. Paris, Larousse, 1991.

BROUSSE, Marie-Hélène. *La relation mère-enfant*. Universidade de Paris-VIII, França, 1991. Tese de Doutorado.

BRUNO, Pierre. "Examen de la débilité", *Pas Tant* 152, "la découverte freudienne", 1985 3/4, p.15-23.

_____. "A côté de la plaque: sur la débilité mentale", *Ornicar?* 37, 1986, p.38-65.

COTTET, Serge. "Mélanie Klein et la guerre du fantasme", in N. Wright, *Madame Klein: un drame dans la vie de Melanie Klein*. Paris: Seuil, 1991.
——. "Lacan medieval", *Barca!* 8, Toulouse, 1997, p.35-44.
——. "Sur l'inhibition intellectuelle", *Quarto* 37-38, 1998, p.20-2.
DUPUY, M. "La rééducation en question... Définitions et modèles", *Les Cahiers de Beaumont*, especial Rééducation, jun 1988.
ESQUIROL, Etienne. *Traité des maladies mentales considerées sous les rapports médical, hygiénique et médico-légal*. Paris: Ballière, 1838.
FEDERN, Paul. *Ego psychology and the psychoses*. Londres: Karnat Books, 1977.
FOUCAULT, Michael. *A verdade e as formas jurídicas*. Rio de Janeiro: Nau, 1996.
FREUD, Anna. "The means employed in child-analysis" (1930), in *The Psycho Analytical Treatment of Children*. Londres: Imago, 1946.
——. *O tratamento psicanalítico de crianças*. Rio de Janeiro: Imago, 1971.
——. *Infância normal e patológica*. Rio de Janeiro: Guanabara, 1987.
——. *Les conférences de Harvard*. Paris: PUF, 1994.
FREUD, Sigmund. *Freud Gesammelte Schriften*. Zurique: Internationales Psychoanalytischer Verlag, 1925.
——. *La naissance de la psychanalyse*. Paris: PUF, 1956, 5ª ed.
——. *Psychopathologie de la vie cotidienne*. Paris: Payot, 1967.
——. *Métapsychologie* Paris: Gallimard, 1968.
——. "Extratos dos documentos dirigidos a Fliess" (1892-1899), in *ESB*, vol. I. Rio de Janeiro: Imago, 1976.
——. "Sobre os critérios para destacar da neurastenia uma síndrome particular intitulada 'neurose de angústia'" (1894), in *ESB*, vol. III. Rio de Janeiro: Imago, 1976.
——. "Projeto para uma psicologia científica" (1895), in *ESB*, vol. I. Rio de Janeiro: Imago, 1976.
——. *A interpretação dos sonhos* (1900), in *ESB*, vol. V. Rio de Janeiro: Imago, 1976.
——. "O chiste e sua relação com o inconsciente" (1905), in *ESB*, vol.VIII. Rio de Janeiro: Imago, 1976.
——. "Três ensaios sobre a sexualidade" (1905), in *ESB*, vol. VII. Rio de Janeiro: Imago, 1976.
——. "O esclarecimento sexual das crianças" (1908), in *ESB*, vol. IX. Rio de Janeiro: Imago, 1976.
——. "Moral sexual 'civilizada' e doença nervosa moderna" (1908), in *ESB*, vol. IX. Rio de Janeiro: Imago, 1976.
——. "Sobre as teorias sexuais das crianças" (1908), in *ESB*, vol. IX. Rio de Janeiro: Imago, 1976.
——. "Romances familiares", (1908), in *ESB*, vol. IX. Rio de Janeiro: Imago, 1976.

_____. "Análise de uma fobia em um menino de cinco anos" (1909), in *ESB*, vol. X. Rio de Janeiro: Imago, 1976.

_____. "Leonardo da Vinci e uma lembrança da sua infância" (1910), in *ESB*, vol. XI. Rio de Janeiro: Imago, 1976.

_____. "Sobre o narcisismo: uma introdução" (1914), in *ESB*, vol. XIV. Rio de Janeiro: Imago, 1976.

_____. "História de uma neurose infantil" (1914), in *ESB*, vol. XVII, Rio de Janeiro: Imago, 1976.

_____. "Artigos sobre metapsicologia: 'Os instintos e suas vicissitudes', 'Repressão' e 'O inconsciente'" (1915), in *ESB*, vol. XIV. Rio de Janeiro: Imago, 1976.

_____. "Luto e melancolia" (1915), in *ESB*, vol. XIV, Rio de Janeiro: Imago, 1976.

_____. "Carta à Dra. Hermine von Hug-Hellmuth" (1916), in. *ESB*, vol. XIV. Rio de Janeiro: Imago, 1976.

_____. "Alguns tipos de caráter tais como se deduzem do trabalho psicanalítico" (1916), in *ESB*, vol. XIV. Rio de Janeiro: Imago, 1976.

_____. "Uma criança é espancada: uma contribuição ao estudo da origem das perversões sexuais" (1919), in *ESB*, vol. XVII. Rio de Janeiro: Imago, 1976.

_____. "O ego e o id", (1923), in *ESB*, vol. XIX. Rio de Janeiro: Imago, 1976.

_____. "Uma neurose demoníaca do século XVII" (1923), in *ESB*, vol. XIX. Rio de Janeiro: Imago, 1976.

_____. "A organização genital infantil" (1923), in *ESB*, vol. XIX. Rio de Janeiro: Imago, 1976.

_____. "O problema econômico do masoquismo" (1924), in *ESB*, vol. XIX. Rio de Janeiro: Imago, 1976.

_____. "A dissolução do complexo de Édipo" (1924), in *ESB*, vol. XIX. Rio de Janeiro: Imago, 1976.

_____. "Algumas conseqüências psíquicas da distinção anatômica" (1924), in *ESB*, vol. XIX. Rio de Janeiro: Imago, 1976.

_____. "Prefácio a *Juventude Desorientada*, de Aichhorn" (1925), in *ESB*, vol. XIX. Rio de Janeiro: Imago, 1976.

_____. "Inibições, sintomas e ansiedade" (1925), in *ESB*, vol. XX. Rio de Janeiro: Imago, 1976.

_____. "Dostoiévski e o parricídio" (1928), in *ESB*, vol. XXI. Rio de Janeiro: Imago, 1976.

_____. "As sutilezas de uma ato falho" (1935), in *ESB*, vol. XXII. Rio de Janeiro: Imago, 1976.

_____. "Análise terminável e interminável" (1937), in *ESB*, vol. XXIII. Rio de Janeiro: Imago, 1976.

_____. *Résultats, idées et problèmes I*. Paris, PUF, 1984.

_____. *Cinq psychanalyse*. Paris: PUF, 1985, 13ª ed.

———. *La vie sexuelle*. Paris: PUF, 1985, 7ª ed.

———. *Inhibition, symptôme et angoisse*. Paris: PUF, 1986, 8ª ed.

———. *L'interprétation des rêves*. Paris: PUF, 1987.

———. *Trois essais sur la théorie sexuelle* Paris: Gallimard, 1987.

———. *Un souvenir d'enfance de Léonard de Vinci*. Paris: Gallimard, 1987.

GENIL-PERRIN, G. *Histoire des origines et de l'evolution de l'idée de dégenerescence en médicine mentale*. Paris: Leclerc, 1913.

GROSSKURTH, Phyllis. *Melanie Klein: son monde et son œuvre*. Paris: PUF, 1990.

HÉBRARD, Jean. "Instruction ou éducation", *Ornicar?* 26-27, 1983, p.122-32.

HOC, Jean-Michel. "Experimentation en psychologie", in A. Jacob (org.), *Les notions philosophiques*. Paris, PUF, Encyclopédie Philosophique Universelle, vol.II, 1990.

HUG-HELMUTH, Hermine von. "Analyse d'un garçon de cinq ans et demi" (1911), in *Essais psychanalytique: destin et écrits d'une pionnière de la psychanalyse d'enfants*. Textos reunidos por Dominique Soubrenie. Paris: Payot, 1991.

———."De la véritable essence de l'âme infantile" (1912), in *Essais psychanalytique: destin et écrits d'une pionnière de la psychanalyse d'enfants*. Textos reunidos por Dominique Soubrenie. Paris: Payot, 1991.

———."De la technique de l'analyse d'enfants" (1920), in *Essais psychanalytique: destin et écrits d'une pionnière de la psychanalyse d'enfants*. Textos reunidos por Dominique Soubrenie. Paris: Payot, 1991.

———."Le jeu de l'enfant" (1924), in *Essais psychanalytique: destin et écrits d'une pionnière de la psychanalyse d'enfants*. Textos reunidos por Dominique Soubrenie. Paris: Payot, 1991.

JACOB, André (org.). *Les notions philosophiques*, Encyclopédie Philosophique Universelle, vol. II. Paris: PUF, 1990.

JASPERS, Karl. *Psicopatologia geral*. São Paulo: Atheneu, 1987.

JONES, Ernest. *La vie et l'œuvre de Sigmund Freud*. Paris: PUF, 1958.

KING, Pearl e Riccardo STEINER. *Les controverses Anna Freud, Melanie Klein 1941-1945*. Paris: PUF, 1996.

KLEIN, Melanie. *La psychanalyse des enfants*. Paris: PUF, 1959.

———. *Essais de psychanalyse*. Paris: Payot, 1968.

———. "O desenvolvimento de uma criança: a influência do esclarecimento sexual e do afrouxamento da autoridade no desenvolvimento intelectual das crianças" (1921), in *Contribuições à psicanálise*. São Paulo: Mestre Jou, 1970.

———. "O papel da escola no desenvolvimento libidinal da criança" (1923), in *Contribuições à psicanálise*. São Paulo: Mestre Jou, 1970.

———. "A análise infantil" (1923), in *Contribuições à psicanálise*. São Paulo: Mestre Jou, 1970.

_____. "Princípios psicológicos da análise infantil" (1926), in *Contribuições à psicanálise*. São Paulo: Mestre Jou, 1970.

_____. "Simpósio sobre a análise infantil" (1927), in *Contribuições à psicanálise*. São Paulo: Mestre Jou, 1970.

_____. "Primeiras fases do complexo de Édipo" (1928), in *Contribuições à psicanálise*. São Paulo: Mestre Jou, 1970.

_____. "A importância da formação de símbolos no desenvolvimento do ego" (1930), in *Contribuições à psicanálise*. São Paulo: Mestre Jou, 1970.

_____. "Uma contribuição à teoria da inibição intelectual" (1931), in *Contribuições à psicanálise*. São Paulo: Mestre Jou, 1970.

_____. "O complexo de Édipo à luz das primeiras ansiedades" (1945), in *Contribuições à psicanálise*. São Paulo: Mestre Jou, 1970.

_____. *Inveja e gratidão e outros trabalhos* (1946-1963). Rio de Janeiro: Imago, 1991.

_____. *Amor, culpa e reparação* (1921-1945). Rio de Janeiro: Imago, 1996.

KRAEPELIN, Emil. "La psychose irréversible". Col. Analytica 49. Paris: Navarin, 1987.

LACAN, Jacques. R.S.I. (1974-1975) *Ornicar?* 3, 1975.

_____. *Le séminaire*, livre XXIV, *L'insu que sait de l'une-bévue s'aile à mourre* (1976-1977), texto estabelecido por J.-A. Miller, *Ornicar?* nº12/13 a 17/18, 1977-1979.

_____. *Hamlet, por Lacan* (1958-1959), texto estabelecido por J.-A. Miller, *Ornicar?* nº24, 25 e 26/27, 1981-1983.

_____. *O seminário*, livro 20, *Mais ainda* (1972-1973). Rio de Janeiro: Jorge Zahar, 1982.

_____. *O seminário*, livro 2, *O eu na teoria de Freud e na técnica da psicanálise* (1954-1955). Rio de Janeiro: Jorge Zahar, 1985.

_____. *O seminário*, livro 3, *As psicoses* (1955-1956). Rio de Janeiro: Jorge Zahar, 1985.

_____. *O seminário*, livro 11, *Os quatro conceitos fundamentais da psicanálise* (1964). Rio de Janeiro : Jorge Zahar, 1985.

_____. "Hamlet por Lacan", *Textos psicanalíticos* 1. Campinas: Escuta/Liubliú, 1986.

_____. *O seminário*, livro 7, *A ética da psicanálise* (1959-1960). Rio de Janeiro: Jorge Zahar, 1988.

_____. *O seminário*, livro 8, *A transferência* (1960-1961). Rio de Janeiro: Jorge Zahar, 1992.

_____. *O seminário*, livro 17, *O avesso da psicanálise* (1969-1970). Rio de Janeiro: Jorge Zahar, 1992.

_____. *Televisão* (1973). Rio de Janeiro: Zahar, 1993.

_____. *O seminário*, livro 4, *A relação de objeto* (1956-1957). Rio de Janeiro: Jorge Zahar, 1995.

———. "O estádio do espelho como formador da função do eu" (1949), in *Escritos*. Rio de Janeiro: Jorge Zahar, 1998.

———. "Função e campo da fala e da linguagem em psicanálise" (1958), in *Escritos*. Rio de Janeiro: Jorge Zahar, 1998.

———. "A direção do tratamento e os princípios de seu poder" (1958), in *Escritos*. Rio de Janeiro: Jorge Zahar, 1998.

———. "A significação do falo" (1958), in *Escritos*. Rio de Janeiro: Jorge Zahar, 1998.

———. "Diretrizes para um congresso sobre a sexualidade feminina" (1958), in *Escritos*. Rio de Janeiro: Jorge Zahar, 1998.

———. "À memória de Ernest Jones: Sobre sua teoria do simbolismo" (1959), in *Escritos*. Rio de Janeiro: Jorge Zahar, 1998.

———. "Observações sobre o relatório de Daniel Lagache: 'Psicanálise e estrutura da personalidade'" (1960), in *Escritos*. Rio de Janeiro: Jorge Zahar, 1998.

———. "Posição do inconsciente" (1964), in *Escritos*. Rio de Janeiro: Jorge Zahar, 1998.

———. "A ciência e a verdade" (1966), in *Escritos*. Rio de Janeiro: Jorge Zahar, 1998.

———. "Proposição de 9 de outubro de 1967" (1967), in *Escritos*. Rio de Janeiro: Jorge Zahar, 1998.

———. "O seminário sobre 'A carta roubada'", in *Escritos*. Rio de Janeiro: Jorge Zahar, 1998.

———. "Nota sobre a criança", in *Outros escritos*. Rio de Janeiro: Jorge Zahar, 2003.

———. *O seminário*, livro 5, *As formações do inconsciente* (1957-1958). Rio de Janeiro: Jorge Zahar, 1999.

———. "Radiofonia", in *Outros escritos*. Rio de Janeiro, Jorge Zahar, 2003.

———. "... ou pior", in *Outros escritos*. Rio de Janeiro, Jorge Zahar, 2003.

———. "O aturdito" (1972), in *Outros escritos*. Rio de Janeiro, Jorge Zahar, 2003.

———. *O seminário*, livro 10, *A angústia* (1962-1963). Rio de Janeiro, Jorge Zahar, no prelo.

———. *Le séminaire*, livre VI, *Le désir et son interprétation* (1958-1959). Paris. Inédito.

———. *Le seminaire*, livre XVI, *D'un autre à l'Autre* (1968-1969). Paris. Inédito.

———. *Le seminaire*, livre XIX, *... ou pire* (1974). Paris. Inédito.

LAURENT, Eric. "La psychose chez l'enfant dans l'enseignement de Jacques Lacan", *Quarto* IX, 1982, p.3-19.

———. "Psicose e debilidade", in *Versões da clínica psicanalítica*. Rio de Janeiro: Jorge Zahar, 1995.

MAGNAN, V. e M. LEGRAIN, *Les Dégénérés, état mentel et syndromes épisodique*. Paris: Ruef, 1895.

MAHLER, Margaret. *Psychose infantile*. Paris: Payot, 1973.

MALSON, Lucien. "Les enfants sauvages", UGE 10/18.

MANNONI, Maud. "Réactions de la famille à la débilité". Apresentado no Congrès des Centres Psycho-pédagogiques em junho de 1954, *Bulletin de l'A.P.B.*, abr 1955.

____. "Problèmes posés par la psychothérapie des 'débiles'", *La Psychanalyse, Essais critiques*. Paris: PUF, 1959.

____. *A criança retardada e a mãe*. São Paulo: Martins Fontes, 1985.

MILLER, Jacques-Alain. "Esquizofrenia y paranoia" (1982), in *Psicoses y psicoanalisis*. Buenos Aires: Manantial, 1985.

____. "Jacques Lacan: remarques sur son concept de passage à l'acte", *Les Problèmes des Passages à l'Acte* (Journée de Bonneval, 4 out 1986), *Actualités psychanalytiques*, 1988.

____. "Le vrai, le faux et le reste", *La Cause Freudienne* 28, 1994, p.9-14.

____. *Lacan elucidado*. Rio de Janeiro: Jorge Zahar, 1997.

____. "A criança entre a mulher e a mãe", *Opção lacaniuna* 21, 1998, p.7-12.

____. "Le réel est sans loi", *La Cause Freudienne* 49, Paris, nov 2001.

____. "Le dernier enseignement de Lacan", *La Cause Freudienne* 51, Paris, mai 2002.

MILLER, Jacques-Alain e Jean-Claude MILNER, *Évaluation*. Paris: Agalma, 2004.

MILLOT, Catherine. *Freud antipedagogo*. Rio de Janeiro: Jorge Zahar, 1987.

MIRABAIL, Michel. *Les difficultés mentales chez l'enfant*. Toulouse: Privat, 1992.

PLATÃO. *O simpósio ou Do amor*. Lisboa: Guimarães, 1986.

PATTO, Maria Helena S. *A produção do fracasso escolar*. São Paulo: T.A. Queiroz, 1991.

PELICIER, Yves e Guy THUILLIER. *Édouard Seguin, "l'isntituter des idiots"*. Paris: Economica, 1980.

PIAGET, Jean. *A linguagem e o pensamento da criança*. Rio de Janeiro: Fundo de Cultura, 1959.

____. *Réussir et comprendre*. Paris: PUF, 1974.

POSTEL, Jacques. *Genèse de la psychiatrie: Les premiers écrits psychiatriques de Philippe Pinel*. Paris: Le Sycomore, 1981.

ROAZEN, Paul. *La saga freudienne*. Paris: PUF, 1986.

SANTIAGO, Ana Lydia B., "Criança/Escola: especial?", *Recurso*, PBH, 1994.

SANTIAGO, Ana Lydia B. e Maria das Graças de C. SENA. *A clínica do pedagógico: proposta de investigação teórico-clínica das dificuldades nas aprendizagens escolares, para além da constatação do fracasso escolar*. Ceale/FAE/UFMG, 1996-1997.

SANTIAGO, Jésus. *A droga do toxicômano*. Rio de Janeiro: Jorge Zahar, 2001.

———. "Jacques Lacan: a estrutura dos estruturalistas e a sua", in Hugo Mari & Ivan Domingues (orgs.), *Estruturalismo, memória e repercussões*. Rio de Janeiro: Diadorim, 1995.

SAUVAGNAT, François. "La mise en place de la distinction entre acting out et passage à l'act: quelques repères historiques", in *Le souci de l'être*. Paris: Grapp, 1982.

———. "L'acting out como problème dans la théorie psychanalytique", *Le Passage à L'Acte,* atos da jornada de 6 mai 1986, Laboratoire de Psychologie de l'Université de Paris-XIII.

SEGUIN, E. *Traitement moral, hygiénique et éducation des idiots et des autres enfants arriérés*. Paris: Ballière, 1846.

SHAKESPEARE, William. *Hamlet, príncipe da Dinamarca*. São Paulo: Abril Cultural, 1981.

STEVENS, Alexandre. "L'holofrase, entre psychose et psychosomatique", *Ornicar?* 42, 1987-88, p.45-79.

SPITZ, René Arpad. *O primeiro ano de vida*. São Paulo: Martins Fontes, 1979.

VOISIN, F. *L'idiotie chez l'enfant*. Paris: Ballière, 1843.

WALLON, Henri. *De l'acte à la pensée*. Paris: Flammarion, 1942.

YOUNG-BRUEHL, Elisabeth. *Anna Freud, uma biografia*. Rio de Janeiro: Imago, 1992.

ZAZZO, R. *Les débiles mentales*. Paris: A. Colin, 1997.

Campo Freudiano no Brasil

- Os complexos familiares
- Escritos
- Estou falando com as paredes
- Meu ensino
- O mito individual do neurótico
- Nomes-do-Pai
- Outros escritos
- O Seminário

  Livro 1: **Os escritos técnicos de Freud**

  Livro 2: **O eu na teoria de Freud e na técnica da psicanálise**

  Livro 3: **As psicoses**

  Livro 4: **A relação de objeto**

  Livro 5: **As formações do inconsciente**

  Livro 6: **O desejo e sua interpretação**

  Livro 7: **A ética da psicanálise**

  Livro 8: **A transferência**

  Livro 10: **A angústia**

  Livro 11: **Os quatro conceitos fundamentais da psicanálise**

  Livro 16: **De um Outro ao outro**

  Livro 17: **O avesso da psicanálise**

  Livro 18: **De um discurso que não fosse semblante**

  Livro 19: **...ou pior**

  Livro 20: **Mais, ainda**

  Livro 23: **O sinthoma**
- Televisão
- O triunfo da religião

Jacques Lacan

- A batalha do autismo

Éric Laurent

- Lacan elucidado
- Matemas I
- O osso de uma análise
- Percurso de Lacan
- Perspectivas do Seminário 23 de Lacan
- Perspectivas dos Escritos e Outros escritos de Lacan

Jacques-Alain Miller

- A inibição intelectual na psicanálise

Ana Lydia Santiago